Literatura infantil brasileira

FUNDAÇÃO EDITORA DA UNESP

Presidente do Conselho Curador
Mário Sérgio Vasconcelos

Diretor-Presidente / Publisher
Jézio Hernani Bomfim Gutierre

Superintendente Administrativo e Financeiro
William de Souza Agostinho

Conselho Editorial Acadêmico
Danilo Rothberg
Luis Fernando Ayerbe
Marcelo Takeshi Yamashita
Maria Cristina Pereira Lima
Milton Terumitsu Sogabe
Newton La Scala Júnior
Pedro Angelo Pagni
Renata Junqueira de Souza
Sandra Aparecida Ferreira
Valéria dos Santos Guimarães

Editores-Adjuntos
Anderson Nobara
Leandro Rodrigues

MARISA LAJOLO
REGINA ZILBERMAN

Literatura infantil brasileira
História & Histórias

Nova edição revista e ampliada

© 2022 Editora Unesp

Direitos de publicação reservados à:

Fundação Editora da Unesp (FEU)
Praça da Sé, 108
01001-900 – São Paulo – SP
Tel.: (0xx11) 3242-7171
Fax: (0xx11) 3242-7172
www.editoraunesp.com.br
www.livrariaunesp.com.br
atendimento.editora@unesp.br

Dados Internacionais de Catalogação na Publicação (CIP) de acordo com ISBD
Elaborado por Odilio Hilario Moreira Junior – CRB-8/9949

L191l
    Lajolo, Marisa.
        Literatura infantil brasileira: história e histórias / Marisa Lajolo, Regina Zilberman. – São Paulo: Editora Unesp, 2022.

    Inclui bibliografia.
    ISBN: 978-65-5711-118-5

        1. Literatura. 2. Crítica literária. 3. Literatura infantil – história. I. Zilberman, Regina. II. Título.

2022-512   CDD 809
                                                                              CDU 82.09

Editora afiliada:

A Leonardo Arroyo, mestre e pioneiro dos estudos de literatura infantil brasileira, dedicamos este livro.

Talvez o mais difícil de todos os gêneros literários seja a história para crianças. Gênero ambíguo, em que o escritor é forçado a ter duas idades e pensar em dois planos: que precisa ser bem escrito e simples, mas ao mesmo tempo bastante poético para satisfazer um público mergulhado nas visões intuitivas e simplificadoras.

Antonio Candido

Sumário

1. Revisitando história & histórias: Um outro livro? Mais uma história? . *13*

2. Era uma vez um livro . *23*

3. Escrever para crianças e fazer literatura . *33*

4. Na República Velha, a formação de um gênero novo (1890-1920) . *45*

    4.1. República e abolição no limiar de um novo tempo . *46*
    4.2. *Belle Époque* à brasileira . *49*
    4.3. A nacionalização da literatura infantil . *58*
    4.4. O nacionalismo na literatura infantil . *61*
        4.4.1. As imagens do Brasil . *62*
        4.4.2. A paisagem brasileira . *72*
    4.5. O modelo da língua nacional . *75*

5. De braços dados com a modernização (1920-1940) . *83*

    5.1. Livros e autores . *84*
    5.2. Décadas de reformas . *88*

5.3. Revoluções na cultura brasileira . *93*

5.4. A utopia do Brasil moderno e rural . *99*

    5.4.1. Brasil: um grande sítio? . *100*

    5.4.2. Aspirações e limites da vida rural . *110*

5.5. A pressão da fantasia e o motivo da viagem . *115*

5.6. Da matriz europeia ao folclore brasileiro . *120*

5.7. Os temas escolares . *133*

5.8. Observações finais . *143*

6. Entre dois brasis (1940-1960) . *149*

6.1. Escritores em série . *149*

6.2. Décadas de democracia . *154*

6.3. Internacionalização e nacionalismo na cultura brasileira . *159*

6.4. A sobrevivência do Brasil rural . *168*

    6.4.1. O império do café . *169*

    6.4.2. Saudades do sertão . *172*

    6.4.3. Sítio e aventura . *177*

6.5. O segundo eldorado . *181*

    6.5.1. A epopeia bandeirante . *182*

    6.5.2. A Amazônia misteriosa . *187*

6.6. A infantilização da criança . *193*

6.7. Os vultos da história . *203*

6.8. Observações finais . *207*

7. Indústria cultural & renovação literária (1960-1980) . *213*

7.1. Escritores do período . *213*

7.2. Tempos de modernização capitalista . *222*

7.3. Literatura: artigo de consumo . *227*

7.4. A narrativa infantil em tom de protesto . *236*

Literatura infantil brasileira

7.5. A literatura infantil em ritmo de suspense . *243*

7.6. A ruptura com a poética tradicional . *251*

7.7. Em busca de novas linguagens . *264*

7.8. Balanço geral . *275*

8. Entrou por uma porta e saiu por outra . *279*

9. Cronologia histórico-literária . *285*

Referências bibliográficas . *335*

1
Revisitando história & histórias: Um outro livro? Mais uma história?

Tão cedo passa tudo quanto passa!

Ricardo Reis[1]

Redigido entre 1982 e 1983, este livro foi publicado pela primeira vez em 1984. A essa primeira edição seguiram-se muitas outras, com alguma atualização e correções, mas sem alterações no conteúdo, nem na perspectiva. Nesta nova versão, perspectiva e conteúdo foram preservados, mas introduziram-se algumas mudanças para as quais chamamos sua atenção.

O conteúdo permanece igual: o livro traça a trajetória da literatura destinada a crianças desde as últimas décadas do século XIX, literatura essa predominantemente escrita por autores e autoras nacionais. Examinando atualmente o panorama da *história & história* que então contamos, cabe buscar um olhar renovado para interpretá-lo: o *corpus*, como seria de se esperar, aumentou quantitativamente, alcançou maior robustez e ampliou o alcance de seus temas e formas de manifestação.

---

1 Pessoa, *Odes de Ricardo Reis*, p.92.

Além disso, também se ampliou a bibliografia que se debruça sobre literatura infantil.[2] Ao lado do aparecimento de grande número de obras individuais e coletivas sobre aquela matéria, publicaram-se volumes temáticos em periódicos científicos, propuseram-se teses e dissertações, bem como projetos de pesquisa. Esses resultados demonstram o encorpamento da disciplina e das investigações dedicadas ao exame de obras para crianças e jovens nos níveis da graduação e da pós-graduação em cursos de Letras, Pedagogia e Educação.

Nós mesmas propusemos outros títulos: *Um Brasil para crianças: para conhecer a literatura infantil brasileira — histórias, autores, textos*, em 1986, e *Literatura infantil brasileira: uma nova outra história*, em 2017.

No plano econômico, a partir das últimas décadas do século XX, criações para a infância e juventude tornaram-se um veio crescentemente rentável para os profissionais envolvidos na cadeia do livro: autores, ilustradores, coordenadores de coleções, editores, distribuidores e livreiros, entre outros. Atestando sua qualidade, a produção nacional foi acolhida favoravelmente no mercado internacional, e premiações como o Astrid Lindgren Memorial Award (ALMA), concedido a Lygia Bojunga Nunes em 2004, o Hans Christian Andersen, também atribuído a Lygia Bojunga em 1982, a Ana Maria Machado em 2000 e a Roger Mello em 2014, além da inclusão de inúmeros artistas brasileiros no White Ravens, lista organizada pela Biblioteca de Munique, constituem atestado seguro da maturidade do gênero entre nós.

---

2 Relativamente aos estudos brasileiros dedicados à literatura para crianças e jovens, cf. Mortatti; Bertoletti; Oliveira (Orgs.). *Clássicos brasileiros sobre literatura infantil (1943-1986)*.

No início da década de 1980, quando a primeira edição deste livro veio a público, a literatura infantil já dispunha de uma larga rede de instituições que a apoiava. O programa mais promissor de acesso a publicações para crianças era o Ciranda dos Livros, cuja duração estendeu-se de 1982 a 1985, promovido pela Fundação Nacional do Livro Infantil e Juvenil (FNLIJ) e patrocinado pela Fundação Roberto Marinho e pela farmacêutica Hoescht. O projeto Salas de Leitura, desenvolvido pela depois extinta Fundação de Assistência ao Estudante (FAE), dava seus primeiros passos.

Nos anos 1990, o panorama era outro, já que se ampliou o conjunto de programas voltados à literatura infantil. Instituiu-se, em 1997, o Programa Nacional Biblioteca da Escola (PNBE), que contava com o suporte financeiro do Fundo Nacional de Desenvolvimento da Educação (FNDE) e o apoio do Ministério da Educação. Livros chegaram a rincões bem distantes do centro econômico no país, consubstanciando a indústria editorial graças a aquisições milionárias.[3]

Não por outra razão premiações nacionais, como as da Fundação Nacional do Livro Infantil e Juvenil (FNLIJ), o Jabuti, da Câmara Brasileira do Livro (CBL), as da Biblioteca Nacional ou o Barco a Vapor, da Fundação SM, reconheceram

---

3 Conforme Claudia Leite Brandão, foram adquiridos, entre os anos 1998 e 2014, 316.440.303 volumes, ao custo de R$ 1.163.462.259,86. Cf. Brandão, Programa Nacional Biblioteca da Escola: mudança, permanência e extinção. IV Seminário Internacional de Representações Sociais, Subjetividade e Educação – SIRSSE; VI Seminário Internacional sobre Profissionalização Docente (SIPD / Cátedra Unesco). Disponível em: <https://educere.bruc.com.br/arquivo/pdf2017/26530_14096.pdf>. Acesso em: 18 jan. 2022.

a vitalidade do gênero e conferiram diferentes troféus a seus produtores, distribuindo as láureas em categorias distintas, como poesia, narrativa, teatro, ilustração, adaptação, tradução, entre outras. Sob esse aspecto, a FNLIJ, que, já nos idos dos anos 1980, exercia inegável liderança, continuou desempenhando papel de relevo, ao valorizar, por meio de seus instrumentos operacionais, o melhor de nossa arte para a infância e juventude.

Colocando em outros termos: o conteúdo deste livro é e não é igual ao dos volumes até hoje em circulação. Tem continuidade em outro livro que escrevemos, para dar conta do que apareceu depois do lançamento da edição de 1984.

É sob esse aspecto que se manteve, nesta nova edição, a perspectiva adotada desde a primeira. Como sugere o título, o foco é histórico – mais do que isso: é historiográfico e, como tal, calcado na cronologia, que narra os acontecimentos desde o passado até o presente (ou suas vizinhanças). Manteve-se com isso a grade cronológica, dividida em períodos decorrentes dos aspectos que os livros publicados em determinada faixa de tempo trazem em comum.

Assim, foram reunidas em um primeiro núcleo, examinado no capítulo 4, as obras que representam as tendências emergentes no final do século XIX e primeiras décadas do século XX: as adaptações dos clássicos europeus, como os que Carlos Jansen (1829-1889) traduziu e Figueiredo Pimentel (1869-1914) colecionou, as obras de cunho patriótico que se articulavam explicitamente aos programas escolares, e as narrativas de propensão regionalista.

Os anos 1920 fornecem outro panorama, sob o impacto dos esforços em nome da modernização da sociedade e da literatura,

Literatura infantil brasileira

de que resultaram revoluções políticas e estéticas, como as de 1930, liderada por Getúlio Vargas (1882-1954), e a de 1922, capitaneada por Mário (1893-1945) e Oswald (1890-1954), os Andrades paulistanos. É quando desponta a figura contraditória de Monteiro Lobato (1882-1948): híbrido de escritor e homem de negócios, era indesejado por alguns dos mentores do Modernismo e idolatrado pelo público formado por crianças. Mas não só ele: nomes que renovaram a prosa brasileira – como Graciliano Ramos (1892-1953), Erico Verissimo (1905-1975), Lúcia Miguel Pereira (1901-1959) e Viriato Correia (1884-1967) – também compõem o elenco de criadores estudados no capítulo 5.

Em meados dos anos 1940, alguns fatos sugerem nova volta do parafuso: o final da Segunda Guerra, na Europa, e a queda de Getúlio Vargas levam a um surto democrático que, embora de curta duração, marca a produção artística brasileira, que assume um modernismo menos nativista, na contramão do que fizeram os líderes de 1922. A morte de Monteiro Lobato – e, sobretudo, o encerramento da saga do Sítio do Picapau Amarelo, em 1944, com a publicação de *Os doze trabalhos de Hércules* – também provoca efeitos em nossa trajetória de livros para o público jovem. Uma outra geração se apresenta, ainda que, em muitos casos, caudatária da contribuição do criador de Emília. Mas outros veios são igualmente explorados, destacando-se as narrativas que expõem a decadência da economia fundada na produção cafeeira, determinando um ciclo que apresenta a conquista do Oeste – de que a fundação da cidade de Brasília é um dos frutos – como alternativa válida tanto para o gênero destinado à infância e juventude quanto para a sociedade nacional, em sua luta perene pela libertação dos laços de dependência.

A década de 1960 abriu-se de modo impactante: o político eleito para a presidência renunciou ao cargo ainda no primeiro ano de sua gestão, adotou-se o parlamentarismo como alternativa de administração do Estado. O novo modelo também não durou muito tempo, retornando então o presidencialismo; mas um golpe, movido por militares a que aderiram políticos civis e, sobretudo, numerosos setores da sociedade nacional, determinou outras mudanças. A partir de 1964, marechais e generais se ocuparam de gerenciar o país, apoiados numa legislação antidemocrática e num aparato policial suficientemente equipado para impedir qualquer manifestação de contrariedade diante das estratégias políticas e econômicas perfilhadas pelos donos do poder.

O campo artístico, nos primeiros anos da década, aderiu às propostas de popularização dos bens culturais, seja facilitando seu acesso, seja traduzindo temáticas que representavam interesses coletivos, sobretudo os das camadas mais pobres da sociedade. O Teatro de Arena, em São Paulo, o Cinema Novo, no Rio de Janeiro e na Bahia, a poesia da coleção Violão de Rua expressam as aspirações dessa poética militante. A chegada ao poder de militares e civis comprometidos com o imperialismo norte-americano e a fixação do capital internacional no território brasileiro não impediram que a arte preservasse sua batalha em nome da liberdade e da democracia. Shows de música popular como o *Opinião*, com roteiro de Augusto Boal (1931-2009) e Oduvaldo Vianna Filho (1936-1974), protagonizado primeiramente por Nara Leão (1942-1988), depois por Maria Bethânia, ao lado de Zé Keti (1921-1999) e João do Vale (1934-1996), e peças como *Liberdade, liberdade*, de Millôr Fernandes (1923-2012) e Flávio Rangel (1934-1988), sinalizam a orientação da produ-

Literatura infantil brasileira

ção artística nacional na década, que, no âmbito da literatura, ficou corporificada no êxito do romance engajado *Quarup*, de 1967, de Antonio Callado (1917-1997).

Impõe-se a "literatura de protesto", poética participante reconhecível também em obras para crianças lançadas a partir da segunda metade da década de 1960. Fomentada pelas disponibilidades de circulação na escola, decorrentes da reforma de ensino implantada em 1970, autores emergentes não deixaram de transmitir seu recado político, sintetizado de modo exemplar nas obras que compuseram a Coleção do Pinto, da editora Comunicação, de Belo Horizonte, ou como em narrativas em *História meio ao contrário*, de Ana Maria Machado, e *O reizinho mandão*, de Ruth Rocha.

Não apenas a afinidade política com os grupos de protesto demarca a produção para crianças no período: com a expansão do mercado escolar, esse igualmente dilatado em decorrência do aumento, desde 1970, da faixa de escolarização obrigatória, que passa de cinco para oito anos, novos contingentes de leitores se formam, estimulando o consumo. Derivou desse processo o incremento a gêneros até então pouco explorados por escritores, como a narrativa de tema investigativo, à moda do romance policial. A poesia para crianças e jovens igualmente fortaleceu-se, graças à adesão de importantes nomes da literatura nacional, como Cecília Meireles (1901-1964), Mário Quintana (1906-1994) e Vinicius de Moraes (1913-1980). A dramaturgia para a infância, vertente não examinada neste livro, igualmente saiu ganhando, podendo contar com a criatividade de Maria Clara Machado (1921-2001), atuante desde 1950.[4]

---

4 Relativamente à dramaturgia brasileira para crianças, cf. Grazioli (Org.). *Teatro infantil: história, leitura e propostas.*

Pode-se então concluir que, na apropriação dos capítulos originais desta narrativa e na proposta de inserção de um segmento adicional, a horizontalidade do tempo continua a fundamentar a organização da matéria literária. Talvez não seja a melhor maneira de fazê-lo, e as próprias autoras problematizaram as possibilidades de entendimento da literatura desde a perspectiva historiográfica, inclusive publicando obras, como *Formação da leitura no Brasil* e em *Literatura infantil brasileira: uma nova outra história*, que não se acomodam a esse enquadramento.

Isso não significa, porém, que a formatação cronológica não possa ser praticada, sobretudo quando a horizontalidade do tempo é complementada por uma verticalidade metodológica. Graças a essa sistemática, a literatura infantil continua a ser aqui examinada em sua relação, de uma parte, com as coordenadas políticas, sociais e econômicas de cada época em que circulou, e, de outra, com as poéticas vigentes, traduzidas nas orientações adotadas pelo romance e pela poesia de dado recorte temporal. Assim, a literatura infantil estudada neste livro não paira sobre o vácuo; pelo contrário, ela interage com a chamada "grande literatura" ou, em outras palavras, com a "literatura dos grandes".

Com isso, alcançam-se pelo menos dois resultados: a cultura elevada perde sua aura de inatingível, porque, colocada ao lado da literatura para crianças e jovens, revela suas negociações com a sociedade e os ajustes que faz para viabilizar sua existência e circulação; e, da sua parte, a literatura infantil apresenta-se como elemento fundamental, participante da construção de um fazer artístico e da constituição de uma possível identidade nacional.

De certo modo, a literatura infantil representa a face material da literatura enquanto objeto artístico. Não que seja despojada de ideais e de esforço no sentido da inovação e do experimentalismo; mas o faz de olho no seu público – adulto e infantil, escolar, familiar, individual – porque ela é nomeada desde o lugar de seu destinatário. A literatura, mesmo quando não acompanhada de algum adjetivo (infantil, policial, feminina, afro-brasileira), a (digamos) literatura *tout court*, dirige-se efetivamente a um outro, e é essa alteridade que deveria qualificá-la. Despojá-la de um qualificativo não a torna mais independente, e é essa condição que a literatura para crianças e jovens denuncia.

Uma última – mas não menos importante – nota: esta nossa narrativa tem um herói – Monteiro Lobato. Falecido em 1948, seu impacto excedeu seu tempo de vida e alcançou as gerações subsequentes, tornando-se muitas vezes a voz com que dialogavam narradores e personagens, como se verifica em volumes de Jerônimo Monteiro (1908-1970), nos anos 1950, e, depois, em Ana Maria Machado, João Carlos Marinho (1935-2019), Luciana Sandroni, entre muitos. Sua figura carismática, atualmente, está posta em questão, o que indica, como diriam os versos de Luís de Camões, que "mudam-se os tempos, mudam-se as vontades",[5] sinal este de um posicionamento revisionista com o qual, enquanto autoras, somos solidárias porque é desse modo que os estudos literários avançam. Mas que não invalida a importância do papel que aquele escritor desempenhou para além do texto e de sua própria existência.

Mas, claro, como sempre, cabe ao leitor conferir...

---

5 Camões, *Sonetos*, p.48.

2
Era uma vez um livro

O historiador e o agente histórico escolhem, partem e recortam, porque uma história verdadeiramente total os confrontaria com o caos. (...) Na medida em que a história aspira à significação, ela se condena a escolher regiões, épocas, grupos de homens e indivíduos nestes grupos, e a fazê-los aparecer, como figuras descontínuas, num contínuo, bom, apenas, para servir de pano de fundo. (...) A história não é, pois, nunca a história, mas a história-para. Parcial mesmo quando se proíbe de o ser, ela continua a fazer parte de um todo, o que é ainda uma forma de parcialidade.

Claude Lévi-Strauss[6]

A primeira versão deste livro foi publicada no início dos anos 1980, quando a produção de livros para crianças convertia-se em um dos segmentos mais relevantes da indústria

---

6 Lévi-Strauss, *O pensamento selvagem*, p.293-4.

editorial brasileira e começava a integrar muitos currículos universitários, tornando-se objeto de teses, congressos e seminários. Pareceu-nos, então, oportuno oferecer um balanço do que se fizera ao longo de quase cem anos, em termos de literatura infantil brasileira.

Neste novo século, multiplicaram-se livros e autores, e ampliou-se a relevância da produção dirigida à infância e à juventude no âmbito da economia da cultura e dos estudos acadêmicos. Derivou daí a necessidade de sistematizar reflexões em torno das obras publicadas para crianças desde as últimas décadas do século XIX e de revisar os resultados alcançados, atualizar os dados e verificar os caminhos trilhados desde então.

Isto posto, parece interessante franquear a quem nos lê alguns recantos da oficina, na expectativa de que, explicitando o percurso, tais informações deixem os leitores à vontade para estabelecer seu próprio itinerário no livro.

O ponto de partida foi a análise da produção literária infantil brasileira em circulação desde o final do século XIX. Na sequência, os textos foram agrupados em grandes ciclos, delineados de acordo com as relações entre a produção literária infantil e seu contexto que, ainda que de forma vaga, podemos chamar de cultura brasileira. Assim, cada uma das quatro unidades – do capítulo 4 ao capítulo 7 – ocupa-se de um desses ciclos, associado ao plano histórico e cultural a que se integra e de onde se puxam os fios necessários para compreender os livros infantis nele surgidos.

Esse panorama sociocultural, temos certeza, é tanto mais provisório quanto mais nos aproximamos das últimas décadas do século XX e primeiras do século XXI, quando a vizinhança com o objeto pode empanar e distorcer a visão do observador. Assumir o risco do provisório, no entanto, foi necessário, porque um dos desafios era exatamente pensar nas obras infantis de cada época, sem seccioná-las dos textos que as antecederam. Acreditamos ser a partir da dialética de uma perspectiva sincrônica e diacrônica que o trabalho do historiador e do crítico se enriquece.

Trata-se então de um itinerário longo, cheio de idas e vindas, para o qual convidamos leitores. A história da cultura brasileira, principalmente no que toca à literatura, já se cristalizou em rótulos de períodos e movimentos, que se tornam mais ortodoxos e monolíticos à medida que se recua para o passado. Nessa medida, as indefinições do presente são fecundas: podem matizar e relativizar um pouco as feições por demais definidas do passado imediato ou remoto. No sentido inverso, o discurso crítico e histórico já consagrado para períodos anteriores pode emprestar sugestões mais seguras para a interpretação do presente movediço e vivo. Mas este presente dinâmico e polimorfo, que transborda de critérios e conceitos, é ponto de chegada do que o antecedeu; e, se sua identidade específica não se entrega mediante uma contemplação microscópica, pode também ser alcançada através de avanços e recuos.

Ancoramos o percurso diacrônico cumprido pela literatura infantil brasileira no horizonte mais amplo da cultura nacional, privilegiando, em seu interior, a produção literária. Por isso, percorre este livro um contraponto entre a literatura infantil e a não infantil, na medida em que ambas compartilham a natureza de produção simbólica que faz da linguagem sua matéria-prima e, das obras impressas ainda hoje, mas sobretudo no período aqui estudado, seu veículo preferencial.

Se esse contraponto não é comum, isto é, se as histórias literárias brasileiras até agora deixaram de incluir em seu campo de investigação a literatura infantil, nunca é demais frisar o peso circunstancial que o adjetivo *infantil* traz para a expressão literatura infantil. Ele define a destinação da obra; essa destinação, no entanto, não pode interferir no literário do texto.

As relações da literatura infantil com a não infantil são tão marcadas quanto sutis. Se se pensar na legitimação das duas por meio dos canais convencionais da crítica e da universidade, salta aos olhos a marginalidade da infantil. Como se a menoridade de seu público a contagiasse, a literatura infantil costuma ser encarada como produção cultural inferior. Por outro lado, a frequência com que autores com trânsito livre na literatura não infantil vêm se dedicando à escrita dos textos para crianças, somada à progressiva importância que a produção literária infantil tem assumido em termos de mercado e de oportunidade para a profissionalização do escritor, não deixa margens para dúvidas: englobar no mesmo ato reflexivo ambas as facetas da produção literária, a infantil e a não infantil, é enriquecedor para os dois lados. Constitui uma forma de relativizar os entraves que se opõem à renovação da perspectiva teórica e crítica sobre a qual se debruçam estudiosos de uma e outra. Se, por um lado, o paralelo entre a literatura para crianças e a outra pode funcionar como legitimação para a primeira, reversamente, o paralelo pode iluminar alguns traços da literatura não infantil que, por várias razões, têm se mantido à sombra.

Os trabalhos sobre literatura infantil, via de regra, desconsideram que o diálogo de qualquer texto literário se dá em primeiro lugar com outros textos, e tendem a privilegiar o caráter educativo dos livros para crianças, sua dimensão pedagógica, a serviço de um ou outro projeto escolar e político. Nossa perspectiva foi outra: em nenhum momento levamos em conta a adequabilidade deste ou daquele livro para tal ou qual público ou faixa etária.

Valendo-nos do contraponto entre a literatura infantil e a não infantil, apostamos na hipótese de que, no diálogo entre as duas, a especificidade de cada uma pode ajudar a destacar o que a tradição crítica, teórica e histórica não tem levado em conta na outra. Pensamos na literatura infantil e na não infantil como polos dialéticos de um mesmo processo cultural que se explicam um pelo outro, delineando, nessa polaridade, a complexidade do fenômeno literário num país com as características do nosso.

Circunscrever os recortes internos de 130 anos de literatura levantou outras questões. Em primeiro lugar, foi necessário acompanhar o desenvolvimento da literatura infantil brasileira desde sua produção, tentando estabelecer os pontos de contato entre ela e outras modalidades de objetos culturais. Por consequência, deixamos de levar em conta os textos traduzidos que, ainda na atualidade, são imprescindíveis para uma história da leitura infantil brasileira. Contudo, para este projeto, eles ingressam apenas como as fontes mais remotas ou mais próximas, dependendo do momento, que inspiraram os textos nacionais.

Além disso, por mais cuidado que se tome, a determinação de épocas ou períodos para balizar fenômenos cuja manifestação transcorra e se altere ao longo do tempo acaba, no limite, revelando-se arbitrária. As discussões ainda em pauta a respeito da periodologia da literatura brasileira exemplificam o que queremos dizer.

Marisa Lajolo • Regina Zilberman

Entretanto, no caso deste estudo da literatura infantil, que a inscreve no contexto maior das manifestações culturais brasileiras, não houve como fugir à aura que certos episódios, certas datas e certos acontecimentos ganharam no discurso que, permeando a crítica, a teoria e a história da literatura não infantil, torna impossível ignorar o magnetismo que exerce, por exemplo, o ano de 1922, atraindo e afetando quase tudo que se produziu nas suas imediações.

Exemplo eloquente dos riscos da periodização no discurso histórico e crítico sobre a literatura brasileira não infantil é a impropriedade de denominações – por exemplo, a de pré--modernismo. Etiquetando um período que abarca uma produção tão díspar quanto a de Euclides da Cunha (1866-1909), o último Machado de Assis (1839-1908), Lima Barreto (1881-1922), Augusto dos Anjos (1894-1914), Olavo Bilac (1865-1918) e Monteiro Lobato – para ficarmos só nos nomes com garantia de ingresso na história oficial da literatura brasileira –, ela dilui, na generalidade de sua denominação e na ótica necessariamente parcial que vê a Semana de Arte Moderna de São Paulo como ponto de chegada, o que quer que de divergente possa haver em cada um e em todos esses autores.

Mas infelizmente a consciência desses desvios é insuficiente para a ruptura com os códigos, as grandes datas, os marcos históricos e os mapas já traçados para o patrimônio cultural brasileiro. Rupturas como essas geralmente desembocam em outros códigos, datas, marcos históricos e mapas, por sua vez sujeitos às mesmas críticas.

Assim, se a segmentação aqui proposta para a literatura de crianças e jovens tem balizas muito aproximadas de algumas segmentações da diacronia da literatura brasileira não infantil, vale apontar que nos guiamos pela especificidade de nosso objeto, extraindo do bojo de sua trajetória os momentos em que as rupturas se configuraram possíveis e perceptíveis. A vizinhança de fronteiras, então, parece dever-se à identidade dos processos gerais de cultura e de história da qual compartilham os livros, infantis e não infantis.

É preciso deixar claro também que o projeto de traçar uma história da literatura infantil brasileira não assume o compromisso de mencionar, um a um, autores e títulos que perfazem essa mesma história. O ato de escolha que norteia o trabalho do crítico e do historiador da literatura *per se* já excluiria – não do percurso de nossa reflexão, mas da citação, do estabelecimento de marcos e dos pontos de ruptura – muitos títulos e muitos autores.

Outro tipo de investigação, comprometido com rastrear em detalhe quem escreveu o quê – trabalho indiscutivelmente relevante, aqui não cogitado –, poderá encontrar neste livro o mapa inicial para uma excursão pioneira de garimpo a textos e a autores. Nesse sentido, nosso trabalho é uma espécie de armação provisória, andaime a ser refeito à medida que outras pesquisas vierem a completar lacunas e a apontar distorções de interpretação. Nossa preocupação maior foi a análise de determinados momentos e certas tendências da produção literária brasileira para crianças. Por sua vez, as interpretações aqui propostas correspondem à investigação que foi possível fazer, e nas quais apostamos. Enfim, uma última explicação: dada a fecundidade de escritores para crianças, sobretudo nas últimas décadas, a inclusão deste ou daquele autor neste ou naquele ciclo leva em conta o momento inicial de sua produção, ou então os momentos de ruptura de sua obra, sem se deter na totalidade de seus títulos.

A literatura infantil, orientada de antemão para um consumo muito específico e que se dá geralmente sob a chancela de instituições sociais como a escola, cria problemas sérios para o pesquisador que dela se aproxima munido dos instrumentos consagrados pela história e pela teoria literárias. Sem entrar nos aspectos teóricos da literatura infantil, assunto do capítulo seguinte, vale notar que ela talvez se defina pela natureza peculiar de sua circulação e não por determinados procedimentos internos e estruturais alojados nas obras ditas para crianças. Na história da literatura infantil europeia, são muitos os exemplos de obras, hoje consideradas clássicos para a infância, que, na sua origem, não continham essa determinação de público. *Robinson Crusoé*, de 1719, *e Viagens de Gulliver*, de 1726, ilustram a tese aqui exposta.

Mas, se o caráter infantil de uma obra talvez não se defina necessariamente por seus elementos internos, à medida que os livros para crianças foram se multiplicando, eles passaram a ostentar certas feições que, pela frequência com que se fazem presentes, parecem desenhar uma segunda natureza da obra infantil.

É o caso da ilustração.

Se a literatura infantil se destina a crianças e se se acredita na qualidade das imagens como elemento a mais para reforçar a história e a atração que o livro pode exercer sobre os pequenos leitores, fica patente a importância da ilustração nas obras a eles dirigidas.

Ao lado disso, o visual, na vida contemporânea, ganha cada vez mais importância, tendo a vanguarda poética dos anos

Literatura infantil brasileira

1950 incorporado à literatura a dimensão ótica do signo e o cuidado artesanal com a diagramação. Ou seja, no requinte da poesia concreta, faz-se presente o novo estatuto do visual não só no mundo moderno, mas também nas representações dele que se querem modernas.

Por sua vez, nos 130 anos aqui estudados, o livro infantil brasileiro sofreu transformações, desde a importação pura e simples dos clichês com que se ilustravam as histórias traduzidas até os sofisticados trabalhos gráficos de Angela Lago (1945-2017), Eliardo França, Eva Furnari, Juarez Machado, Odilon Moraes, Regina Yolanda (1928-2019), Roger Mello, Rui de Oliveira, Ziraldo.

Todas essas são razões para que, ao refletirmos sobre as ilustrações nos livros para crianças, esses passem, graças a elas, a constituir uma espécie de novo objeto cultural, no qual visual e verbal se mesclam. No entanto, e apesar de tudo isso, este livro privilegia exclusivamente o nível verbal dos textos analisados. Incluir na nossa reflexão a dimensão gráfica dos livros exigiria o recurso a outros especialistas, o que tornaria o projeto inexequível.[7]

Com o objetivo de facilitar consultas e reforçar visualmente a simultaneidade de fatos históricos e culturais, o livro se encerra com um quadro cronológico que alinha episódios históricos, lançamentos de obras relevantes da literatura infan-

---

7 Relativamente à ilustração nos livros brasileiros para crianças e jovens, cf. Camargo, *Ilustração do livro infantil*; Oliveira, *Pelos Jardins Boboli. Reflexões sobre a arte de ilustrar livros para crianças e jovens*; Serra (Org.), *A arte de ilustrar livros para crianças e jovens no Brasil*; Silva, *Ler imagens, um aprendizado*; Yolanda, *O livro infantil e juvenil brasileiro. Bibliografia de Ilustradores*.

til brasileira e da não infantil. Fica a critério do leitor não só ampliar o quadro, mas também proceder aos múltiplos inter-relacionamentos que ele sugere entre a série histórica e a literária, em particular a literária infantil.

Por fim, a bibliografia elenca as obras consultadas durante a execução do trabalho de pesquisa. Colocada ao final, evita a recorrência contínua às notas de rodapé, reservadas apenas para a referência bibliográfica dos textos, de literatura infantil preferentemente, citados ao longo da exposição, ou para a bibliografia de apoio a tópicos específicos que requereriam abordagens mais dilatadas, aqui não realizadas.

3
Escrever para crianças e fazer literatura

Traduzir uma parte
na outra parte
— que é uma questão
de vida ou morte —
será arte?

Ferreira Gullar[8]

As primeiras obras publicadas visando ao público infantil apareceram no mercado livreiro na primeira metade do século XVIII. Antes disso, apenas durante o classicismo francês, no século XVII, foram escritos textos que vieram a ser englobados como literatura também apropriada à infância: as *Fábulas*, de La Fontaine (1621-1695), editadas entre 1668 e 1694, *As aventuras de Telêmaco*, de Fénelon (1651-1715), lançadas postumamente, em 1717, e os *Contos da Mamãe Gansa*, cujo título original era *Histórias ou narrativas do tempo passado com moralidades*,

---

8 Gullar, Traduzir-se. In: *Toda poesia*, p.437-8.

que Charles Perrault (1628-1703) publicou em 1697 — esse livro, no entanto, passou por uma situação peculiar que explicita o caráter ambivalente do gênero nos seus inícios: Charles Perrault, então já uma figura importante nos meios intelectuais franceses, atribui a autoria da obra ao filho mais moço, o adolescente Pierre Darmancourt; e dedica-a ao delfim da França, que, tendo um rei ainda criança, é governado por um príncipe regente.

A recusa de Perrault em assinar a primeira edição do livro é sintomática do destino do gênero que inaugura: desde o aparecimento, ele terá dificuldades de legitimação. Para um membro da Academia Francesa, lançar uma obra destinada à infância, isto é, um público carente de *status* legal, representa fazer uma concessão a que ele não podia se permitir. Porém, como ocorre depois a tantos outros criadores, da aplicação à literatura infantil advirão prêmios recompensadores: prestígio comercial, renome e lugar na história literária.

Perrault não é responsável apenas pelo primeiro surto da literatura infantil, cujo impulso inicial determina, retroativamente, a incorporação dos textos citados de La Fontaine e Fénelon. Seu livro provoca também uma preferência inaudita pelo conto de fadas, literarizando uma produção até aquele momento de natureza popular e circulação oral, adotada doravante como uma das principais leituras infantis.

O desenvolvimento da literatura para crianças não dependeu apenas dos escritores franceses. A expansão daquele gênero literário deu-se simultaneamente na Inglaterra, país onde foi mais evidente a associação a acontecimentos de fundo econômico e social que influíram na determinação das características adotadas.

Literatura infantil brasileira

A industrialização consistiu num dos fenômenos que particularizou o século XVIII. Foi qualificada de revolucionária, porque incidiu em atividades renovadoras dentro dos distintos setores do quadro econômico, social, político e ideológico da época. A rala produção artesanal multiplicou-se rapidamente, com o aparecimento de manufaturas mais complexas, tecnologias inovadoras e invenções recentes. Localizadas nos centros urbanos, as fábricas logo atraíram pessoas do campo em busca de melhores oportunidades de trabalho. O êxodo rural fez incharem as cidades, incrementou o comércio e incentivou meios de transporte mais avançados. Porém, mão-de-obra abundante significa igualmente falta de empregos, e os dois fatos, reunidos, produziram o marginal alojado na periferia urbana, os cinturões de miséria e a elevação dos índices de criminalidade.

À Revolução Industrial, deflagrada no século XVIII e, desde então, não mais sustada, se associam tanto o crescimento das cidades quanto a decadência paulatina do poder rural e do feudalismo remanescentes da Idade Média. A urbanização, por seu turno, se faz de modo desigual, refletindo as clivagens sociais: na periferia, acomoda-se o proletariado, constituído inicialmente pelas pessoas que haviam se transferido do campo para a cidade; no coração do perímetro urbano, a burguesia, que financia, com os capitais excedentes da exploração das riquezas minerais das colônias americanas ou do comércio marítimo, as novas plantas industriais que se instalam e a tecnologia necessária a seu florescimento.

A burguesia se consolida como classe social, apoiada num patrimônio que não mais se mede em hectares, mas em cifrões. E reivindica um poder político que conquista aos poucos, procurando evitar confrontos diretos e sangrentos como o que ocorre na França, em 1789, mas utilizando também essa solução, quando é o caso. Entretanto, em princípio, é uma camada social pacifista – ou ao menos procura tornar menos visível sua violência. Para isso, incentiva instituições que trabalham em seu favor, ajudando-a atingir as metas desejadas.

A primeira dessas instituições é a família, cuja consolidação depende, em alguns casos, da interferência do Estado absolutista que, interessado em fraturar a unidade do poder feudal ainda vigente, estimula um modo de vida mais doméstico, com menor participação pública. Esse padrão passa a ser considerado moderno e ideal, tendendo a ser imitado por todos.

A manutenção de um estereótipo familiar, que se estabiliza por meio da divisão do trabalho entre seus membros (ao pai, cabendo o sustento econômico, à mãe, a gerência da vida doméstica), converte-se na finalidade existencial do indivíduo. Contudo, para legitimá-la, ainda foi necessário valorizar o beneficiário maior desse esforço: a criança. A preservação da infância impõe-se como pressuposto e meta de vida; porém, como sua efetivação apenas pode se dar no espaço restrito, mas eficiente, da família, esta passa a gozar de até então inusitado prestígio social.

A criança passa a deter um novo papel na sociedade, motivando o aparecimento de objetos industrializados (o brinquedo) e culturais (o livro) ou novos ramos da ciência (a psicologia infantil, a pedagogia ou a pediatria) de que ela é destinatária. Todavia, a função que lhe cabe desempenhar é apenas de natureza simbólica, pois se trata antes de assumir uma imagem perante a sociedade, a de alvo de atenção e interesse dos adultos, sem que exerça uma atividade econômica ou comunitariamente produtiva da qual adviesse alguma impor-

Literatura infantil brasileira

tância política e reivindicatória. Como decorrência, se a faixa etária equivalente à infância e o indivíduo que a atravessa recebem uma série de atributos que os promovem coletivamente, são esses mesmos fatores que o qualificam de modo negativo, pois ressaltam, em primeiro lugar, predicados como a fragilidade, a desproteção e a dependência.

A segunda instituição convocada a colaborar para a solidificação política e ideológica da burguesia é a escola. Tendo sido facultativa — e mesmo desnecessária — até o século XVIII, a escolarização converte-se aos poucos na atividade compulsória das crianças, sendo a presença em salas de aula seu destino natural.

A obrigatoriedade da frequência à escola se justificava a partir das postuladas fragilidade e inexperiência dos pequenos, pois urgia equipá-los para o enfrentamento maduro do mundo. Como a família, a escola se qualifica como espaço de mediação entre a criança e a sociedade, o que mostra a complementaridade entre essas instituições e a neutralização do possível conflito entre elas.

Entretanto, a escola incorpora ainda outros papéis, que contribuem para reforçar sua importância, tornando-a, a partir de então, indispensável no quadro da vida social. É que, por força de dispositivos legais, ela passa a ser obrigatória para crianças de todos os segmentos da sociedade, e não apenas para as da burguesia. Ajuda, assim, a enxugar do mercado um contingente respeitável de operários mirins, ocupantes, nas fábricas, dos lugares dos adultos, isto é, dos desempregados que, na situação de prováveis subversivos ou criminosos, agitavam a ordem social.

A literatura infantil traz marcas inequívocas desse período. Embora as primeiras obras tenham surgido na aristocrática

Marisa Lajolo • Regina Zilberman

sociedade do classicismo francês, sua difusão aconteceu na Inglaterra, país que, de potência comercial e marítima, salta para a industrialização, porque tem acesso às matérias-primas necessárias (carvão, existente nas ilhas britânicas, e algodão, importado das colônias norte-americanas), conta com um mercado consumidor em expansão na Europa e no Novo Mundo, além de dispor da marinha mais temida da época.

Numa sociedade que cresce por meio da industrialização e se moderniza em decorrência dos novos recursos tecnológicos disponíveis, a literatura infantil assume, desde o começo, a condição de mercadoria. No século XVIII, aperfeiçoa-se a tipografia e expande-se a produção de livros, facultando a proliferação dos gêneros literários que, com o aumento dessa produção, se adequam à situação recente. Por outro lado, por trabalhar sobre a língua escrita, a literatura infantil depende da habilidade de leitura das crianças, ou seja, supõe terem estas passado pelo crivo da escola.

Os laços entre a literatura e a escola começam desde este ponto: a capacitação da criança para o consumo de obras impressas. Isso aciona um circuito que posiciona a literatura, de um lado, como intermediária entre a criança e a sociedade de consumo que se impõe aos poucos; e, de outro, como caudatária da ação da escola, instituição que cabe à literatura promover e estimular como condição de viabilizar sua circulação.

Nesse sentido, a literatura para a criança está no bojo dos processos que vêm marcando a sociedade contemporânea desde os primeiros sinais de sua implantação, permitindo-lhe sinalizar a modernidade do meio em que se expande. Tem características peculiares à produção industrial, a começar pelo fato de que todo livro é, de certa maneira, o modelo em miniatura

Literatura infantil brasileira

da produção em série. E configura-se desde sua denominação – trata-se de uma literatura *para* – como uma criação que visa a um mercado específico, cujas características precisa respeitar e mesmo motivar, sob pena de dificultar suas possibilidades de circulação e consumo.

Por outro lado, depende também da escolarização da criança, e isso a coloca em uma posição subalterna em relação à educação, adotando atitudes às vezes explicitamente pedagógicas, a fim de, se necessário, tornar patente sua utilidade. Pragmática também por esse aspecto, inspira confiança à burguesia, não apenas por endossar valores desta classe, mas, sobretudo, por imitar seu comportamento.

Esses aspectos geram, em contrapartida, a desconfiança de setores especializados da teoria e da crítica literárias diante da literatura infantil. Permeável às injunções do mercado e à interferência da escola, o gênero revela uma franqueza a que outros podem se furtar, graças a simulações bem-sucedidas ou a particularidades que os protegem de uma entrega fácil à ingerência de fatores externos. É essa sinceridade, resultante, todavia, de uma opção mercenária, que torna o gênero infantil problemático aos olhos dos valores correntes no sistema literário: de um lado, porque as tantas concessões que faz interferem com demasiada frequência na qualidade artística dos textos; de outro, porque tal sinceridade denuncia que, sem concessões de qualquer grau, a literatura não subsiste como ofício. Deixa-se claro, assim, que a liberdade de criação é relativa, e que é em sua condição de relatividade – fato que abre lugar para a mediação do leitor e/ou do público no processo de elaboração de um texto – que a literatura conquista seu sentido, pois somente desse modo se socializa, convivendo com aspirações coletivas.

39

Reside aqui a relevância da literatura infantil e de seu estudo.

Tal pertinência provém de sua natureza desmitificadora, porque, se se dobra a exigências diversas, revela, ao mesmo tempo, em que medida a propalada autonomia da literatura não passa de um esforço notável para superar condicionamentos externos – de cunho social e caráter mercadológico – que a sujeitam de várias maneiras. E como, ainda assim, alcança uma identidade, atestada pela permanência histórica e pela predileção de que é objeto pelo leitor criança, mostra que a arte literária desenha sempre um espaço próprio e inalienável de atuação, embora ele possa ser limitado por vários fatores.

Outras características completam a definição da literatura infantil, impondo sua fisionomia. A primeira delas dá conta do tipo de representação a que os livros procedem. Estes deixam transparecer o modo como o adulto quer que a criança veja o mundo. Em outras palavras, não se trata necessariamente de um espelhamento literal de uma dada realidade, pois, como a ficção para crianças pode dispor com maior liberdade da imaginação e dos recursos da narrativa fantástica, ela extravasa as fronteiras do realismo. E essa propriedade, levada às últimas consequências, permite a exposição de um mundo idealizado e melhor, embora a superioridade estampada nem sempre seja renovadora ou emancipatória.

Dessa maneira, o escritor, um adulto em quase todos os casos, transmite a seu leitor um projeto para a realidade histórica, buscando sua adesão afetiva ou intelectual. Em vista desse aspecto, a literatura para crianças pode ser escapista, dando vazão à representação de um ambiente perfeito e, por decorrência, distante. Porém, pela mesma razão, poucos gêneros deixam tão evidente a natureza utópica da arte literária – que, de vários modos, exibe em geral um projeto para a realidade, em vez de apenas documentá-la fotograficamente.

Esse fato dá a entender que a literatura infantil arrisca-se ao escapismo, à doutrina ou a ambos. Todavia, ao matizar esse elemento, ou mesmo ao superá-lo, ela assegura sua continuidade histórica, que, por seu turno, advém ainda de outro fator característico: sua permeabilidade ao interesse do leitor.

Apesar de ser um instrumento usual de formação da criança, participando, nesse caso, do paradigma pragmático que rege a atuação da família e da escola, a literatura infantil equilibra – e, frequentemente, até suplanta – aquela inclinação pela introdução, no texto, do universo afetivo e emocional da criança. Por meio desse recurso, traduz para o leitor a realidade dele, até a mais íntima, fazendo uso de uma simbologia que, se para efeitos de análise exige a atitude decifradora do intérprete, é, por outro lado, tranquilamente assimilada pela sensibilidade da criança.

Ambas as propriedades – a projeção de uma utopia e a expressão simbólica de vivências anteriores do leitor – não são necessariamente contraditórias, pois a visão do adulto pode se complementar e fortalecer com a adoção da perspectiva da criança. A contradição apresenta-se no momento em que a primeira opõe-se à segunda; contudo, é sob essa condição que a obra desmascara sua atitude doutrinária e opção pedagógica.

Esses dois polos configuram a tensão que subjaz à produção ficcional para crianças e que se mostra como desafio ao escritor. Da resolução do enigma advém o texto criativo e se evidenciam as qualidades artísticas da literatura infantil, identificando-a como arte literária. Ao mesmo tempo, esclarece-se

Marisa Lajolo • Regina Zilberman

que, da identificação dos componentes tensionais de uma obra, nasce a possibilidade de sua análise e crítica.

Da solução desse conflito organiza-se igualmente a história do gênero no Ocidente.

Do grande elenco de obras publicadas no século XVIII, poucas permaneceram, porque então era flagrante a aliança com as instituições envolvidas com a educação da criança. Mas, ao sucesso dos contos de fadas de Charles Perrault somou-se o das adaptações de romances de aventuras, como os já clássicos *Robinson Crusoé* (1719), de Daniel Defoe (1660-1731), e *Viagens de Gulliver* (1726), de Jonathan Swift (1667-1745), autores que asseguraram a assiduidade de criação e consumo de obras.

O século XIX inicia-se pela repetição dos caminhos bem-sucedidos: os irmãos Jacob (1785-1863) e Wilhelm (1786-1859) Grimm, em 1812, editam a coleção de contos de fadas que, dado o êxito obtido, converte-se, de certo modo, em modelo da literatura para crianças, sugerindo com maior segurança os tipos de livros que mais agradam os pequenos leitores e determinando melhor suas principais linhas de ação: em primeiro lugar, a predileção por histórias fantásticas, padrão adotado sucessivamente por Hans Christian Andersen (1805-1875), nos seus *Contos* (1833), Lewis Carroll (1832-1898), em *Alice no país das maravilhas* (1863), Carlo Collodi (1826-1890), em *Pinóquio* (1883), e James Barrie (1860-1937), em *Peter Pan* (1911), entre os mais célebres. Ou então por histórias de aventuras, transcorridas em espaços exóticos, de preferência, e comandadas por jovens audazes; eis a fórmula de James Fenimore Cooper (1789-1851), em *O último dos moicanos* (1826), Júlio Verne (1828-1905), nos vários livros publicados a partir de 1863, ano de *Cinco semanas num balão*, Mark Twain (1835-1910), em *As aventuras de Tom Sawyer* (1876), e Robert Louis Stevenson (1850-1894), em *A ilha do tesouro* (1882). Por último, a exposição do cotidiano da criança, evitando a recorrência a acontecimentos fantásticos e procurando mostrar a vida diária como motivadora de ação e interesse, conforme se comportam a Condessa de Ségur (1799-1874), em *As meninas exemplares* (1857), Louisa May Alcott (1832-1888), em *Mulherzinhas* (1869), Johanna Spyri (1827-1901), em *Heidi* (1881), e Edmondo De Amicis (1846-1908), em *Coração* (1886).

Autores todos da segunda metade do século XIX, são eles que confirmam a literatura infantil como parcela significativa da produção literária da sociedade burguesa e capitalista. Conferem-lhe consistência e um perfil definido, garantindo sua continuidade e atração. Por isso, quando começa a edição de livros para a infância no Brasil, a literatura para crianças, na Europa, apresenta-se como um acervo sólido que se multiplica pela reprodução de características comuns.

Dentro desse panorama, mas respondendo a exigências locais, emerge a vertente brasileira do gênero, cuja história, particular e com elementos próprios, não desmente o roteiro geral.

4
Na República Velha, a formação de um gênero novo (1890-1920)

Eu sozinho menino entre mangueiras
lia a história de Robinson Crusoé
Comprida história que não acaba mais
(...)
Lá longe, meu pai campeava
No mato sem fim da fazenda.
E eu não sabia que minha história
era mais bonita que a de Robinson Crusoé

Carlos Drummond de Andrade[9]

Se a literatura infantil europeia teve seu início às vésperas do século XVIII, quando, em 1697, Charles Perrault publicou os célebres *Contos da Mamãe Gansa*, a literatura infantil brasileira só veio a surgir muito tempo depois, quase no século XX, muito embora ao longo do século XIX reponte, registrada aqui e ali, a notícia do aparecimento de uma ou outra obra destinada a crianças.

_____

9 Carlos Drummond de Andrade, Infância. In: *Reunião*, p.3-4.

Com a implantação da Imprensa Régia, que em 1808 inaugura oficialmente a atividade editorial no Brasil, começa-se a publicar livros para crianças como, em 1814, a tradução (pelo até hoje não identificado A. J.) de *As aventuras pasmosas do Barão de Munkausen*[10] e, em 1818, a coletânea de José Saturnino da Costa Pereira (1771-1852), *Leitura para meninos, contendo uma coleção de histórias morais relativas aos defeitos ordinários às idades tenras, e um diálogo sobre geografia, cronologia, história de Portugal e história natural.*[11] Mas essas eram publicações esporádicas (a obra que se seguiu a elas só aparece em 1847, outra edição das *Aventuras do Barão de Münchhausen*, agora sob a chancela da Laemmert) e, portanto, insuficientes para caracterizar uma produção literária regular para a infância.

4.1. República e abolição no limiar de um novo tempo

Liberdade! Liberdade!

Abre as asas sobre nós

Nós nem cremos que escravos outrora

tenha havido em tão nobre país

(1890)

Medeiros e Albuquerque[12]

---

10 Cf. Neves; Villalta, A Impressão Régia e as novelas. In: Neves; Villalta (Orgs.), *Quatro novelas em tempos de D. João.*

11 Moraes, A Impressão Régia do Rio de Janeiro: origens e produção. In: Camargo; Moraes, *Bibliografia da Impressão Régia do Rio de Janeiro*, v.1.

12 Albuquerque, *Hino da Proclamação da República*. Disponível em: <https://pt.wikipedia.org/wiki/Hino_da_Proclama%C3%A7%C3%A3o_da_Rep%C3%BAblica>. Acesso em: 19 jan. 2022.

Literatura infantil brasileira

Como sistema regular e autônomo de textos e autores postos em circulação junto ao público, a história da literatura brasileira para a infância só começou tardiamente, nos arredores da proclamação da República, quando o país passava por inúmeras transformações. Entre elas, a mais visível foi a mudança da forma de governo: um velho imperador de barbas brancas cedeu o comando da Nação a um marechal igualmente velho, de iguais barbas igualmente brancas. Era a República que chegava, trazendo consigo e legitimando a imagem que o Brasil ambicionava agora: a de um país em franca modernização.

O novo regime, embora proclamado por um militar, teve nos bastidores a participação ativa de civis, membros dos vários partidos republicanos regionais. Eles se empenhavam na consolidação de uma política econômica que favorecesse o café, cada vez mais o produto básico da pauta brasileira de exportações. Ainda durante a monarquia, fortaleceu-se o movimento abolicionista, pois interessava a vários setores um modo de produção que substituísse de vez a mão-de-obra cativa pela assalariada, na medida em que o escravismo remanescente do período colonial exigia grande empate de recursos financeiros: com a proibição do tráfico e as fugas cada vez mais frequentes e irremediáveis, o capital necessário para manutenção e renovação da mão-de-obra negra era sempre maior.

Além disso, por essa mesma época, interessava à economia de países já industrializados, como a Inglaterra, bem como à incipiente indústria brasileira, a criação e o desenvolvimento de nosso mercado interno. A Inglaterra (pela tendência expansionista própria do capitalismo) e a nascente indústria nacional (pela necessidade de sobrevivência) não poupavam esforços no sentido de patrocinar políticas que favorecessem as camadas médias, consumidoras virtuais de sua produção.

Esses grupos intermediários da sociedade, ausentes durante o período colonial e ainda escassos durante o Império, tinham formação diversificada. Provinham dos rescaldos de uma classe dominante fragmentada pelos sucessivos rearranjos da posse de terras; das levas de imigrantes, na maioria provenientes da Europa, que não se adaptaram às condições de trabalho da lavoura; e do crescente número de empregados direta ou indiretamente envolvidos na comercialização do café, que multiplicou o número de bancos e casas exportadoras, ampliou o quadro do funcionalismo público, estendeu a rede ferroviária e aumentou o movimento dos portos. Esses segmentos, variados e flutuantes, começaram a compor a população das cidades, até aquele momento habitadas apenas pela rala administração e pelo comércio, e esporadicamente por fazendeiros a passeio, cujos filhos frequentavam as raras escolas superiores em São Paulo, no Rio de Janeiro e em Recife.

Decorrente da acelerada urbanização que se deu entre o fim do século XIX e o começo do XX, o momento se torna propício para o aparecimento da literatura infantil. Gestam-se aí as massas urbanas que, além de consumidoras de produtos industrializados, vão constituindo os diferentes públicos, para os quais se destinam os diversos tipos de publicações disponíveis: as sofisticadas revistas femininas, os romances ligeiros, o material escolar, os livros para crianças.

Esta, por assim dizer, prontidão e esta maturidade da sociedade brasileira para absorção de produtos culturais mais modernos e especificamente dirigidos para uma ou outra faixa de consumidores expressam-se exemplarmente no surgimento, em 1905, da revista infantil *O Tico-Tico*. O sucesso do lançamento, sua longa permanência no cenário editorial, a importância de suas personagens na construção do imaginário infantil nacional, a colaboração recebida de grandes artistas, como Voltolino (pseudônimo de Lemmo Lemmi, 1884-1926) -- tudo isso referenda que os centros maiores do Brasil do começo do século XX já se habilitavam ao consumo de produtos da hoje chamada indústria cultural.

Sendo, no entanto, os livros infantis e os escolares os que mais de perto nos interessam, cabe justificar a aproximação entre eles, acrescentando que, para a transformação de uma sociedade rural em urbana, a escola exerce papel fundamental. Como é à instituição escolar que as sociedades modernas confiam a iniciação da infância, tanto em seus valores ideológicos quanto nas habilidades técnicas em conhecimentos necessários inclusive à produção de bens culturais, é entre os séculos XIX e XX que se abre espaço nas letras brasileiras para um tipo de produção didática e literária dirigida em particular ao público infantil.

4.2. *Belle Époque* à brasileira

Os alfandegueiros de Santos
Examinaram minhas malas
Minhas roupas
Mas se esqueceram de ver
Que eu trazia no coração
Uma saudade feliz
de Paris.

Oswald de Andrade[13]

Nas duas últimas décadas do século XIX, a literatura brasileira estava mais encorpada e consolidada do que estivera

---

13 Oswald de Andrade, Contrabando. In: *Poesias reunidas*, p.136.

no início do mesmo século XIX, ao tempo da independência recente e dos românticos. Como sugere Antonio Candido a propósito da literatura não infantil, a partir do final do século XVIII, vários fatores viabilizaram a configuração de uma literatura brasileira, no sentido de que autores e obras já circulavam nas ainda precárias aglomerações que, em nome do ouro e da administração colonial, ocorreram em Minas Gerais e no Rio de Janeiro.[14]

Até a chegada de D. João VI, em 1808, o suporte editorial (e até mesmo tipográfico) necessário ao assentamento de um sistema literário era, mais do que precário, inexistente. Decorreu muito tempo até que tipografias, editoras, bibliotecas e livrarias tornassem o livro um objeto menos raro nos centros urbanos mais importantes.

Por volta da segunda metade do século XIX, a leitura de textos e autores brasileiros já constituía um hábito até certo ponto arraigado entre os privilegiados assinantes dos jornais, onde os escritores mais famosos colaboravam com crônicas e poemas, folhetins de romance e crítica literária. Figuras como Machado de Assis, Olavo Bilac e Júlia Lopes de Almeida (1862-1934), consagradas nas rodas mundanas e intelectuais, faziam da vida literária um ponto de referência para a vida cultural daqueles anos.

Nossa literatura, nos últimos anos do século XIX, era variada.

Ao modelo impassível do estilo do parnasianismo francês, responderam os brasileiros, em particular Olavo Bilac, com uma poesia lapidar e cintilante, admiravelmente bem escrita,

---

14 Cf. Candido, *Formação da literatura brasileira*. Momentos decisivos, v.2.

Literatura infantil brasileira

mas percorrida subterraneamente por uma corrente forte de lirismo. Seus poemas encontravam adesão imediata na sentimentalidade e emotividade do público nacional, que sabia de cor seus versos e declamava-os sempre que se apresentasse ocasião, conforme registram cronistas e historiadores.

A prosa, abandonando o gosto açucarado das histórias românticas, abriu-se em leque: enveredou pelos submundos, ambientes malcheirosos e moradias coletivas, como em *O cortiço* (1890), de Aluísio de Azevedo (1857-1913); ou corroeu e solapou os alicerces de instituições expressivas dos grupos dominantes, até então intocados pela crítica, feita então por Raul Pompeia (1863-1895), em *O Ateneu* (1888). Desnudou os avessos do homem e da sociedade, ao menos daqueles homens, mulheres e instituições que tinham passado incólumes pelas narrativas românticas, como evidenciam Machado de Assis em *Quincas Borba* (1891), *Dom Casmurro* (1899) *e Esaú e Jacó* (1904), e Júlia Lopes de Almeida, em *Memórias de Martha* (1888), *A família Medeiros* (1891), *A viúva Simões* (1895) e *A falência* (1901). Vêm à luz a mesquinhez e a hipocrisia dos comportamentos de uma burguesia até então legitimada pela imagem que dela forneciam os romances românticos. Dos subúrbios emigrou para os livros o cinzento da vida suburbana suada e sofrida, presente nas principais obras de Lima Barreto, como *Recordações do escrivão Isaías Caminha*, de 1909, e *Triste fim de Policarpo Quaresma*, de 1911. Afastados da cintilante vida social carioca, os vários brasis têm seus modos de vida e suas histórias documentadas e tecidas na prosa de Euclides da Cunha, em *Os sertões* (1902), João Simões Lopes Neto (1865-1916), nos *Contos gauchescos* (1912), e Monteiro Lobato, em *Urupês* (1918).

51

O resultado é um mosaico: entre 1890 e 1920, o virtuosismo poético de Olavo Bilac, as etéreas sugestões não menos rebuscadas dos simbolistas como Cruz e Souza (1861-1898), a denúncia urgente e contorcida de Euclides da Cunha ou Raul Pompeia, e ainda o regionalismo de Monteiro Lobato configuram a produção literária brasileira em suas várias vertentes. Entre estas, mesmo as que se proclamavam (ou eram proclamadas) menos radicais assumiam como função a tarefa missionária de dar testemunho de seu país, atuando, por meio da literatura, no ambiente que desejavam transformar.

Nesse contexto cultural, e no horizonte social de um país que se urbanizava e modernizava, começam a sistematizar-se os primeiros esforços para a formação de uma literatura infantil brasileira, esforços até certo ponto voluntários e conscientes.

Em primeiro lugar, entre 1890 e 1920, com o desenvolvimento das cidades, o aumento da população urbana, o fortalecimento das classes sociais intermediárias entre aristocracia rural e alta burguesia de um lado, ex-escravizados e trabalhadores rurais de outro, criam-se as expectativas de emergência de um público comprador de livros. O consumo de livros espelha o padrão de escolarização e cultura com que esses novos segmentos sociais desejam apresentar-se frente a outros grupos, com os quais buscam ou a identificação (no caso da alta burguesia) ou a diferença (os núcleos humildes de onde provieram).

A modernização brasileira, porém, teve percalços.

Imposta de cima para baixo, não levou em conta as peculiaridades de uma sociedade que queria abafar, num projeto de renovação aparente, a realidade social de um país que poucos anos antes abolira legalmente o escravismo e cuja economia não apenas se fundava na estrutura arcaica do latifúndio, da

Literatura infantil brasileira

monocultura e da exportação de matérias-primas, como não tinha o menor interesse em modificar essa situação.

O processo de reurbanização do Rio de Janeiro, levado a cabo pelo prefeito Pereira Passos (1836-1913) durante a presidência de Rodrigues Alves (1902-1906), e euforicamente registrado na *Gazeta de Notícias* pela pena mundana de Figueiredo Pimentel, é exemplar de quão esfuziante e superficial era o projeto de modernização que empolgava as elites: atingia unicamente o centro da cidade, expulsando para a periferia a população pobre.

Além de o modelo econômico desse Brasil republicano favorecer o aparecimento de um contingente urbano virtualmente consumidor de bens culturais, é preciso não esquecer a grande importância – para a literatura infantil – que o saber passa a deter no novo modelo social que começa a se impor. Assim, também as campanhas pela instrução, pela alfabetização e pela escola conferiam retaguarda e prestígio aos esforços de dotar o Brasil de uma literatura infantil nacional.

Nesse clima de valorização da instrução e da escola, simultaneamente a uma produção literária variada, desponta a preocupação generalizada com a carência de material adequado de leitura para crianças brasileiras. É o que documenta Sílvio Romero (1851-1914), evocando, nos anos 80 do século XIX, a precariedade das condições de sua alfabetização:

> Ainda alcancei o tempo em que nas aulas de primeiras letras aprendia-se a ler em velhos autos, velhas sentenças fornecidas pelos cartórios dos escrivães forenses. Histórias detestáveis e enfadonhas em suas impertinentes banalidades eram-nos administradas nestes poeirentos cartapácios. Eram como claves a nos

esmagar o senso estético, a embrutecer o raciocínio, a estragar o caráter.[15]

Nas lamentações da ausência de material de leitura e de livros para a infância brasileira, fica patente a concepção, bastante comum na época, da importância do hábito de ler para a formação do cidadão, formação que, a curto, médio e longo prazo, era o papel que se esperava do sistema escolar que então se pretendia implantar e expandir.

Em outro diapasão, o crítico literário José Veríssimo (1857-1916) expressa de modo exemplar a crença nas virtudes do livro nacional. Reivindica ele um material escolar "não só feito por brasileiros, que não é o mais importante, mas brasileiro pelos assuntos, pelo espírito, pelos autores trasladados, pelos poetas reproduzidos e pelo sentimento nacional que o anime".[16]

Tantos alertas, denúncias e sugestões não caíram no vazio: o apelo foi ouvido. Intelectuais, jornalistas e professores arregaçaram as mangas e puseram mãos à obra: começaram a produzir livros infantis com endereço certo: o corpo discente das escolas igualmente reivindicadas como necessárias à consolidação do projeto de um Brasil moderno.

Tratava-se, é claro, de uma tarefa patriótica, à qual, por sua vez, não faltavam também os atavios da recompensa financeira: via de regra, escritores e intelectuais dessa época eram extremamente bem relacionados nas esferas governamentais, o que lhes garantia a adoção maciça dos livros infantis que escrevessem. Se isso, por um lado, pode explicar o tom gramsciana-

---

15 Romero, O professor Carlos Jansen e as leituras das classes primárias. In: *Estudos de literatura contemporânea. Páginas de crítica*, p.164.

16 Veríssimo, *A educação nacional*, p.6.

Literatura infantil brasileira

mente orgânico da maioria dos contos e poesias infantis desse tempo, por outro, sugere que escrever para crianças, já no entresséculos, constituía uma das profissionalizações possíveis para o escritor.[17]

Tampouco os editores ficaram insensíveis ao novo filão que se abria para seus negócios, inevitavelmente magros num país de tantos analfabetos. Começaram a investir no setor infantil e escolar, a ponto de mais tarde Monteiro Lobato, procedendo de forma semelhante à frente da Companhia Editora Nacional, justificar o segundo plano da literatura em suas publicações, invocando o precedente da tradicional livraria e editora Francisco Alves.

A justificativa para tantos apelos nacionalistas e pedagógicos, estimulando o surgimento de livros infantis brasileiros, era o panorama fortemente dominado por obras estrangeiras. É nas duas últimas décadas do século XIX que se multiplicam as traduções e adaptações de obras infantis. Antes de 1880, aparentemente circulavam no Brasil apenas as traduções de livros bem-sucedidos em vendas na Europa, como *História de Simão de Nântua, ou o mercador de feiras*, de Laurent de Jussieu (1748-1836), obra publicada em Pernambuco em 1851, e *A cestinha de flores* (1858) e *Os ovos de Páscoa* (1860), do cônego Christoph von Schmid (1768-1854), adotados pelo sistema escolar e matéria de volumosas compras governamentais pelo Estado imperial.[18]

---

17 Cf. Lajolo; Zilberman, A profissionalização do escritor no Brasil do século XIX. *Fragmentum* 45, abr.-jun. 2015. Disponível em: <http://dx.doi.org/10.5902/20738>. Acesso em: 21 jan. 2022.

18 Cf. Moacyr, *A instrução e as províncias. (Subsídios para a história da educação no Brasil). 1835-1889*, v. 2.

Marisa Lajolo • Regina Zilberman

Posteriormente, Carlos Jansen e Figueiredo Pimentel são os que se encarregam, respectivamente, da tradução e adaptação de obras estrangeiras para crianças. Graças a eles, circulam no Brasil *Contos seletos das mil e uma noites* (1882), *Robinson Crusoé* (1885), *Viagens de Gulliver* (1888), *As aventuras do celebérrimo Barão de Münchhausen* (1891), *Contos para filhos e netos* (1894) e *D. Quixote de la Mancha* (1901), todos vertidos para a língua portuguesa por Jansen. Enquanto isso, os clássicos de Jacob e Wilhelm Grimm, Charles Perrault e Hans Christian Andersen são divulgados nos *Contos da Carochinha* (1894), nas *Histórias da avozinha* (1896) e nas *Histórias da baratinha* (1896), assinadas por Figueiredo Pimentel e editadas pela Livraria Quaresma.

Entre as traduções, também merecem destaque a de João Ribeiro (1860-1934), em 1891, do livro italiano *Cuore* (1886), de Edmondo De Amicis, e, a partir de 1915, as traduções e adaptações que, coordenadas por Arnaldo de Oliveira Barreto (1869-1925), constituíram a Biblioteca Infantil Melhoramentos.

No terreno das adaptações, cabe lembrar a ação, ainda durante a monarquia, de Justiniano José da Rocha (1812-1862), que, em 1852, lançou a *Coleção de fábulas imitadas de Esopo e de La Fontaine dedicada à sua majestade o imperador o senhor D. Pedro II e oferecida à mocidade das escolas*. A obra, bem-sucedida, contou com várias edições, registrando-se a nona em 1863, e, em 1873, nova impressão. E a de João Cardoso de Meneses e Sousa (1827-1915), o Barão de Paranapiacaba, responsável pelo *Primeiro livro das fábulas... vertidas do francês e oferecidas ao governo imperial para uso das escolas de instrução primária*, que a Tipografia Nacional publicou em 1883 e reeditou em 1886, migrando para a editora Laemmert em 1905.

Literatura infantil brasileira

Data igualmente do final do século XIX o livro *Contos infantis* (1886), de Júlia Lopes de Almeida e Adelina Lopes Vieira (1850-1923), inaugurando a participação feminina na produção de livros para a infância. O livro foi editado primeiramente em Lisboa – impresso, porém, no Rio de Janeiro a partir da segunda tiragem. Desde o lançamento original, destinava-se aos estudantes brasileiros, razão pela qual veio a ser adotado para uso das escolas primárias, conforme determinação da Instrução Pública Primária e Secundária do governo federal. Formam a obra 58 contos, sendo 31 deles em verso. Adelina Lopes Vieira escreveu catorze desses contos e traduziu dezessete, originalmente redigidos pelo francês Louis Ratisbonne (1827-1900), então conhecido autor de livros destinados ao público infantil.

Adelina Lopes Vieira, ao contrário dos outros autores mencionados, é responsável por boa parte das histórias que compõem os *Contos infantis*. Inaugura, pois, a vertente criativa – ainda que ideologicamente conservadora – da literatura para a infância nacional. A ela, no território da narrativa curta, sucedem Olavo Bilac e Coelho Neto (1864-1934) que, em 1904, produzem os *Contos pátrios*, e, em 1907, Júlia Lopes de Almeida, com as *Histórias da nossa terra*. A narrativa longa, por sua vez, é representada por *Através do Brasil,* de Olavo Bilac e Manuel Bonfim (1868-1932), de 1910. Sete anos depois, Júlia Lopes de Almeida retorna com *Era uma vez.* Em 1919, com o romance *Saudade*, Thales de Andrade (1890-1977) praticamente encerra esse primeiro ciclo da literatura infantil brasileira.

Quanto à poesia, Zalina Rolim (1869-1961), que já em 1893 incluíra poemas infantis no seu livro *Coração*, publica, em 1897, o *Livro das crianças*, fruto de um plano em parceria com João Köpke (1852-1926). Em 1904, Olavo Bilac edita suas

Poesias infantis e, em 1912, os irmãos Francisca Júlia (1871-1920) e Júlio da Silva (1872-1936) lançam *Alma infantil*.

Datam também desse período as antologias folclóricas e temáticas, estas últimas geralmente com o objetivo de constituir material adequado a celebrações escolares: *A festa das aves* (1910), de Arnaldo Barreto, Ramon Roca e Theodoro de Morais (1877-1956), *Livro das aves* (1914), de Presciliana D. de Almeida (1867-1944), *A árvore* (1916), de Júlia Lopes de Almeida e Adelina Lopes Vieira. Entre as antologias folclóricas, destaca-se o trabalho de Alexina de Magalhães Pinto (1870-1921), que publicou, em 1909, *Os nossos brinquedos*, em 1916, *Cantigas das crianças e do povo e Danças populares* e, em 1917, os *Provérbios populares, máximas e observações usuais*, obra em que anexou um "Esboço provisório de uma biblioteca infantil".

São essas as obras — e esse o contexto, do qual trazem fortes marcas — que estavam disponíveis para a leitura da infância brasileira, em particular daquela infância que, frequentando escolas, preparava-se para ser o amanhã deste país que, como então já se dizia, era visto por suas elites como o "país do futuro".

4.3. A nacionalização da literatura infantil

De noite, na mesa de jantar, à luz do lampião belga que pendia do teto, eram frequentes estas conversas:

— Papai, que quer dizer palmatória?

— Palmatória é um instrumento de madeira com que antigamente os mestres-escolas davam bolos nas mãos das crianças vadias...

— Mas aqui não é isso.

O pai botava os óculos, lia o trecho, depois explicava:

Literatura infantil brasileira

> *— Pelo assunto, nesse caso, deve ser castiçal. Parecido, não? Como um ovo com um espeto!*
>
> *Minutos depois, a criança interrompia novamente a leitura.*
>
> *— Papai, o que é caçoula?*
>
> *— Caçoula, que eu saiba, é uma vasilha de cobre, de prata ou de ouro, onde se queima incenso.*
>
> *— Veja aqui na história. Não deve ser isso...*
>
> *O pai botava os óculos de novo e lia, em voz alta: "O bicho de cozinha deitou água fervente na caçoula atestada de beldroegas, e asinha partiu na treita dos três mariolas...".*
>
> *Depois de matutar sobre o caso, o pai tentava o esclarecimento:*
>
> *— Caçoula deve ser panela... Parecido, não?*
>
> *E a mãe, interrompendo o crochê:*
>
> *— Afinal, por que não traduzem esses livros portugueses para as crianças brasileiras?*
>
> Afonso Schmidt[19]

Os textos que justificam as queixas de falta de material brasileiro são representados pela tradução e adaptação de várias histórias europeias que, circulando muitas vezes em edições portuguesas, não tinham, com os pequenos leitores brasileiros, sequer a cumplicidade do idioma. Editadas em Portugal, eram escritas num português que se distanciava bastante da língua materna dos leitores brasileiros.

---

19 Apud Cavalheiro, *Monteiro Lobato. Vida e obra*, v.2, p.145-6.

A distância entre a realidade linguística dos textos disponíveis e a dos leitores é unanimemente apontada por todos que, no entresséculos, discutiam a necessidade da criação de uma literatura infantil brasileira. Dentro desse espírito, surgiram vários programas de nacionalização do acervo literário europeu para crianças.

O primeiro deles dá-se através de diferentes (e progressivas) formas de adaptação, tal como ocorre com os dois projetos editoriais que praticamente abrem e fecham o período: em 1894, com seus *Contos da Carochinha*, Figueiredo Pimentel, cronista do jornal *Gazeta de Notícias* e, até então, autor de romances que tinham provocado escândalo e indignação, como *O aborto*, de 1893, inaugura a coleção Biblioteca Infantil Quaresma, a qual, ao longo dos vários títulos, faz circular, entre a infância brasileira, as velhas histórias de Perrault, Grimm e Andersen. A partir de 1915, a editora Melhoramentos inaugura sua Biblioteca Infantil que, sob a direção do educador Arnaldo de Oliveira Barreto, publica como primeiro volume de sua coleção *O patinho feio*, de Andersen.[20]

Esse projeto constitui a retomada atualizada da ideia da Livraria Quaresma, na medida em que o coordenador da série era um pedagogo, homem ligado, pois, ao metiê escolar. E a escola, além de emprestar seu prestígio de instituição às histórias de fadas, é também o espaço onde se encontram os leitores-consumidores visados pelo projeto.

Sem querer cancelar a primogenitura de Figueiredo Pimentel em nossas letras infantis, cumpre não esquecer que, antes

---

20 Sobre a atuação de Arnaldo de Oliveira Barreto e sua produção para crianças, cf. Maziero, *Arnaldo de Oliveira Barreto e a Biblioteca Infantil Melhoramentos (1915-1925): histórias de ternura para mãos pequeninas.*

Literatura infantil brasileira

dele, outros autores se tinham ocupado da tradução e adaptação de histórias para crianças, como apontado. Tratava-se, no entanto, de publicações esporádicas e de circulação mediada pelo poder governamental, na medida em que, antes da fase republicana, o Brasil não parecia comportar uma linha regular de publicações para jovens, sustentada por uma prática editorial moderna, como ocorreu com as séries confiadas a Figueiredo Pimentel e a Arnaldo de Oliveira Barreto.

Entre esses pioneiros, destaca-se, como foi observado, a figura de Carlos Jansen, que traduziu e adaptou para a editora Laemmert, entre outros, *Contos seletos das mil e uma noites* (1882), *Robinson Crusoé* (1885) e *As aventuras do celebérrimo Barão de Münchhausen* (1891). Das dificuldades e, consequentemente, dos méritos do trabalho de Jansen, falam, de um lado, as cartas de empenho e prefácios que ele solicitava a intelectuais do porte de Rui Barbosa (1849-1923), Sílvio Romero e Machado de Assis, cujo apoio parecia legitimar sua atividade em relação à literatura para jovens. De outro, os mesmos prefácios e cartas são unânimes em sublinhar o pioneirismo da iniciativa de Jansen, pretextando muitas evocações da precariedade das condições que, via de regra, presidiam o aprendizado e a prática de leitura daquele tempo, como o depoimento de Sílvio Romero, já transcrito.

4.4. O nacionalismo na literatura infantil

De repente, a música tocou os primeiros compassos do hino nacional. Um vento brando, vindo do mar, agitou a bandeira brasileira, que estava no centro de um pelotão. A bandeira desdobrou-se, palpitou no ar espalmada, com um meneio triunfal. Parecia que o símbolo da Pátria abençoava os filhos que iam partir, para defendê-la.

E, então, ali, a ideia sagrada da Pátria se apresentou, nítida e bela, diante da alma de Anselmo. E ele, compreendendo enfim que sua vida valia menos do que a honra de sua nação, pediu a Deus, com os olhos cheios de lágrimas, que o fizesse um dia morrer gloriosamente, abraçado às dobras daquela formosa bandeira, toda verde e dourada, verde como os campos, dourada como as madrugadas de sua terra.

Olavo Bilac e Coelho Neto[21]

4. 4. 1. As imagens do Brasil

A adaptação do modelo europeu que nos chegava nesse primeiro momento da literatura infantil brasileira, geralmente a partir de Portugal, não se exerceu apenas sobre o conto de fadas. Ocorreu também a versão brasileira de um projeto educativo e ideológico que via no texto infantil e na escola (e, principalmente, em ambos, superpostos) aliados imprescindíveis para a formação de cidadãos. Esse fenômeno, que começou a ser mais sistematicamente desenvolvido entre nós a partir da República, nasceu na Europa, onde apareceram várias obras que, cada uma a seu tempo, inspiraram autores brasileiros. É de 1877 o livro *Le tour de la France par deux garçons*, de G. Bruno [pseudônimo de Augustine Tuillerie (1833-1923), esposa do escritor Alfred Fouillée (1838-1912)], e de 1886 *Cuore*, do escritor italiano Edmondo De Amicis.

---

21 Bilac; Coelho Neto, *Contos pátrios*, p.95.

Narrado em terceira pessoa, *Le tour de la France par deux garçons* tem como subtítulo "Dever e Pátria". Conta a história de dois meninos órfãos, André e Julien, que, em busca de um tio, seu único parente, abandonam a cidade natal, na Lorena, que depois da guerra de 1870 ficara em poder dos alemães. Na longa viagem que então encetam, não só reencontram o velho tio, isto é, reconstituem os laços familiares, como aprendem muito: têm contato com as várias atividades que fazem a riqueza da França, cruzam o país em todas as direções, relacionam-se com pessoas dos mais diferentes tipos. Tudo isso lhes serve de aprendizagem e reforço do sentimento nacional. De resto, o patriotismo é também alimentado pelo conhecimento dos grandes homens e das grandes obras francesas, com os quais ambos se familiarizam por meio de um livro que carregam consigo. A aprendizagem do moto "Dever e Pátria", por sua vez, somente se completa quando os meninos experimentam a solidariedade que, em relação a eles, demonstram todos os compatriotas com que cruzam no decorrer de sua longa viagem.

Ao final da história, já crescidos, Julien e André se fixam numa pequena propriedade agrícola. Com esse final feliz, fecha-se o livro, cuja grande lição é a de que o trabalho, o amor à pátria e a dedicação à família são os penhores da felicidade.

Cuore, de De Amicis, tem como subtítulo a informação de que é um livro "para meninos" e adota diferente padrão narrativo: é a história de um garoto, contada em primeira pessoa, em forma de diário, escrito ao longo de um ano letivo escolar. Em suas páginas sucedem-se tanto episódios de sua vida cotidiana doméstica e escolar quanto textos e histórias lidas e ouvidas pelo protagonista narrador. Aderindo ao modelo confessional de um diário, o primeiro texto do livro se reporta a outubro, ao "Primeiro dia de escola", encerrando no julho subsequente, com "Último exame" e "Adeus".

Tal como ocorre com a obra francesa, a grande lição que os leitores devem aprender nas páginas de De Amicis é o patriotismo, o amor e respeito à família e aos mais velhos, a dedicação aos mestres e à escola, a piedade pelos pobres e fracos. O livro cumpre importante função na consolidação da unificação italiana, tal como *Le tour de la France par deux garçons* procedera relativamente à ideia de que a região da Alsácia-Lorena (território reivindicado e anexado pela Alemanha) constituía parte da unidade gaulesa. O patriotismo sobreleva todas as demais lições do livro. E o amor à Itália é tão intenso e exacerbado que, não raro, seu preço é a mutilação e a morte, heroica ou anônima, nos campos de batalha.

Ambas as obras constituem verdadeiras cartilhas de suas respectivas identidades nacionais. Tanto a história francesa quanto a italiana têm crianças como personagens centrais, as quais, através de variadas situações e aventuras, desenvolvem amor à terra natal, sentimento de família, noções de obediência, prática das virtudes civis. São crianças modelares, cuja presença nos livros parece cumprir a função de contagiar de iguais virtudes e sentimentos seus jovens leitores.

A presença de um protagonista criança é um dos procedimentos mais comuns da literatura infantil. Via de regra, a imagem de criança presente em textos dessa época é estereotipada, quer como virtuosa e de comportamento exemplar, quer como negligente e cruel. Além de estereotipada, essa imagem contraria o que a psicologia da época afirmava a respeito da criança. É comum também que esses textos infantis envolvam a criança que os protagoniza em situações modelares de aprendizagem:

Literatura infantil brasileira

lendo livros, ouvindo histórias edificantes, tendo conversas educativas com os pais e professores, trocando cartas de bons conselhos com parentes distantes.

Manifesta-se, a partir desse procedimento, com uma concretude rara na literatura não infantil, a imagem que de si mesma e de seu leitor faz a literatura infantil, confirmando seus compromissos com um projeto pedagógico que acreditava piamente na reprodução passiva de comportamentos, atitudes e valores que os textos manifestavam e que desejavam inculcar nos leitores.

No Brasil, já nos anos que circundavam a República, quando a noção de pátria e o estímulo ao patriotismo faziam parte da campanha pela modernização social, *Le tour de la France par deux garçons* e *Cuore* se erigiam em exemplos.

O livro italiano teve várias traduções, algumas portuguesas, outras brasileiras. A de maior aceitação parece ter sido a de João Ribeiro, lançada em 1891, cinco anos depois da primeira edição italiana. O livro francês de G. Bruno foi objeto de uma adaptação mais requintada: inspirou, em 1910, *Através do Brasil* que, escrito por Olavo Bilac e Manuel Bonfim, constituiu-se na leitura apaixonada e obrigatória de muitas gerações de brasileiros.

Nos arredores da publicação de *Através do Brasil*, outras obras deram consistência à ideia de fazer da leitura, especialmente da leitura escolar, instrumento de difusão de civismo e patriotismo: é de 1889 o livro *Pátria*, de João Vieira de Almeida, de 1901 *Por que me ufano de meu país*, de Afonso Celso (1860-1938), de 1904 os *Contos pátrios*, de Olavo Bilac, em parceria com Coelho Neto, de 1907 as *Histórias da nossa terra*, de Júlia Lopes de Almeida.

Como sugere o título da obra, *Através do Brasil* narra, em terceira pessoa, a viagem feita pelos protagonistas, "dois irmãos, Carlos e Alfredo, o primeiro de 15 anos de idade, o segundo cinco anos mais moço",[22] em busca do pai enfermo. Depois que este é dado por morto, a viagem prossegue na procura dos parentes que restam às crianças.

Cruzando o Brasil de norte a sul, os irmãos percorrem as diferentes paisagens físicas e econômicas da terra, interagindo com as diferentes populações e vivenciando os distintos costumes, desde o Nordeste até os pampas sulinos.

Com essa estrutura, torna-se extremamente fácil inserir no livro (e mesmo na narrativa) as lições de geografia, agricultura, história, higiene, como era a intenção dos autores, expressa na "Advertência e explicação": "O nosso livro de leitura oferece bastantes motivos, ensejos, oportunidades, conveniências e assuntos, para que o professor possa dar todas as lições, sugerir todas as noções e desenvolver todos os exercícios escolares para boa instrução intelectual de seus alunos".[23]

Aparentemente, esse recurso tem a função de atenuar a aridez dos conteúdos propriamente didáticos pela sua imersão nas aventuras vividas pelas duas crianças, com as quais se espera que os leitores se identifiquem. Mas a grande lição do livro é a do civismo, do ufanismo, da brasilidade – sugerida e sublinhada pela alusão a episódios e heróis brasileiros e pela exaltação da natureza.

Como na história francesa, no final do livro brasileiro, pátria e família entrelaçam-se. Com os parentes gaúchos, Carlos

---

22 Bilac; Bonfim, *Através do Brasil*, p.13.
23 Ibid., p.VI-VII.

Literatura infantil brasileira

e Alfredo ficam sabendo que o pai não morrera e, com efeito, o engenheiro logo se reúne a eles. De forma similar ao que ocorrera na narrativa francesa, uma vez reconstituída a célula familiar (à qual se soma Juvêncio, um órfão que ajudara os irmãos durante a viagem) e percorridos os "cenários e costumes mais distintivos da vida brasileira", a obra se fecha, fornecendo em apêndice um vocabulário onde, como prometem os autores, os leitores encontrarão "a significação de alguns termos empregados, dos menos familiares às crianças".[24]

Se nesse texto de Bilac e Bonfim a unidade nacional e a unidade narrativa se reforçam mutuamente e encontram no motivo da viagem a estrutura perfeita para um livro que se quer ao mesmo tempo enciclopédico e envolvente, outra foi a concepção que presidiu a feitura das *Histórias da nossa terra*, publicadas em 1907 por Júlia Lopes de Almeida.

O livro engloba 31 textos, dos quais oito são cartas e os demais, pequenos contos, tendo por cenários diferentes cidades brasileiras, das quais uma fotografia serve de ilustração. Esse recurso poderia nos fazer pensar numa regionalização da representação do Brasil, fragmentado em suas diferentes paisagens, cultura e tipos humanos, tal como sucede, na mesma época, em textos literários de Afonso Arinos (1868-1916), Valdomiro Silveira (1873-1941), Simões Lopes Neto e Hugo de Carvalho Ramos (1895-1921).

Não é, no entanto, o que ocorre. A diversidade regional brasileira limita-se aos nomes das capitais dos vários Estados e à paisagem fixada pela ilustração. Em momento algum, quer na linguagem, quer na caracterização das personagens, quer na ação, as histórias incorporam qualquer peculiaridade da região que as

---

24 Ibid., p.XII.

sediam. São, por assim dizer, contos apátridas, marcados pela preocupação moralista e pela exortação aberta e redundante ao trabalho, ao estudo, à obediência, disciplina, caridade, honestidade. E é como reforço e contextualização verossímil desse aconselhamento moral que as cartas presentes no livro cumprem sua função: ora escritas por zelosos irmãos mais velhos, ora por crianças modelares, elas vão dando conselhos e prescrevendo virtudes aos leitores.

Em *Histórias da nossa terra*, o amor à pátria é um dos predicados apregoados, tematizado, por exemplo, no conto "O tesouro": um velho soldado inválido, Ângelo, luta com ladrões que, pensando apropriar-se de ouro e metais preciosos, tentam roubar os saquinhos em que o herói guardava punhados de terra das várias localidades brasileiras a serem espalhados sobre seu túmulo, como fica registrado na canção com que a neta consola o velho inválido:

> De cada terra em que estive,
> Das que este Brasil encerra
> E que defendi com sangue
> Trouxe um punhado de terra
>
> Guardei-a como lembrança
> De mais valor e mais pura,
> E há de minha neta um dia
> Pô-la em minha sepultura.[25]

Em outros momentos, o patriotismo se expressa por meio de juízos elogiosos e entusiasmados, emitidos por várias per-

---

25 Júlia Lopes de Almeida, *Histórias da nossa terra*, p.41-2.

sonagens a propósito dos grandes vultos da história brasileira. Ou ainda pelo discurso retórico e patriótico que envolve o país em metáforas femininas de fertilidade e pujança: "Vede esta terra, padre! (...) toda ela reclama braços de filhos livres e amorosos, que lhe rasguem os seios, que a fecundem, que a tornem numa grande pátria, bendita e forte".[26]

Não obstante essa representação eufórica, telúrica e sensual da pátria constituir o modelo mais frequentemente assumido pelo livro infantil do período no cumprimento de sua missão educativa, o último conto de *Histórias da nossa terra*, "O gigante Brasilião", trabalha o mesmo tema de modo diferente.

Trata-se do texto mais longo do livro. Narra a história de Vasco, menino abandonado à porta de um casebre e tido como filho do gigante Brasilião, entidade considerada benfazeja pelos vizinhos da velha Michaela, que recolhe a criança. Quando Vasco completa 14 anos, sai à procura de seu pai, o gigante. Depois de muitas aventuras, a identidade do gigante lhe é revelada por um velho e bondoso professor:

O gigante Brasilião é uma lenda, é um nome que o povo deu ao nosso país, pois fica certo de que só na imaginação há entes assim sobrenaturais.

(...)

O gigante Brasilião é tudo isto: estas montanhas enormes, que são o seu dorso; estas árvores altíssimas, que são seus músculos; estes rios e mares, que são as suas fertilíssimas veias; este aroma de seiva, que é o seu hálito, e as rochas duras, que são os seus ossos; e mais as noites estreladas, que são os seus sonhos!

---

26 Ibid., p.124.

É da bondade, da inextinguível fertilidade deste solo, aberto para os pobres em mananciais puríssimos, que lhe vem o nome de grande, de bom, de generoso, que os homens rústicos traduziram pelo de gigante. Em qualquer ponto que lhe dermos um golpe, daí veremos rebentarem flores e frutos, em vez de sangue e de ódios.

Não morreremos de fome nos seus braços e dormiremos tranquilos no seu seio.[27]

Se o desvelamento da identidade do gigante prossegue na frente de um mapa, onde o professor aponta as riquezas e grandes homens dos diferentes Estados brasileiros, vale notar o mecanismo pelo qual o texto trabalha a noção de pátria e o sentimento de patriotismo. Júlia Lopes de Almeida recupera o sentimento patriótico a partir de extratos lendários e crenças primitivas, como as que dão forma às representações iniciais do gigante Brasilião:

Dizia toda a gente daquelas redondezas que havia na serra um homem muito grande e muito formoso, que parecia todo feito de neve e de sol. Quem se levantasse antes de ser dia, lá o veria na mais bela montanha, com roupas vaporosas e coroado de luz.[28]

Parecia todo de prata, como se fosse feito só da luz da lua!

(...)

Se não fosse o gigante, as feras comeriam as nossas reses e a nossa lavoura seria mesquinha. Ele protege os fracos.[29]

Inicialmente, pois, é imersa na aura sobrenatural de entidade benfazeja que a noção de pátria se configura. Assume sua

---

27 Ibid., p.242.
28 Ibid., p.213.
29 Ibid., p.223.

instância política tão somente quando "traduzida" para o código racional, com justeza enunciado por um professor, num cenário escolar.

Trajeto semelhante percorre a noção de patriotismo numa das histórias de *Contos pátrios*, obra publicada por Olavo Bilac e Coelho Neto em 1904. Trata-se do conto "O recruta", em que o leitor presencia a conversão de Anselmo e (esperam os autores) deixa-se contagiar por ela. De início um lavrador insensível a apelos patrióticos e propenso a identificar a pátria com o chão (alheio) que cultivava, Anselmo, ao final da história, transfigura-se num garboso e valente soldado, disposto a morrer pelo país, agora simbolizado por elementos abstratos e emblemáticos, como bandeiras e hinos marciais.

Tanto "O recruta" quanto "O gigante Brasilião" sugerem que, nesse início, o projeto nacionalista ao qual a literatura infantil se engajava como instrumento dava lugar, em certos momentos de certas obras, quase à sua revelia, ao afloramento de contradições profundas da sociedade brasileira, aquelas mesmas contradições para as quais as campanhas de difusão patriótica, escolarização e serviço militar apresentavam-se como salvadoras, no discurso otimista da classe dominante.

A transposição de um sentimento patriótico ingênuo, primitivo e mítico em uma versão racionalizada, moderna e pragmática (gigante Brasilião → Brasil; Anselmo lavrador incrédulo → Anselmo recruta entusiasmado) pretende ultrapassar a fenda profunda – econômica, social e cultural – que dividia a sociedade brasileira entre os que detinham e os que não detinham as terras e o capital. Se a literatura infantil dessa época não chega sequer a uma representação dos vários brasis (tematizados na ficção não infantil do mesmo período), é preciso ler essa omissão como a sugestão de que o projeto ideológico em que essa literatura infantil se apoia abafa outras forças, inclusive a vocação realista da novela e do conto que lhe eram praticamente contemporâneos.

Mas há ainda outra forma pela qual esse Brasil anacrônico e rural é recuperado pela literatura infantil anterior a 1920: trata-se do trabalho de Alexina de Magalhães Pinto. A partir de 1907, ela põe seu talento e gosto de folclorista a serviço, senão da literatura infantil, ao menos de um projeto de leitura que garanta o acesso das crianças ao material folclórico representado pelas cantigas, histórias, provérbios e brinquedos recolhidos pela autora e publicados na Coleção Icks de Biblioteca Escolar: *As nossas histórias* (1907); *Os nossos brinquedos* (1909); *Cantigas das crianças e do povo e Danças populares* (1916); *Provérbios populares, máximas e observações usuais* (Escolhidos para o uso das escolas primárias), de 1917.

Esse material, todavia, revela a dificuldade com que os educadores da época lidavam com as diferentes realidades culturais do Brasil. Os textos recolhidos sofrem as adaptações que a autora julga necessárias ao cumprimento da função pedagógica a que se destina a obra. Nesse sentido, no prefácio das *Cantigas das crianças e do povo*, Alexina adverte que evitou os assuntos que considerou impróprios (por nocivos), bem como corrigiu os erros de linguagem que lhe pareceram incompatíveis com um projeto educacional.

4.4.2. *A paisagem brasileira*

Como se anotou, a produção e circulação no Brasil dessa literatura infantil patriótica e ufanista inspira-se em obras si-

Literatura infantil brasileira

milares europeias. Vale a pena observar, por outro lado, que o programa nacional de uma literatura infantil a serviço de um determinado fim ideológico é bastante marcado por um dos traços mais constantes da literatura brasileira não infantil: a presença e exaltação da natureza e da paisagem que, desde o Romantismo (ou, retroagindo, desde o período colonial), permanece como um dos símbolos mais difundidos da nacionalidade.

Esses apelos ao heroísmo e ao patriotismo, à devoção e ao sentimento filial se fazem geralmente em meio a uma evocação da natureza que tem sublinhados seus aspectos de riqueza, beleza e opulência. Principalmente na poesia, e particularmente na poesia de Olavo Bilac, torna-se interessante assinalar a quase imperceptível transição da palavra *terra* (significando natureza) para contextos em que passa a significar *pátria* e *nação*, como se verifica no antológico poema "A Pátria", daquele escritor:

A PÁTRIA

Ama com fé e orgulho, a terra em que nasceste!
Criança! Não verás nenhum país como este!
Olha que céu! que mar! que rios! que floresta!
A Natureza, aqui, perpetuamente em festa,
É um seio de mãe a transbordar carinhos.
Vê que vida há no chão! vê que vida há nos ninhos!
Que se balançam no ar, entre os ramos inquietos!
Vê que luz, que calor, que multidão de insetos!
Vê que grande extensão de matas, onde impera
Fecunda e luminosa, a eterna primavera!
Boa terra! Jamais negou a quem trabalha
O pão que mata a fome, o teto que agasalha...
Quem com seu suor a fecunda e umedece,

Vê pago o seu esforço, e é feliz, e enriquece!
Criança! Não verás país nenhum como este:
Imita na grandeza a terra em que nasceste![30]

A execução do projeto educativo confiado a esse texto dá-se pela via das exortações diretas, feitas com auxílio do modo imperativo: amor à pátria, comandado de forma absoluta no primeiro verso, a que se seguem nove outros em que a "terra em que nasceste" se particulariza em seus elementos constituintes, naturais e exuberantes: céu, mar, rios, florestas já fartamente decantados pela lírica romântica.

À enumeração seguem-se três dísticos, em que vai se atenuando a exaltação da natureza: já no verso 11, *terra* conota a realidade do trabalho, da alimentação, da moradia. E é no duplo sentido da natureza e organismo social que *terra* passa a configurar um objeto passível de imitação no verso final, de indiscutível tom épico e grandiloquente.

A extrema valorização da natureza se torna radical na obra que praticamente encerra esse primeiro período da nossa literatura para jovens: o livro *Saudade*, que Thales de Andrade publica em 1919, no qual a apologia da natureza, tal como ocorrera em outras obras, tem um significado ideológico bastante marcado. Num discurso muito menos metafórico e conotativo que o dos versos bilaquianos, a ficção de Thales de Andrade endossa e propaga a imagem de um Brasil que encontra na agricultura sua identidade cultural, ideológica e econômica. *Saudade* é a apologia da felicidade e da riqueza por intermédio da agricul-

---

30 Bilac, A pátria. In: *Poesias infantis*, p.123-4.

tura, riqueza e felicidade acenadas como resultado social do programa político que o livro abraça. Apresentada em primeira pessoa, a narrativa é confiada ao protagonista Mário, que desfia sua história familiar e documenta (aplaudindo) sua escolha profissional da agronomia como carreira.[31]

Trata-se, mais uma vez, de uma obra exemplar, que pretende instituir-se como modelo não só para os leitores, como também para o Brasil. Porém, essa euforia rural de que parecem embebidos tantos livros infantis da época contrasta vivamente com uma obra não infantil, publicada em 1918: *Urupês*, de Monteiro Lobato, em que similar realidade agrícola, por ser sistematicamente evocada num contexto de miséria e violência, e povoada por variações da já conhecida figura do Jeca, aponta para o anacronismo e inviabilidade do modelo agrário brasileiro. Nessa direção, cabe lembrar também, do mesmo Lobato, *Cidades mortas*, publicada um ano depois; ou então o romance de Lima Barreto, *Triste fim de Policarpo Quaresma*, lançado antes, em 1911, no qual se menciona igualmente a falência dessa proposta rural para a nação.

4.5. O modelo da língua nacional

> *Falemos da língua admirável, que, com o torrão natal, recebemos de nossos maiores: d'ela falando, falaremos de nós todos, como brasileiros, e do futuro e da segurança do Brasil. (...)*

---

31 A obra foi encomendada pela Escola de Agronomia, e a primeira edição, de 15 mil exemplares, foi financiada pelo governo do estado de São Paulo.

Marisa Lajolo • Regina Zilberman

> *Queremos que o Brasil seja Brasil! Queremos conservar a nossa raça, o nosso nome, a nossa história, e principalmente a nossa língua, que é toda a nossa vida, o nosso sangue, a nossa alma, a nossa religião! (...) A língua faz parte da terra. Se queremos defender a nacionalidade, defendendo o solo, é urgente que defendamos também, e antes de tudo, a língua, já que se integrou no solo, e já é base da nacionalidade.*
>
> Olavo Bilac[32]

O caráter de modelo exemplar que se examinou no campo temático da literatura infantil manifesta-se também em nível da linguagem. Não por coincidência, data desse mesmo final do século XIX uma séria preocupação com a correção da linguagem presente na produção literária em geral.

As tradicionais manifestações catalogadas como Realismo, Naturalismo, Parnasianismo, Simbolismo, incluem em seu elenco de características, de forma latente (é o caso do Simbolismo) ou manifesta, uma reação aos chamados descuidos e desleixos da linguagem romântica, os quais vinham por conta tanto do abandono dos modelos clássicos portugueses (por serem clássicos e por serem portugueses), quanto da liberdade individual e intimista tão prezada pelos românticos.

Porém, outras razões podem fundamentar essa obsessão pela vernaculidade. A preocupação com o escrever corretamente, sempre presente na produção infantil desse período, é admiravelmente ilustrada por "A nossa língua", de *Histórias da nossa terra*, de Júlia Lopes de Almeida. Nele, um velho mestre, visitando

---

32 Bilac, A língua portuguesa. In: *Conferências e discursos*, p.209.

Literatura infantil brasileira

uma escola onde lecionava antigo discípulo seu, marca a memória do narrador com seu discurso sobre a língua portuguesa:

Fui mestre do vosso mestre e quero a seu lado repetir-vos palavras que muitas vezes lhe disse, quando ele tinha assim a vossa idade. Não era uma lição, era uma súplica, a mesma que vos dirijo agora com igual esperança: — estudai a nossa língua, estudai-a com ardor, com entusiasmo, que tanto mais a amareis quanto melhor a conhecerdes, tão doces e surpreendentes são os seus segredos! Notai bem isto: entre todas as coisas que sabemos, a nossa língua é a que devemos saber melhor, porque ela é a melhor parte de nós mesmos, é a nossa tradição, o veículo do nosso pensamento, a nossa pátria e o melhor elemento da nossa raça e da nossa nacionalidade.

Para nosso orgulho, basta-nos lembrar que nenhuma outra língua há de tão nobre estrutura! De sonoridades variadíssimas, opulenta nos seus vocábulos, maleável como a cera ou dura como o diamante, a língua portuguesa é a mais bela expressão da inteligência humana. Defendei-a! Não deixeis que outras a invadam e a deturpem. Não deixeis que a viciem e lhe cosam remendos aos trajes magníficos. Ela não quer esmolas, não precisa de esmolas, é a mais rica e tem orgulho de o ser. Defendei-a até ao extremo, até à morte, como um filho defende a mulher de que nasceu. Defendei-a a todo o transe, apaixonadamente, custe o que custar!

Na mocidade, nos dias que vêm perto, apercebei-vos de bons livros: lede clássicos.

Falar bem a língua materna não é uma prenda, é um dever. Cumpri-lo.[33]

---

33 Júlia Lopes de Almeida, op. cit., p.12-3.

Reencontra-se, nesta preocupação perfeccionista com a linguagem, a função de modelo que a literatura produzida para crianças assume nesse período. Assim, além de fornecer exemplos de qualidades, sentimentos, atitudes e valores a serem interiorizados pelas crianças, outro valor a ser assimilado, e que o texto deve manifestar com limpidez, é a correção de linguagem.

Do nível que essa preocupação assumia nos planos de literatura infantil, é eloquente um parágrafo do prefácio do livro de versos, *Alma infantil*, publicado pelos irmãos Francisca Júlia e Júlio da Silva em 1912:

> As nossas escolas do Estado estão invadidas de livros medíocres. A maior parte deles são escritos em linguagem incorreta onde, por vezes, ressalta o calão popular e o termo chulo. Esses livros, pois, em vez de educar as crianças, guiando-lhes o gosto para as coisas belas e elevadas, vicia-se desde cedo, familiarizando-as com as formas dialetais mais plebeias.[34]

A propósito da exigência em relação às formas cultas da linguagem, vale mencionar que a severidade linguística levou Alexina de Magalhães Pinto a reescrever na modalidade culta as peças folclóricas que recolheu em seus livros infantis. Semelhante razão impede a representação linguística "realista" na fala de personagens infantis ou não escolarizados em Bilac e em Júlia Lopes de Almeida, onde lavradores e meninos jornaleiros manifestam-se em português castiço que não se distancia do padrão elevado utilizado, por exemplo, na escrita de personagens de extração social superior.

---

34 Júlia; Silva, Prefácio. In: *Alma infantil*.

Literatura infantil brasileira

Por último, além deste objetivo de inculcar, pela exposição a um modelo congelado de perfeição, adequados hábitos linguísticos (isto é, hábitos linguísticos semelhantes aos adotados na modalidade escrita da classe dominante), a língua nacional também se constitui símbolo palpável, emblema da pátria, como se viu no texto de Júlia Lopes de Almeida, assinalando a coerência do projeto político que atravessa todos esses livros.

São inúmeros os textos desse período nos quais a língua portuguesa, como tema ou pretexto para poemas e histórias, transforma-se em símbolo pátrio, equivalente à bandeira, à história ou a heróis do Brasil. Novamente o exemplo procede de Bilac: o poema "Língua portuguesa", em que a última flor do Lácio, como ele proclama, ostenta todas as seduções da figura materna, da tradição cultural do Ocidente, do valor ideológico de uma classe que precisa inventar e divulgar uma representação sólida e ufanista do país.

Basta um rápido exame das atividades e das obras dos artistas que, por vocação missionária ou profissão, se dedicaram à produção literária de textos dirigidos a crianças, para ver que pessoas do feitio intelectual de um Olavo Bilac, um Coelho Neto ou uma Francisca Júlia não podiam, ainda que o quisessem, ter em suas carreiras de escritores para crianças uma atitude perante a língua distinta da posição acadêmica, culta e perfeccionista que permeia seus escritos não infantis.

Por essa razão, resta perguntar por que foram eles que assumiram essa missão simultaneamente altiva e pragmática (porque pedagógica) de prover a infância brasileira com livros adequados, contradizendo, em parte, a imagem distanciada e fria que o intelectual parnasiano forjou para si mesmo e cristalizou em boa parte de suas criações.

A resposta tem a ver, de um lado, com as condições de produção literária da época: por mais indiferente que o escritor desejasse parecer, ele não podia evitar a busca e sedução de um público consumidor.

O distanciamento, atributo do artista moderno, ainda quando carrega as vestes neoclássicas do parnasianismo, podia ser útil como tema literário, nunca como *performance* profissional. É esta que impera, quando o ficcionista escreve para a infância, abdicando da gratuidade da arte pela arte e aderindo limpidamente ao mercado escolar, arriscando-se, portanto, aos limites do pragmatismo.

De outro lado, esses escritores eram a *ruling class* de nossas letras, resultando natural que transferissem aos livros infantis as normas que imprimiam à literatura em geral. Tratava-se não apenas de coerência, mas também de uma garantia para o futuro, já que os leitores jovens seriam seus adeptos para sempre.

Esses fatos, vinculados tanto à conquista do público como à disseminação de uma visão (deformada pela ideologia ufanista, como se viu) da realidade brasileira, revelam-se ainda em outra característica da época: a frequência com que se encontra, em prefácios, orelhas, notas de editores, contracapas e quartas capas, a manifestação consciente do projeto de uma literatura adequada às condições brasileiras e essencial à nossa nacionalidade.

Tal prática, que geralmente descamba na ênfase ostensiva às virtudes do texto e boas intenções do autor, são, de certo modo, estranhas (nesse grau) à produção literária não infantil. E, por menos que esses pregões signifiquem, significam ao menos que, à semelhança do que ocorreu na Europa, ao tempo do aparecimento dos livros especialmente voltados para a in-

Literatura infantil brasileira

fância, o surgimento da literatura para crianças entre nós deu-se, igualmente, sob o patrocínio de um projeto só compatível com sociedades modernas, nas quais vigoram canais seguros de circulação, entre um público mais vasto, sensível e permeável à inculcação ideológica inserida num projeto aparentemente estético.

E, se isso é verdade para a grande parte dessas primeiras manifestações, veremos, nos capítulos seguintes, como esse mesmo velho impasse continua presente, ainda que às vezes matizado, em toda a produção infantil brasileira, muito embora variem suas formas de expressão no decorrer dos anos: a literatura infantil parece estar condenada a ser bastante permeável às injunções que dela esperam escola e sociedade e bem pouco sensível às conquistas da literatura não infantil, que representa a vanguarda e espelho onde nem sempre os livros infantis se reconhecem.

5
De braços dados com a modernização
(1920-1940)

— *Ignoro se o Pequeno Polegar anda aqui pelo meu reino. Não o vi, nem tive notícias dele, mas a senhora pode procurá-lo. Não faça cerimônia...*

— *Por que ele fugiu? — indagou a menina.*

— *Não sei — respondeu Dona Carochinha — mas tenho notado que muitos dos personagens das minhas histórias já andam aborrecidos de viverem toda a vida presos dentro delas. Querem novidade. Falam em correr mundo a fim de se meterem em novas aventuras. (...) Andam todos revoltados, dando-me um trabalhão para contê-los. Mas o pior é que ameaçam fugir, e o Pequeno Polegar já deu o exemplo.*

(...)

— *Tudo isso — continuou Dona Carochinha — por causa do Pinocchio, do Gato Félix e, sobretudo, de uma tal menina do narizinho arrebitado que todos desejam muito conhecer. Ando até desconfiada que foi essa*

Marisa Lajolo • Regina Zilberman

> *diabinha quem desencaminhou Polegar, aconselhando-*
> *-o a fugir.*
>
> Monteiro Lobato[35]

> *Como casualmente, informou-me que possuía* As
> reinações de Narizinho, *de Monteiro Lobato.*
> *Era um livro grosso, meu Deus, era um livro para se*
> *ficar vivendo com ele, comendo-o, dormindo-o.*
>
> Clarice Lispector[36]

5.1. Livros e autores

Em 1921, Monteiro Lobato publica *Narizinho Arrebitado* (segundo livro de leitura para uso das escolas primárias), após evidenciar preocupações com a literatura infantil, conforme sugere a correspondência trocada com Godofredo Rangel (1884-1951), com quem comenta a necessidade de se escreverem histórias para crianças numa linguagem que as interessasse. Na mesma época, quando esse objetivo era ainda vago e distante, faz uma enquete a respeito do Saci,[37] entidade mágica cuja popularidade o impressiona, e que viria a reaparecer na sua segunda obra para a infância, lançada também em 1921.

No princípio, *Narizinho Arrebitado* repetiu o sucesso de vendas de *Saudade*, de Thales de Andrade, sendo, ao mesmo tempo, adotado nas escolas públicas do estado de São Paulo. A partir de então, Lobato, já escritor famoso por sua colaboração em

---

35 Lobato, *Reinações de Narizinho*, 31.ed., p.14.

36 Lispector, Felicidade clandestina. In: *Felicidade clandestina*, p.9.

37 Lobato, *O Sacy Perêrê: Resultado de um inquérito.*

Literatura infantil brasileira

jornais e por seus livros de contos, passa a correr em outra faixa: investe progressivamente na literatura para crianças, de um lado como autor, de outro como empresário, fundando editoras, como a Monteiro Lobato e Cia., depois a Companhia Editora Nacional, e publicando os próprios livros.[38]

O comportamento é original, pois, na ocasião, havia poucas casas editoriais, a maioria fundada e moldada no século XIX, como a Francisco Alves, a Briguiet ou a Quaresma, e eram raros os livros infantis. Reunir ambas as iniciativas era ainda mais ousado, e é gesto de quem inaugura novos tempos enquanto se inicia nova modalidade de expressão literária. Tantas novidades se associam à época, marcada por revoluções e mudanças em todas as áreas, que justifica por que o período dominado por Monteiro Lobato, que mescla atividades artísticas e industriais, recebe, neste livro, a classificação de modernista.

Lobato encerra o ciclo de aventuras dos netos de Dona Benta com a narração de episódios transcorridos na Grécia clássica, editados parceladamente durante 1944 e reunidos a seguir em *Os doze trabalhos de Hércules.* A partir daquele ano, não publica livros novos no Brasil, e sim na Argentina, para onde se muda por algum tempo. Na mesma ocasião, começam a despontar autores como Francisco Marins (1922-2016), Maria José Dupré (1898-1984), Lúcia Machado de Almeida (1910-2005), entre outros. As modificações revelam o limiar de uma nova era, não apenas da literatura, mas da sociedade brasileira, dando lugar a novas manifestações artísticas, com princípios estéticos e ideológicos distintos.

---

38 Bignotto, *Figuras de autor, figuras de editor. As práticas editoriais de Monteiro Lobato.*

Entre estes dois limites cronológicos – 1920-1945 –, toma corpo a produção literária para crianças, aumentando o número de obras e o volume das edições, bem como o interesse das editoras, algumas delas, como a Melhoramentos e a Editora do Brasil, dedicadas quase que exclusivamente ao mercado constituído pela infância e juventude. E, se Lobato abre o período com um *best-seller*, o sucesso não o abandona; nem a ele, nem ao gênero a que se consagra – a literatura infantil, o que estimula a adesão dos colegas de ofício, boa parte originária da recente geração modernista.

Dez anos depois de seu primeiro empreendimento literário na área da literatura infantil, Lobato remodela a história original de Narizinho, reunindo-a a algumas outras que escrevera até então. Desta iniciativa resulta *Reinações de Narizinho*, livro que, em 1931, dá início à etapa mais fértil da ficção brasileira. Surgem novos autores, como Viriato Correia, que concorre com Lobato na preferência das crianças, graças ao êxito de *Cazuza*, de 1938, e Malba Tahan (pseudônimo de Júlio César de Mello e Souza, 1895-1974), que em 1938 publica com enorme sucesso *O homem que calculava*.

Incorporam-se também à literatura infantil escritores modernistas que começavam a se destacar na cena literária. Romancistas e críticos de 1930 compartilham a trajetória da literatura infantil brasileira, embora de modo diferenciado. Alguns recorreram ao folclore e às histórias populares: José Lins do Rego (1901-1957) publicou as *Histórias da velha Totônia* (1936), Luís Jardim (1901-1987), *O boi aruá* (1940), Lúcio Cardoso (1912-1968), *Histórias da Lagoa Grande* (1939), Graciliano Ramos, *Alexandre e outros heróis* (1944). Outros criaram narrativas originais, como Erico Verissimo, em *As aventuras do avião vermelho* (1936) ou, de novo, Graciliano Ramos, em *A terra dos meninos pelados* (1939). Alguns lançaram um único título, como os citados José Lins do Rego e Lúcio Cardoso; outros, porém, mantiveram uma produção regular por certo tempo, como Erico Verissimo, entre 1936 e 1939, Menotti del Picchia (1892-1988), escrevendo histórias de aventuras como as de João Peralta e Pé-de-Moleque, Cecília Meireles, com seus livros didáticos, Max Yantok (pseudônimo de Nicolau Cesarino, 1881-1964), até então ilustrador da revista *O Tico-Tico*. E há ainda os não tão assíduos, como Lúcia Miguel Pereira, Marques Rebelo (pseudônimo de Eddy Dias da Cruz, 1907-1973) e Jorge de Lima (1893-1953).

No conjunto, predominou soberanamente a ficção, mas a poesia não deixou de marcar presença, representada por modernistas: Guilherme de Almeida (1890-1969), autor de *O sonho de Marina* e *João Pestana*, ambos de 1941, Murilo Araújo (1894-1980), com *A estrela azul* (1940), e Henriqueta Lisboa (1901-1985), que escreveu o livro de poesia mais importante do período: *O menino poeta* (1943).

O crescimento quantitativo da produção para crianças e a atração que ela começa a exercer sobre escritores comprometidos com a renovação da arte nacional demonstram que o mercado era favorável aos livros. A situação relaciona-se a fatores sociais: a consolidação da classe média, em decorrência do avanço da industrialização e da modernização econômica e administrativa do país, o aumento da escolarização dos grupos urbanos e a nova posição da literatura e da arte após a revolução modernista. Há maior número de consumidores, o que acelera a oferta; e há a resposta das editoras, motivadas à revelação de novos nomes e títulos para esse público interessado, seja

Marisa Lajolo • Regina Zilberman

de modo parcial, como a Globo, que edita Erico Verissimo, Lúcio Cardoso, Cecília Meireles, entre outros, ou a Companhia Editora Nacional, a que se ligam Monteiro Lobato e Viriato Correia, ou integralmente, como as citadas Melhoramentos e Editora do Brasil, que privilegiam o lançamento de traduções.

Ao final desses 25 anos, a literatura para crianças oferece largo espectro de autores envolvidos com ela e contempla os leitores formados pela assiduidade às obras a eles destinadas. Sendo, no início do período, uma produção rala e intermitente, fortalece-se até os anos 1940 num acervo consistente, de recorrência contínua, integrado definitivamente ao conjunto da cultura brasileira.

5.2. Décadas de reformas

> *Francamente, aquilo não tinha graça. No começo da República, ainda, ainda: mas agora está muito visto, muito batido, não inspirava confiança. Necessário reformar tudo.*
>
> Graciliano Ramos[39]

O ano subsequente ao do lançamento de *Narizinho Arrebitado* prometia ser festivo, pois, em 1922, comemorava-se o Centenário da independência política. Mas acabou sendo marcante também por outros eventos, todos de natureza renovadora.

O primeiro, por ordem cronológica, foi a realização da Semana de Arte Moderna, em São Paulo, durante o mês de fevereiro.

---

39 Ramos, Pequena história da República. In: *Alexandre e outros heróis*, p.169.

Literatura infantil brasileira

Reuniu os novos artistas e intelectuais num movimento que crescia desde o final da guerra europeia (1914-1918), intensificando-se em 1921. E desdobrou-se em inúmeros episódios, que, de um lado, assinalam a divisão do ideário estético, por intermédio da promoção de novas exposições em São Paulo e em outros centros culturais, como Rio de Janeiro e Belo Horizonte, e do aparecimento de revistas especializadas, como *Klaxon*, *A Revista*, *Estética*, *Revista de Antropofagia*. E, de outro, mostram a fragmentação do núcleo original, repartido em vários segmentos, cada um particularizando o modo de viabilizar o programa moderno.

O segundo fato notável sucedeu em outro grande centro urbano do país: o motim do Forte de Copacabana, reunindo militares, a maioria constituída de jovens tenentes, revoltados com o rumo arcaizante e conservador da política brasileira. Também esse movimento desencadeou outros, que se repetiram com certa periodicidade até o final da década: em 1923, explode uma revolução no Rio Grande do Sul e, em 1924, os tenentes, agora em São Paulo, sublevam-se. Do núcleo principal da resistência, nasce a Coluna Prestes-Miguel Costa, que percorre o interior do país até 1926, e confere consistência a um mito político: Luiz Carlos Prestes (1898-1990), que representará por algum tempo, no imaginário nacional, a hipótese de uma transformação social de cunho progressista.

A dissolução da Coluna e a mudança no governo, com a posse de Washington Luís (1869-1957), em 1926, esfriam os ânimos, mas não apagam as aspirações à mudança. À crise da economia, apressada pela quebra da Bolsa de Valores de Nova York, em 1929, soma-se a intransigência do presidente na indicação de seu sucessor, designando o paulista Júlio Prestes

(1882-1946), e não o mineiro Antonio Carlos (1870-1946), contrariando acordos firmados entre os grupos no poder.

Tudo isso reviveu as insatisfações entre militares e civis, que, agora, planejam melhor o golpe determinante da rapidamente vitoriosa Revolução de 1930. Getúlio Vargas coloca-se à frente do Estado, com o apoio de grande parte da população urbana e, principalmente, dos grupos econômicos e políticos que necessitavam de alterações para chegar ao poder.

O terceiro movimento renovador ocorre no campo da educação. As mudanças nesse setor são propostas pelos pedagogos que, influenciados pelo pensamento norte-americano, em particular por John Dewey (1859-1952), formulam os princípios do que será chamado de movimento da Escola Nova. Durante os anos 1920, o núcleo constituído por Fernando de Azevedo (1894-1974), Lourenço Filho (1897-1970), Anísio Teixeira (1900-1971), Carneiro Leão (1887-1966), Francisco Campos (1891-1968) e Mário Casassanta (1898-1963) começa a desenvolver suas teses, que se caracterizam pela crítica à educação tradicional. Opondo-se a um ensino destinado tão somente à formação da elite, visam à escolarização em massa da população. Discordam da orientação ideológica em vigor; e, contrários à ênfase na cultura livresca e pouco prática, propõem uma pedagogia voltada à difusão da tecnologia e conteúdos pragmáticos.

Ao vago humanismo gerador de bacharéis ociosos e prolixos, contrapõem a necessidade do incremento à ciência e ao pensamento reflexivo, bem como o estímulo à atividade de pesquisa. Por último, sugerem que essas tarefas sejam assumidas pelo Estado, a quem cabe a gerência e a centralização da educação, a fim de poder torná-la universal e homogênea.

O fato de que Francisco Campos tenha feito parte do grupo e depois tenha se transformado num dos principais ideólogos

Literatura infantil brasileira

do regime de Vargas indica a afinidade entre o processo político que se impunha e sua ramificação no âmbito educacional. Cabe então investigar as razões que motivaram a agitação generalizada durante o período e que, nos anos 1930, culminaram em modificações na organização do Estado.

O processo mais geral foi designado por Florestan Fernandes (1920-1975) como segunda revolução burguesa.[40] Seus antecedentes encontram-se nas mudanças da economia brasileira em direção à industrialização. No plano social, corresponde à ascensão da classe média, cuja formação remonta ao século XIX, durante o Império, dependendo sobretudo da intensificação da produção de café, que favoreceu o enriquecimento dos proprietários da terra onde era plantado e que propiciou também o encorpamento da classe média, beneficiária da comercialização do produto. Além disso, o investimento dos excedentes da economia cafeeira em novas manufaturas e na indústria da construção criou novos empregos, a que se habilitou a população, principalmente a de cor branca, reforçada pela imigração europeia, que via na América as oportunidades de ascensão de que carecia nos seus países de origem.

A importância do café, principal riqueza brasileira ainda no século XIX, projeta-se de maneira integral ao longo da República Velha. Mas é ele também que gera os fenômenos que, a seguir, determinam a remoção do modelo político que sucedeu à monarquia na passagem do século XIX para o XX: o fortalecimento das camadas médias e o crescimento urbano, pois é na cidade que se alojam e robustecem os novos grupos sociais: a

---

40 Cf. Fernandes, *A revolução burguesa no Brasil. Ensaio de interpretação sociológica.*

alta burguesia, vinculada à indústria, ao comércio e às finanças; a pequena burguesia, dependente da máquina administrativa, privada e (principalmente) pública; o proletariado urbano, de que fazem parte operários, serventes, domésticos etc.

Novos grupos apresentam novas exigências, destacando-se as que servem ao seu próprio fortalecimento: a proteção do Estado para o principal recurso agrícola, o café, e para o novo motor econômico, as fábricas, dependentes de concessões cambiais, subsídios e reserva de mercado; e a atenção do governo para o analfabetismo, que grassava impune.

A luta pela escolarização em massa, como se viu, remonta ao início da República, intensificando-se na virada do século. De Benjamin Constant (1836-1891), no Ministério de Instrução, de curta duração logo após a proclamação de Deodoro da Fonseca (1827-1892), à Revolução de 1930, depois da qual é criado o Ministério de Educação e Saúde (primeiramente dirigido por Francisco Campos), as reformas se sucederam, mas nenhuma logrou promover um sistema eficaz de ensino. No entanto, a nova situação econômica dependia da habilitação do trabalhador, em geral migrante da atividade agrícola para a industrial, que espera um operário capaz de operar segundo instruções, e não mais conforme a prática, a tradição ou o talento individual.

Além disso, o crescimento da área administrativa supunha no funcionário o domínio do vernáculo e de conhecimentos técnicos e científicos mínimos. Todas essas eram condições que exigiam novo aparato educacional. A máquina governamental emperrara e era, às vezes, incapaz de compreender essas solicitações, o que alastrava o problema e colaborava para perpetuá-lo.

O governo de Getúlio Vargas, resultante em parte dessas reivindicações, encampou-as como se fossem formuladas por ele.

Protegeu especialmente a classe industrial paulista, sobretudo depois da Revolução Constitucionalista de 1932, o que o obrigou, ainda que vitorioso, a se dobrar aos interesses da região mais rica e produtiva do país. E, por ação dos ministros Francisco Campos e Gustavo Capanema (1900-1985), impôs a nova estrutura do ensino: tornou a educação primária obrigatória, deu lugar de destaque ao ensino técnico (comercial, industrial, agrícola, formação do magistério pelas escolas normais) e instituiu os cursos superiores: em 1934, por iniciativa estadual, é fundada a Universidade de São Paulo e, em 1937, é oficializada a Universidade do Brasil na então capital da República.

Os movimentos que sacudiram a década de 1920 alcançam repercussão a partir dos anos 1930. Respondem aos anseios dos grupos urbanos em ascensão que, alçados ao plano do Estado, convertem-se em seus porta-vozes. O resultado é a aceleração do processo de modernização da sociedade, cuja equivalência, no plano artístico, é fornecida pelos intelectuais que batizam seus projetos de Modernismo.

5.3. Revoluções na cultura brasileira

Com certeza seria melhor deslocar o deputado, o senador e o presidente. Como estes símbolos, porém, ainda resistissem, muito revolucionário se contentou mexendo com outros mais modestos. Não podendo suprimir a constituição, arremessou-se à gramática.

Graciliano Ramos[41]

---

41 Ramos, Pequena história da República, op. cit., p.169.

Marisa Lajolo • Regina Zilberman

O interesse dos intelectuais na modernização da sociedade é reconhecível já nos primeiros anos da República. Para eles, saúde e educação apresentavam-se como metas importantes a serem alcançadas a fim de remover os resíduos do atraso herdado das fases anteriores da história. Essas tinham tido seu centro econômico no campo, uma vez que a agricultura (cana-de-açúcar, algodão, cacau e, mais do que nunca, o café) e a pecuária eram os pilares que sustentavam as finanças do país. Porém, se era necessário modificar para melhor, cumpria atacar esses números retrógrados, corporificados na visão dos tipos regionais e encarados agora por sua pior faceta.

Durante esse primeiro esforço de modernização, a vida rural passou por uma revisão ideológica, sendo condenada pelo que continha de retrocesso e dependência. O regionalismo, tendência literária que se intensificava no início do século XX, alterou o tom romântico legado por José de Alencar (1829-1877) e o Visconde de Taunay (1843-1899), adotando uma postura crítica e atacando o arcaísmo e a passividade que representava.

O esforço subsequente de modernização segue outro itinerário. Estabelece conexões diretas com a França, o que não deixa de indicar certo parentesco com alguns intelectuais do entresséculos, padecentes de "Parisina", doença que, segundo os cronistas da época, assolava os homens das letras cariocas. Todavia, associa-se a seus percursores num ponto fundamental: almeja à modernização do Brasil e sua equiparação às nações ditas civilizadas. Só que, se, para os autores regionalistas, o processo transcorre na sociedade, com a colaboração de uma literatura de combate, para a nova geração, acontece no interior da obra de arte, para o que contribui a sociedade.

Literatura infantil brasileira

Por essa razão, durante os dez primeiros anos do movimento, os modernistas, que são também combativos, preocupam-se em esclarecer seus princípios de criação, por meio de manifestos, conferências, exposições ou revistas, obtendo então as vitórias desejadas nos planos artístico e temático. A primeira dessas conquistas se dá no âmbito da linguagem: esta se faz experimental e renovadora, sem que a busca de originalidade impeça a aproximação ao coloquial. A atualização atinge os dois pontos visados: possibilita tanto a equivalência com as inovadoras estéticas europeias contemporâneas quanto a incorporação dos distintos níveis de fala, característicos sobretudo dos grupos urbanos resultantes da nova composição social e econômica.

O tema dominante consiste no nacionalismo, presente desde as intenções geradoras do movimento, uma vez que este tinha em vista a equiparação artística do país às experiências em voga em nações tidas como mais adiantadas. Mas a revelação desse fundo nativista acontece aos poucos e de modo desigual, provocando a fragmentação do grupo. Ainda assim, alguns pontos em comum são identificáveis: a pesquisa do passado nacional na busca de fontes autênticas de brasilidade, não contaminadas (ou pouco contaminadas) pela influência europeia; o recurso ao folclore, especialmente o de procedência indígena e africana, porque expressa a ancestralidade e a pureza intocada citada antes; a criação de tipos humanos que representem, de modo sintético, o homem brasileiro ou os traços mais peculiares do povo.

As duas metas, assim enunciadas, parecem contraditórias, mas efetivamente se complementavam. Somente a valorização do nacional dito primitivo e não contaminado evitaria que o movimento fosse sugado e inteiramente absorvido pela matriz europeia na qual os artistas se inspiravam.

Duas direções se mostram possíveis. De um lado, a observação da realidade contemporânea, que, inevitavelmente, teria de admitir os contrastes e a miséria, apesar dos anseios à modernização. Esta é a rota de Alcântara Machado (1901-1935) e Mário de Andrade, modernistas da primeira hora e que realizam uma arte do presente ainda na década inicial do movimento, ou de Carlos Drummond de Andrade (1902-1987), fora de São Paulo, cidade-sede do Modernismo.

De outro lado, a ênfase ao nativismo, que se sustenta à custa da negação do presente. É notável que esta seja a vertente a que adere o novo governo, encampando as metas de segmentos intelectuais, em processo semelhante àquele pelo qual incorporara as reivindicações públicas de diferentes grupos das sociedades. Mas, para que pudesse ter a chancela de Estado, o nativismo teve de mudar de lugar. A difusão do nacionalismo risonho e franco, verde-amarelo, deslocou-se para as manifestações ditas populares, como o samba-exaltação [a exemplo da *Aquarela do Brasil*, de Ari Barroso (1903-1964)], as emissões da *Hora do Brasil*, os programas patrióticos de massa, como as exibições coletivas de corais e ginástica, ou ainda os livros e folhetos educativos que circulavam principalmente nas escolas.

Contudo, não são as escolas regulares que exemplificam melhor o fenômeno, e sim as escolas de samba. O surgimento delas data do final dos anos 1920, mas seu crescimento deu-se na década seguinte: a partir de 1935, o governo passa a subvencionar os concursos durante o Carnaval, com o que as escolas se convertem no canal de comunicação do Estado com

Literatura infantil brasileira

as camadas pobres. Porém, como, a partir de 1937, um decreto de Vargas as obriga a dar um conteúdo didático (histórico e patriótico) aos sambas-enredo, parece transferir-se para estes veículos, acessíveis aos grupos populares, a tarefa de expressar as aspirações do Estado que os sustenta.

Para atingir os estratos médios da sociedade e alcançar a adesão deles, os meios são outros e de massa: o cinema [como os filmes históricos financiados pelo Ministério da Educação, dirigidos por Humberto Mauro (1897-1983) e musicados por Heitor Villa-Lobos (1887-1959)] e, principalmente, o rádio. Este é o instrumento mais importante de integração nacional, que faz uso da *Hora do Brasil*, de emissão obrigatória, e da Rádio Nacional que, encampada pelo governo em 1940, logo obteve altos índices de audiência, contratando os cantores e locutores mais famosos do país.

A popularidade dessa explosão midiática, respaldada pelo patriotismo, de onde retira sua substância, não colide com os objetivos dos programas que, originalmente, propuseram a tônica nacionalista. Pelo contrário, essa incorporação (ainda que em parte e da parte que interessa) sugere a identidade entre as metas da plataforma modernista, voltada para as artes, e o aproveitamento delas pelos ideólogos do regime de Vargas, visando à sua perpetuação no poder do Estado.

O fato possibilita a duração do movimento ao longo de todo o período dominado por Getúlio, uma vez que, contra ou a favor, era em torno do patriotismo e do tema da imagem nacional que circulavam os intelectuais. Se a imagem nacional assimilou, em muitos casos, uma orientação ufanista, também teve um componente crítico, voltado à reflexão sobre o presente, o qual, quando tomado a sério, desautorizava otimismos.

Por essa razão, o posicionamento crítico foi efetivamente contestador quando se voltou à descrição da atualidade brasileira e denunciou os desmandos do poder, conforme procederam Graciliano Ramos e Dyonélio Machado (1895-1985). Outros escritores limitaram-se a apontar falhas em estruturas arcaicas e decadentes, fazendo a crônica funerária de um sistema em fase de liquidação pelo regime em vigor. Era a contestação que convinha, porque legitimava a fachada da modernização que o Estado desejava fornecer ao Brasil.

A literatura infantil, como boa filha, não fugiu a essa luta. Aderiu aos ideais do período e expressou-se às vezes de modo literal, trazendo para a manifestação literária uma nitidez que ela raramente conhece nos textos não infantis. Os livros para crianças foram profunda e sinceramente nacionalistas, a ponto de elaborar uma história cheia de heróis e aventuras para o Brasil, seu principal protagonista. Da mesma maneira, eles se lançaram à coleta do folclore e das tradições orais do povo, com interesse similar ao das escolas de samba, ao pesquisar os enredos para os desfiles. Porém, visando contar com o aval do público adulto, a literatura infantil foi preferencialmente educativa e bem-comportada, podendo transitar com facilidade na sala de aula ou, fora dessa, substituí-la.

Estes três aspectos – o nacionalismo, a exploração da tradição popular consolidada em lendas e histórias, e a inclinação pedagógica – juntos ou separados sufocaram em muito a imaginação. Contudo, não impediram que, quando liberada, ela tentasse construir um mundo de fantasia, possível plataforma de lançamento para uma crítica ao ambiente social experimentado pelo leitor. Por isso, a criatividade desses momentos deu alento e continuidade ao gênero. Que ele foi mesmo promissor, atestam-no a fecundidade e o sucesso individual de Monteiro Lobato. Atesta-o também a frequência com que a maioria dos escritores da época, não diretamente associados à literatura infantil, produz, com maior ou menor assiduidade, textos para jovens.

Os fatores até aqui analisados configuram o processo de modernização da sociedade brasileira, a que a literatura se integrou, quer a partir de projetos coletivos, como os que, em 1922, a Semana da Arte Moderna deflagrou, quer por meio de uma ação mais individual, como a do empresário e escritor Monteiro Lobato.

Modernistas, de um lado, dando-nos o conteúdo estético do período; Monteiro Lobato, de outro, impondo uma práxis que, se é voltada para as letras, é igualmente com os olhos nos lucros. Mas, com Lobato, estamos no campo da ficção infantil, gênero para onde confluem essas vertentes, convertendo-se, como se verá em seguida, numa das imagens dos contrastes culturais que atravessam a nação.

5.4. A utopia do Brasil moderno e rural

Precisamos descobrir o Brasil
Escondido atrás de florestas,
com as águas dos rios no meio,
o Brasil está dormindo, coitado.
Precisamos colonizar o Brasil.
Carlos Drummond de Andrade[42]

---

42 Carlos Drummond de Andrade, Hino nacional. In: *Reunião*, p.36.

Marisa Lajolo • Regina Zilberman

5.4.1. Brasil: um grande sítio?

*No dia em que o nosso planeta ficar inteirinho como é
o sítio, não só teremos paz eterna como a mais perfeita
felicidade.*

Monteiro Lobato[43]

Desde seu primeiro livro para crianças, *A menina do narizinho
arrebitado*, Monteiro Lobato fixa o espaço e boa parte do elenco
que vai ocupá-lo e ocupar-se em aventuras de todo tipo: é
o sítio do Picapau Amarelo, propriedade de Dona Benta, que
vive originalmente acompanhada de sua neta, a menina Lúcia,
conhecida por Narizinho, e de uma cozinheira antiga e fiel, Tia
Nastácia. Trata-se de uma população pequena para preencher
um cenário tão grande, mas as personagens multiplicam-se
rapidamente, com a inclusão de outros seres humanos (Pedrinho),
seres mágicos (os bonecos animados Emília e Visconde),
animais falantes (o porco Rabicó, o burro Conselheiro e o rinoceronte
Quindim), sem falar dos eventuais seres aquáticos,
habitantes do Reino das Águas Claras, localizado nas cercanias
do sítio, ou dos visitantes menos ou mais habituais, como Peninha,
o Gato Félix ou o Pequeno Polegar.

Na série de histórias que se seguem à bem-sucedida primeira,
Lobato estabiliza o grupo em definitivo. Isso lhe permite arranjar
a unidade final das *Reinações de Narizinho*, obra que, lançada
em 1931, nunca perde a primogenitura, permanecendo como
o livro inaugural da coleção das obras completas de Monteiro
Lobato para a infância.

---

43 Lobato, *A reforma da natureza*, 6. ed., p.194.

Literatura infantil brasileira

São os laços familiares que garantem a união do grupo, mas não se pode perder de vista o espaço que também unifica a maior parte das histórias. O sítio do Picapau Amarelo constitui sempre o ponto de entrada de todas as narrativas — ou, pelo menos, daquelas cuja ação principal é desempenhada pelos netos de Dona Benta, como em *Reinações de Narizinho*, já mencionado, *O Saci* (1921), *O Picapau Amarelo* (1939), *A chave do tamanho* (1942). É lá também que se alojam heróis provenientes do exterior e introduzidos pela voz da velha senhora, como Peter Pan, D. Quixote, Hans Staden, ou as "aventuras didáticas" (*Emília no país da gramática*, de 1934, *O poço do Visconde*, de 1937, entre outras).

Assim, o sítio não é apenas o cenário onde a ação pode transcorrer. Ele representa igualmente uma concepção do mundo e da sociedade, bem como uma tomada de posição a propósito da criação de obras para a infância. Nessa medida, corporifica-se no sítio um projeto estético envolvendo a literatura infantil e uma aspiração política envolvendo o Brasil — e não apenas a reprodução da sociedade rural brasileira, o que corresponderia a assumir uma atitude retrógrada, se lembrarmos que o país começava a passar por um avançado processo de urbanização para o qual Lobato estava totalmente alerta.

A presença do universo rural na narrativa brasileira não era, em princípio, novidade, nem mesmo na literatura para crianças, como descrito anteriormente. O romance romântico fortalecera uma visão grandiosa da natureza brasileira, e nesse cenário heróis ou indivíduos mais comuns viveram grandes momentos de suas existências, o que se pode constatar nas obras sertanistas de José de Alencar. Todavia, acompanhando o tom geral da prosa do final do século XIX, o ambiente rural deixou de ser um *locus amoenus* para se converter num meio agreste, selvagem e propício a conflitos humanos e sociais dificilmente remediáveis.

O sítio de Dona Benta seria a retomada do mito? Aparentemente a resposta é positiva, pois o início de *A menina do narizinho arrebitado* é idílico, aludindo àquela "casinha branca, lá muito longe, (onde) mora Dona Benta de Oliveira, uma velha de mais de sessenta anos".[44] Em edições posteriores da história, sobretudo na versão definitiva de *Reinações de Narizinho*, muita coisa mudou, mas a casinha branca permanece igual. Todavia, nas raras ocasiões em que descreve a terra, o escritor não se constrange em mostrar seu pouco valor e má qualidade, chamando-a de "terras ordiaríssimas, onde só havia saúva e sapé", como se lê em *O Picapau Amarelo*.[45] Seu tesouro é subterrâneo, como se apresenta em *O poço de Visconde*; mas, no início da saga literária, talvez nem o autor imaginasse a descoberta do petróleo, nem foi levado a alimentar ilusões quanto à fertilidade ou beleza do local.

Nesse aspecto, Lobato é fiel à sua geração e dissidente em relação ao nacionalismo eufórico. Também dissidente é o Brasil de Macunaíma, cujas reinações cortam os mais diferentes rincões da pátria, mostrando como estão infestados de saúvas, doenças e miséria. Na mesma linha, o romance de 1930 explora, até exaurir o veio temático, os males do Brasil rural.

E, ainda assim, o sítio é idílico, o que se deve à soma de elementos característicos da arquitetura da obra e da visão de mundo de Lobato.

---

44 Lobato, *Narizinho Arrebitado*. Segundo livro de leitura para uso das escolas primárias, p.3. Procedemos à atualização ortográfica.

45 Lobato, *O Picapau Amarelo*, 6.ed., p.23.

O ponto de partida é a aceitação do fracasso do projeto ruralista para o Brasil; ou melhor: o abandono de uma concepção a respeito da economia do país, segundo a qual esta podia se apoiar nos produtos primários, de origem agrária, e sobreviver financeiramente. Em outras palavras, tratava-se da renúncia ao cavalo de batalha das finanças republicanas – o café. Por causa disso, o sítio pode ser economicamente inviável, se pensado do ponto de vista agrícola; e, mesmo assim, autossuficiente, porque o fator econômico será suplantado pelo aparecimento de outras riquezas, quando chegar a hora. E esta soa nos livros produzidos após a Revolução de 1930, especialmente em *O poço de Visconde*, que se converte no libelo mais explícito em prol do aproveitamento, em escala industrial, dos recursos minerais, particularmente os petrolíferos, do país.

Nessa obra fica evidente o caráter metafórico do sítio. Ele é integralmente o Brasil, estando embutido nele tudo que Monteiro Lobato queria representar da pátria. Em *A chave do tamanho*, ele repete o processo, assim como em *O Picapau Amarelo*, o sítio significa cada vez mais o mundo como Lobato gostaria que fosse. E, se nessa idealização ele se permite renegar mitos antigos (como o da riqueza e fertilidade agrícolas, antes mencionados), é porque outros mitos ocupam a lacuna. Um deles é o da abundância de óleo natural; outro é o do caráter agregador do sítio, aberto a todos indistintamente, mas, em especial, às experiências mais modernas: Dona Benta está sempre atenta ao que se passa no mundo, possui cultura invejável e não se escandaliza com a tecnologia, embora renegue as consequências que considera nefastas.

Graças a essa permeabilidade – outro grande elemento manejado pelo escritor –, ele pode inscrever os fatores mais característicos da modernidade em seus textos, tais como:

a) a rejeição dos cânones gramaticais escritos, sobretudo os que regulam a produção literária, conforme se vê em "O irmão de Pinóquio":

A moda de Dona Benta ler era boa. Lia "diferente" dos livros. Como quase todos os livros para crianças que há no Brasil são muito sem graça, cheios de termos do tempo do Onça ou só usados em Portugal, a boa velha lia traduzindo aquele português de defunto em língua do Brasil de hoje. Onde estava, por exemplo, "lume", lia "fogo"; onde estava "lareira" lia "varanda". E sempre que dava com um "botou-o" ou "comeu-o", lia "botou ele", "comeu ele" – e ficava o dobro mais interessante.[46]

As normas que disciplinam as manifestações verbais recebem dura crítica, segundo se verifica na gramática de Emília:

– Não mexa, Emília! – gritou Narizinho. – Não mexa na Língua, que vovó fica danada...

– Mexo e remexo! – replicou a boneca batendo o pezinho e foi e abriu a porta e soltou o NEOLOGISMO, dizendo: – Vá passear entre os vivos e forme quantas palavras quiser. E se alguém tentar prendê-lo, grite por mim, que mandarei o meu rinoceronte em seu socorro.

(...)

Emília encaminhou-se para o último cubículo, onde estava preso um pobre homem da roça, a fumar seu cigarrão de palha.

– E este pai da vida, que aqui está de cócoras? – perguntou ela.

---

46 Lobato, *Reinações de Narizinho*, 6.ed., p.199.

Literatura infantil brasileira

-- Este é o Provincianismo, que faz muita gente usar termos só conhecidos em certas partes do país, ou falar como só se fala em certos lugares. Quem diz NAVIU, MÉNINO, MECÊ, NHÔ, etc., está cometendo PROVINCIANISMOS.

Emília não achou que fosse caso de conservar na cadeia o pobre matuto. Alegou que ele também estava trabalhando na evolução da língua e soltou-o.[47]

b) a inserção nas histórias de elementos que caracterizam a cultura internacional, sejam os clássicos, como em _O minotauro_ (1939) ou _Os doze trabalhos de Hércules_ (1944), sejam os que provêm do cinema e das histórias em quadrinhos, como Tom Mix ou Gato Félix, presentes nas primeiras histórias do escritor.

Trata-se de uma invasão do mundo contemporâneo, do qual Lobato se apropria antropofagicamente, pois são antes os produtos estrangeiros que se naturalizam, ao chegarem ao sítio ou ao conviverem com os meninos. Além disso, se, através da voz de Dona Benta, certos rumos adotados pelo progresso e pela tecnologia são severamente condenados, seus derivados culturais, sobretudo os de massa, como o cinema, são matéria de – às vezes, até embasbacada – admiração.

Todos esses aspectos assinalam – e, simultaneamente, justificam – a porosidade do sítio, que, por decorrência, absorve o que seu tempo criou de mais interessante e digno de ser incorporado. Esse é o sentido da modernidade nessa obra, que concilia o nacionalismo com um desejo de equiparação do sítio (leia-se: da Nação) às chamadas grandes potências ocidentais.

---

47 Idem, _Emília no país da gramática_, 21.ed., p.106-7.

Por isso, ele é tanto mais moderno quanto mais rural, porque é este último fator que assegura a nacionalidade do espaço. Fosse ele mais urbano, e os atributos internacionais viriam à tona. Assim, Lobato trata de ignorar que as duas virtudes — modernização internacional e nacionalismo — não conseguem andar juntas, pois, de fato, elas se expelem reciprocamente.

Se o resultado idealiza o cenário que se propunha real, ele não está em dissonância com o que produzia a literatura modernista do período. Sem entrar no mérito que particulariza os manifestos que proliferam na década de 1920, o fato é que os frutos que geraram — como as obras oriundas de grupos antagônicos, como *Martim-Cererê*, de Cassiano Ricardo (1895-1974), ou *Cobra Norato* e *Macunaíma*, respectivamente de Raul Bopp (1898-1984) e Mário de Andrade — procuram situar a modernização no campo, sem que este deixe de ser rural ou dito selvagem ou primitivo. O resíduo de brasilidade deve ser preservado, mas afinado com o mundo moderno, que é inevitavelmente cosmopolita. O resultado compromete o intuito verde-amarelo e, para assegurá-lo, os protagonistas fogem dos centros urbanos. Mas — como com Macunaíma, na rapsódia de Mário de Andrade, ao sair de São Paulo — a fuga nunca é solitária, sendo o acompanhante ou o próprio herói, agora transformado, o fator a provocar a desestabilização definitiva da harmonia natural — vale dizer, a brasileira.

Esboça-se, assim, uma afinidade Lobato e os líderes modernistas, explicitando um parentesco que não se enfraquece por episódios folclóricos, como o que envolve o autor e a pintora Anita Malfatti (1889-1964) em 1917. Todavia, não é este o aspecto que importa, e sim o que essa afinidade representa em termos sociais e estéticos.

Literatura infantil brasileira

Parece indubitável que todos esses artistas revelavam, de modo indireto, o processo, que viria a se acelerar mais adiante, experimentado pela nação, em particular por São Paulo, cuja economia, à medida que avançava rumo à industrialização e ao capitalismo, se desnacionalizava ou se internacionalizava de maneira crescente. Ninguém desejaria, naquele momento, o contrário, que coincidiria com o retorno ao Brasil rural, de onde todos fugiam. Mas não era possível renegar o passado, sob pena de, no mínimo, contradizer o projeto artístico e ideológico e, no máximo, capitular definitivamente ao imperialismo ocidental. A conciliação, firmemente apoiada numa utopia, que, no caso, era antes uma ilusão, foi uma saída honrosa: nem se deixava de afirmar a supremacia paulista, a partir da expressão de alguns de seus valores, principalmente o que dizia ser o Estado a fonte de progresso e modernização; nem se rejeitava o passado, que avalizava a brasilidade e o nacionalismo das intenções.

A história acabou por prevalecer, encarregando-se de desmentir os escritores. Porém, entre um acontecimento e outro, fortaleceu-se uma tradição literária nova, que serviu de molde e inspiração a toda uma produção literária brasileira, incluindo a infantil, o que não apenas indica a unidade entre os gêneros que a compõem, como também o papel que eles exercem perante a sociedade.

Nem só de Monteiro Lobato viveu a literatura infantil do período, bem como nem só do sítio do Picapau Amarelo se alimentou o ruralismo na ficção para crianças. O ruralismo até antecede a Lobato, tendo como arauto Thales de Andrade, com seu bem-sucedido e já comentado *Saudade.* Esse livro faz a apologia da vida agrícola, mesclando elementos idílicos com uma proposta bem clara de trabalho no campo. Para comprovar a validade da primeira tese, uma das figuras ficcionais, Juvenal, recupera as energias e a saúde após uma estação vivida no paraíso, o sítio de seus parentes; por causa da segunda meta, o protagonista e narrador, Mário, incorpora a proposição do livro: é ele quem, após o reconhecimento, pela família, da importância de se dedicar à vida rural, decide-se pelo curso de agronomia.

Os dois meninos encarnam as duas faces da obra: a idílica, que corporifica uma mitologia tradicional, de raízes pastoris, aureolando a existência fora dos grandes centros urbanos; e a prática, que deságua numa ação nobre e patriótica, uma vez que a crença subjacente é a de que, na agricultura, está a história (o passado) e a salvação (o futuro) do país.

Este fato, de a ação mais pragmática e menos romântica receber uma cobertura patriótica, reduz o eventual caráter realista que a obra poderia ter. Com efeito, o livro é atravessado por um otimismo inabalável, que engloba as criaturas e o espaço onde elas vivem, tendendo à idealização. Apenas a cidade enquanto realidade social é alvo dos ataques dos personagens e, por extensão, do texto, mas sua tonalidade negativa advém única e exclusivamente de sua contraposição ao campo. Fica afastada a possibilidade de que a família de Mário talvez não tenha conseguido se adaptar à nova vida, ao passar de uma economia dominada pela produção primária para um sistema industrial, mais despersonalizado, em que inexistem as mediações diretas entre os indivíduos e diminui a confiança entre as pessoas.

A mácula atribuída à cidade é tão somente a de ser cidade; porém, é desse fator que procede a atenuante do crime: pois,

Literatura infantil brasileira

se não tivessem, ainda que temporariamente, a experiência urbana, as personagens perderiam a oportunidade da revelação das delícias do campo. Uma estação do inferno urbano foi suficiente, já que as inoculou contra o vírus da insistência no erro. E, como resultado desse estágio na cidade, decorre ainda o sucesso econômico alcançado com o sítio Congonhal.

Nessa medida, Thales de Andrade antecipa Lobato, mas falta-lhe a dimensão metafórica que o sítio do Picapau Amarelo possui. Trata-se igualmente de uma utopia rural, mas para ela não conflui, em correntes paralelas, o que estava transcorrendo efetivamente na sociedade brasileira. O livro carece da natureza sintetizadora, o que se torna visível quando explícita a oposição campo *versus* cidade. Do mesmo modo, atesta a atração que a segunda exercia sobre os pequenos proprietários de terra, denunciando, se bem que à revelia, o êxodo que quer evitar a partir do engrandecimento da profissão de lavrador.

Mais iludido nos seus propósitos e menos satisfeito com o processo de modernização a que assistia, Thales de Andrade, por paradoxal que pareça, está mais próximo dos fatos históricos que Lobato. Deseja revesti-los de palavras de fé, mas não consegue impedir a constatação, repetindo, pelo avesso, as conclusões de seu contemporâneo Lima Barreto, em *Triste fim de Policarpo Quaresma*, de que a vida rural só consegue reter o trabalhador à custa de algumas desilusões e muito idealismo.

Entre as primeiras (reais) e o segundo (utópico e, o que é pior, contra-histórico), o livro constrói um paraíso campestre. Lobato preferiu outro caminho, rejeitando ambos os extremos: o da desilusão não lhe servia, porque não era operacional; e o do idealismo era muito distante para quem almejava apressar a história em busca de uma tecnologia avançada e da modernidade. Contudo, graças a esses escritores, consagra-se uma constante temática: a que projeta o campo como cenário predileto para a aventura das crianças, independentemente da ideologia que possa encobrir essa opção.

5.4.2. Aspirações e limites da vida rural

> *Nunca pensei que ela acabasse!*
> *Tudo lá parecia impregnado de eternidade*
> Manuel Bandeira[48]

O espaço rural e a natureza, enquanto cenário e temática, não foram descobertos pelos escritores estudados. A literatura infantil, desde seu aparecimento, na Europa moderna, mostrou preferência particular pelo mundo agrícola como local para o transcurso de ações. Isso se deve ao aproveitamento, desde o início, de narrativas de origem folclórica ou contos de fadas de proveniência camponesa como matéria-prima para a (re)criação literária. Também se converteram em literatura infantil as fábulas e outros relatos, isto é, as formas mais simples, como as denomina André Jolles (1874-1946),[49] gêneros que apelam ao ambiente rural e personagens vinculadas ao campo.

Esse acervo terá forte influência na formação da literatura infantil brasileira, assimilado por intermédio das adaptações que, no século XIX, se fizeram no país. E esse processo não

---

48 Bandeira, Evocação do Recife. In: *Estrela da vida inteira*, p.117

49 Cf. Jolles, *Formas simples. Legenda, saga, mito, adivinha, ditado, caso, memorável, conto, chiste.*

se interrompe quando os escritores se mostram mais criativos e inventam as próprias narrativas. Pelo contrário, o modelo subsiste com grande solidez, ao gerar os similares nacionais.

Viriato Correia é um dos autores em que se encontram versões de histórias de bichos e de homens passadas em espaços campestres, embora este último termo não mais designe uma propriedade rural com características aproximadas às de instituições vigentes na economia brasileira – tais como sítio, fazenda, estância, chácara –, e sim algo bem mais difuso, mas nem por isso menos constante em nossa literatura, porque também presente em outros escritores da época, como Marques Rebelo e Arnaldo Tabaiá (1901-1937), em *A casa das três rolinhas* (1939), ou Erico Verissimo, em *Os três porquinhos pobres* (1936).

A arca de Noé, de Viriato Correia, de 1930, é representativa desse grupo, sobretudo na primeira história, "A revolta do galinheiro". O conto narra a revolução causada num galinheiro pelo Garnizé, que induz as galinhas a abandonarem o local e a buscarem uma existência mais livre. A maioria acompanha o fogoso chefe, ficando na chácara apenas um galo e algumas galinhas, todos idosos. Logo, porém, os revoltosos são atacados pela raposa, que deixa poucos sobreviventes. Esses decidem retornar imediatamente ao lugar de origem, sendo recebidos com admoestações pelo galo que lá permaneceu.

A história tem evidente sentido conformista, mostrando a sabedoria dos mais velhos, bem como o valor da acomodação e segurança. Destinada a crianças, desautoriza-as de imediato, pois propõe que a inventividade, assim como o espírito aventureiro e criador são perigosos enquanto apanágio de indivíduos frágeis, como é frágil o leitor perante o mundo adulto, cujos comportamentos e valores são, segundo o texto, seguros e sábios.

O conto se aproxima da fábula, seus componentes assumindo um claro sentido analógico: o Garnizé está para a criança como o galo está para o adulto, e as galinhas, para todos aqueles que se entusiasmam perante líderes inflamados, inexperientes e arrogantes.

Além disso, a história vale-se de animais e de um espaço muito próximo àquele que aparece nas narrativas de Thales de Andrade e Lobato: a chácara e seus habitantes domésticos. Essa é uma experiência de pequena propriedade rural, embora as dimensões variem: pode alargar-se em campo ou em algo mais ilimitado, como a floresta, cenário de *A casa das três rolinhas*, de Marques Rebelo e Arnaldo Tabaiá, história na qual se verifica a mesma crítica às ideias mais arrojadas dos jovens; ou encolher para quintais e casas de campo, como as que se encontram nos livros de Erico Verissimo, Menotti del Picchia ou Lúcia Miguel Pereira.

Todavia, em textos como o de Viriato Correia, o sítio perde em qualidade. Sua configuração, ainda que simbólica, deixa de ser fruto de uma concepção ou de um projeto social. O sítio é esvaziado de uma direção utópica e ganha um significado moral que revolta seus moradores, como o Garnizé: o enclausuramento, a falta de perspectiva existencial e o horizonte doméstico. Esses atributos coincidem com a vivência infantil, o que, se é revelador por um lado, por outro não resgata o significado do espaço da obra, uma vez que o elemento liberador vem a ser negado – e mesmo rejeitado pelo predomínio de uma fala dogmática e inquestionável.

Cazuza, também de Viriato Correia, obra publicada em 1938, não se localiza no mesmo plano, devido às inversões procedidas pelo autor, que determinaram uma modificação na ótica

Literatura infantil brasileira

com que o mundo rural pode ser representado na literatura brasileira para crianças. A mudança aparece em vários aspectos:

a) o escritor opta pela cena realista, evitando símbolos e analogias, assim como o trânsito entre o mundo histórico e o fantástico;

b) a apresentação toma a forma de memórias, de modo que o objeto narrado está distante no tempo (coincidiu com a infância do narrador) e no espaço (o narrador vivia no Rio de Janeiro quando redigiu o livro);

c) o protagonista passa por diferentes estágios que acompanham, de um lado, seu progressivo amadurecimento, e, de outro, seu paulatino afastamento do ambiente interiorano;

d) a separação do meio original corresponde a um progresso nos estudos e a uma maior intimidade com a vida escolar; no início a escola é intolerável, mas, à medida que a personagem se muda do campo para a cidade, ela melhora, e o menino passa a gostar, de maneira crescente, da experiência estudantil;

e) o livro não idealiza personagens nem lugares; pelo contrário, critica instituições, como a escola, e certas atitudes cegas, como o patriotismo oco e o militarismo.

Essa disposição crítica provém do distanciamento que o narrador adota diante dos fatos narrados, o que se deve em parte a seu deslocamento espacial e temporal: escreve, adulto e do Rio de Janeiro, as recordações da infância vivida no interior do Maranhão. O alvo dessa crítica é a escola, principalmente como aparece na primeira parte do livro, que enfatiza sua faceta mais autoritária e cruel. A crítica, porém, não se atenua quando o menino Cazuza passa a estudar em colégios de maior prestígio, como o internato em São Luís. Torna-se mais camuflada, é certo; mas não deixa de revelar como a instituição serve ao poder, porque depende deste. E denuncia o paternalismo como único meio eficiente para contornar os desequilíbrios e os preconceitos vigentes na sociedade.

O fato de a crítica à escola esmorecer em indignação quando o protagonista se transfere do sertão para a cidade mostra que, se ela acompanha espacialmente a trajetória do menino, dirige-se antes a leitores com experiência predominantemente urbana. Vale dizer, destina-se a pessoas para quem a narrativa de acontecimentos rudes no interior seria chocante por ignorada, e não por conhecida em excesso. Desse modo, o livro não deixa de repetir o feito de Raul Pompeia em *O Ateneu* (1888), denunciando os descalabros da instituição educativa. Mas com uma modificação substancial: Pompeia dirige-se àqueles que passaram por experiência semelhante, enquanto Correia, ao se referir a fatos e atitudes que o estudante reconheceria (como os privilégios que recebiam os alunos oriundos de famílias ricas, tema da última parte de *Cazuza*), modera sua revolta e prefere uma saída conciliatória, adotando, em última instância, paternalismo similar àquele com que a alta burguesia brindava os menos afortunados – assunto de crítica em muitas passagens do livro.

Pela mesma razão é o campo, rude e inculto, o ambiente apresentado com mais detalhe ao leitor. É a partir da situação rural que a realidade é mostrada, porque corresponde ao lugar onde se instalou o narrador desde a ruptura familiar original representada pela escola. Esse fato determina mudanças significativas, porque o universo rural, distante e superado cronológica e ideologicamente, prescinde de idealizações para ser recuperado, tal como ocorrera em *Saudade*. Tampouco assume uma índole integradora, como na obra de Lobato, pois, também para esse caso, a distância temporal é o sintoma da superação daquele contexto agrário e de sua inexequibilidade enquanto alternativa econômica e social.

Cazuza, a despeito de sua orientação ufanista, pedagógica e moralista, atinge um resultado original e único em nossa produção literária para crianças, rechaçando as ilusões agrárias e denunciando o trajeto irreversível da história. Não chegou a ser um livro com seguidores, mas teve antecessores, para além de Raul Pompeia, no Coelho Neto de *O morto* (1898), e em Godofredo Rangel que, em 1917, publicou em folhetins de *O Estado de S. Paulo* o romance *Falange gloriosa*, cujo tema é a vida em colégios do interior de Minas Gerais. Nem por isso, no entanto, o marco que representa, nos seus defeitos e virtudes, é negligenciável, valendo a pena contrapô-lo às obras de seu tempo, que levaram avante caminhos conhecidos e veredas já domesticadas da vida agrícola brasileira.

5.5. A pressão da fantasia e o motivo da viagem

> *Na história procurei não cair em três armadilhas comuns nas histórias infantis de que me lembro: nada de tom piegas ou sentimental; nenhuma referência concreta ao chamado mundo real (é um conto "maravilhoso"); nenhuma distinção precisa entre crianças e adultos.*
>
> Graciliano Ramos[50]

---

50 Santiago, *Em liberdade*, p.136.

O elogio da vida rural não impede a constatação de sua falência paulatina, de um lado porque o espaço onde ela transcorre assume, de modo crescente, um significado abstrato; de outro, porque a presença da vida urbana deixa marcas profundas. Se, no primeiro caso, sucede uma transferência do real sensivelmente verificável para o simbólico apreensível apenas pelo intelecto, no segundo dá-se o inegável triunfo da história, embora esta não seja saudada como a desejável que finalmente chegou.

O triunfo da história motiva a reação contrária na forma de um novo esforço de superação, que coincide com uma opção escapista: todas as personagens, crianças na sua maior parte, não se satisfazem com seu cotidiano e almejam suplantá-lo, o que se viabiliza por meio de uma viagem. Esta, por menos imaginária que possa parecer, tem resíduos oníricos: ou porque transcorre durante a noite, ou por não ter testemunhas, ou porque, após o término dela, os meninos "acordam" de um modo ou outro. Além disso, ela guarda do sonho sua mais exata significação: a de realização dos desejos.

Entre os livros de Menotti del Picchia e os de Erico Verissimo, a semelhança é mais que uma coincidência: em *Viagens de João Peralta e Pé-de-Moleque* (1931), do primeiro, e *As aventuras do avião vermelho* (1936), do segundo, os heróis são fascinados por aviões e aventuras aéreas lidas em obras de ficção. E, motivados por essa atração, simultaneamente tecnológica e literária, realizam seus anseios a partir da obtenção do objeto desejado – o avião (de brinquedo, na narrativa de Erico) -- e da fuga de casa, atravessando os reinos mais diversos: o espacial, o subterrâneo e o aquático. Os meninos dão vazão a seu imaginário, que exige o abandono do lar, cuja vida prosaica é insatisfatória, e

Literatura infantil brasileira

iniciam um percurso por regiões mágicas, mais interessantes que a existência doméstica limitadora.

Por sua vez, a intervenção das crianças no mundo da fantasia é muito reduzida, principalmente nos livros de Erico Verissimo, em que apenas em raras ocasiões os heróis conseguem, por seus próprios recursos, resolver os problemas, passando a depender então de um auxiliar adulto; ou então não alcançando sair de sua posição inicial. Nas histórias de Menotti del Picchia, essa situação se modifica: os meninos, ainda que mais cerceados pelos adultos [sobretudo em *No país das formigas* (1932), em que o Camundongo de Ouro é um superego atento e persistente, tal como o Grilo Falante que acompanha Pinóquio na obra de Carlo Collodi], têm condições de intervir no mundo dos pais, quando, repetindo as façanhas de João e Maria, trazem para casa a riqueza que, até aquele momento, faltava.

Tanto na ficção de Erico como na de Menotti, a fantasia é estimulada pelo aborrecimento doméstico, simbolizado pelos ambientes fechados em que as histórias começam – por exemplo, o chiqueiro que Linguicinha, Salsicha e Sabugo (de *Os três porquinhos pobres*, de Verissimo) querem abandonar. Similar proporção entre opressão e desejo de fuga se manifesta nos livros de Graciliano Ramos, *A terra dos meninos pelados* (1939), e de Lúcia Miguel Pereira, *Fada menina* (1939). Também neles, a vontade de sanar o mal é corporificada pela viagem – ou seja, pelo abandono do ambiente que provoca desagrado. Todavia, as duas histórias diferem das já analisadas. Enquanto, em Erico e Menotti, as crianças não apreciam a vida doméstica e saem em busca de emoções, o que as conduz a sucessivas aventuras, de onde retornam sem terem sofrido grandes modificações interiores, Raimundo e Dora, protagonistas das narrativas de Graciliano Ramos e Lúcia Miguel Pereira, são vítimas de discriminação constante: o menino, por ter a cabeça pelada e os olhos de cores diferentes; a menina, por ser pequena. O mal é mais profundo e se inscreve no físico das personagens. Entretanto, mesmo entre Dora e Raimundo o sofrimento é distinto, pois ela poderá crescer e mudar; mas ele terá de conviver com sua diferença, suportando-a, sem se considerar infeliz.

Se a raiz do problema difere, as soluções se assemelham: Dora, durante a noite, transfigura-se numa poderosa fada que resolve as mais diversas e complicadas dificuldades. E Raimundo, como não pode se modificar, muda os outros: seu Tatipirun é a terra onde todos têm as cabeças peladas e os olhos de cores diferentes, sendo também o local "onde as ladeiras se abaixam e os rios se fecham para a gente passar".[51] O paraíso, revelado a essas crianças, confunde-se com o exercício do poder, para Dora, e a obtenção da igualdade, para Raimundo.

Nos textos de Graciliano Ramos e Lúcia Miguel Pereira, o imaginário se mescla ao ideal a que almejam os heróis; mas, como sua realização implica luta, ele acaba por configurar um projeto político. Por isso, proporciona uma prática que se revela no final das aventuras: Dora soluciona sabiamente seu conflito com a Rainha do Mar, salvando, ao mesmo tempo, o menino João das acusações infundadas. E Raimundo decide-se por uma ação esclarecedora, que, se o beneficia, repercute também em favor dos outros meninos.

Assim, o mais traumático no início é igualmente o mais liberador no final, indicando a transformação e superação da neces-

---

51 Ramos, *A terra dos meninos pelados*, p.58.

Literatura infantil brasileira

sidade escapista. A solução do conflito coincide com o término da aventura, o que impede a continuação da história. Esse aspecto diferencia mais uma vez os dois grupos de narrativas; pois é a condição de prosseguimento da aventura a persistência da vida doméstica insatisfatória, que pode ser abandonada sem constrangimentos. Entretanto, quando o problema é mais profundo, a ação por espaços originais é insuficiente, e só o enfrentamento direto da dificuldade vivida pode satisfazer.

A diferença de propósito e de encaminhamento do tema e das personagens explica a separação entre os dois grupos de histórias e indica os rumos que essa modalidade de narrativa assume a partir daí. Seu traço mais marcante aponta para uma oposição entre o real e a fantasia, corporificada a última pelo imaginário infantil, povoado pelos desejos insatisfeitos a que cabe dar forma e solução por meio da atividade ficcional. Esta, por sua vez, prefere em geral o tema da viagem, remontando ao modelo épico sempre tão eficaz, por isso presente também na obra de Max Yantok, *O pequeno comandante* (1933), que, desde o título, dá conta dos eventos emocionantes propiciados pela vida marítima. E, como no caso da epopeia clássica, cria as condições de sua continuidade, renovando os motivos que deflagraram a aventura e optando, de certo modo, por uma rotatividade narrativa. É-lhe permitido, entretanto, resolver os problemas que estimularam a fantasia e, por decorrência, a ação aventureira; nesse caso, acaba legitimando a vida doméstica, tolerável agora em virtude da pacificação interior do protagonista principal.

A literatura infantil brasileira, elaborando ficcionalmente seus modelos narrativos e heróis, funda um universo imaginário peculiar que se encaminha em duas direções principais. De um lado, reproduz e interpreta a sociedade nacional, avaliando o processo acelerado de modernização, nem sempre aceitando-o com facilidade, segundo se expressam narradores e personagens. Para tanto, circunscreve um espaço preferencial de representação – o ambiente rural –, o qual passa a simbolizar as tendências e o destino que experimenta a nação, quando não significa, na direção contrária, a negação dos mesmos processos e a idealização de um passado sem conflitos. De outro lado, dá margem à manifestação do mundo infantil, que se aloja melhor na fantasia, e não na sociedade, opção que sugere uma resposta à marginalização a que o meio empurra a criança. De um modo ou de outro, enraíza-se uma tradição – a de proposição de um universo inventado, fruto sobretudo da imaginação, ainda quando essa tem um fundamento social e político.

Essa tradição dá conta da faceta mais criativa da literatura para crianças no país, no período agora examinado.

5.6. Da matriz europeia ao folclore brasileiro

> *Na verdade o preto representava força de trabalho e capital. Enquanto podia arrastar a enxada, no eito, esfalfava-se, largava o couro na unha do feitor. Velho e estazado, acabava-se lentamente num canto de senzala, mas ainda assim tinha valor. Valor modesto, constituído pela recordação de serviços prestados, por conselhos que a velhice prudente oferece à mocidade imprudente, por histórias de Trancoso narradas às crianças.*
>
> Graciliano Ramos[52]

52 Ramos, Pequena história da República, op. cit., p.132.

Literatura infantil brasileira

O aproveitamento da tradição popular, de transmissão originalmente oral e vinculada às populações dependentes da economia agrícola vem sendo uma constante da literatura infantil, desde seu aparecimento na Europa dos séculos XVIII e XIX. No Brasil, não acontece essa apropriação direta do material folclórico, e sim o recurso ao acervo europeu, quando este já tinha assumido a condição de literatura para crianças. É o que fizeram, como se viu, Figueiredo Pimentel e, antes dele, Carlos Jansen, dedicados à tradução e adaptação de textos para a infância. A passagem se deu de livro para livro, sem a mediação da oralidade, presente na situação primitiva do conto de fadas, nem se verificou, ressalva feita a Alexina de Magalhães Pinto, o apelo às fontes populares brasileiras, depositárias de um material que poderia ser rico e promissor.

Com a disseminação do Modernismo, que incluía o folclore entre suas fontes inspiradoras, aumentaram consideravelmente as chances de que esse material viesse a ser também aproveitado na leitura para crianças, repetindo-se nela o que ocorrera com as narrativas produzidas pelos segmentos antropofágico e verde-amarelo do movimento, como *Macunaíma* e *Martim-Cererê*, respectivamente. No entanto, a incorporação do acervo lendário e popular à literatura infantil não impediu a permanência do processo de adaptação de obras estrangeiras, e não apenas de tradução, o que ocorreu às seguintes modalidades de livros:

1ª. Obras originalmente destinadas ao público em geral e de grande popularidade; caso exemplar é o livro de Monteiro Lobato, *D. Quixote das crianças* (1936), em que o clássico espanhol sofre adequações e cortes, para que tenha condições de ser lido pelas crianças. Esse procedimento é representado no interior da narrativa, uma vez que Dona Benta conta aos netos as desventuras do fidalgo e seu fiel escudeiro, Sancho Pança, o que justifica as alterações feitas.

2ª. Obras especialmente destinadas ao público infantil que, em vez de traduzidas, são modificadas por meio de cortes, supressões, explicações mais detalhadas e simplificações, visando atingir uma maior comunicação com o leitor brasileiro. Mais uma vez o exemplo vem de Lobato: seu *Peter Pan* (1930) baseia-se no original de James Barrie, mas o escritor faz questão de que a história seja apresentada por Dona Benta e discutida intensamente pelas crianças, a fim de, de maneira indireta, explicitar as razões que o levaram a empregar esse recurso, entre as quais a necessidade de deixar mais claros os acontecimentos vivenciados pelos meninos ingleses, comparando-os com a situação local dos ouvintes (e, portanto, leitores) brasileiros.

Em *Reinações de Narizinho*, ele antecipou o método, apresentando Pinóquio à moda de Dona Benta. Esta, ao narrar o texto, procede a alterações na linguagem e no desenvolvimento das ações, visando facilitar a recepção dos acontecimentos e prender a atenção do público. Entretanto, nem sempre Lobato agiu assim; em outras ocasiões, adaptou os livros estrangeiros, sem a interferência da população do sítio. A opção, nesses casos, foi pela simplificação de enredo original, como faz em *Alice no país das maravilhas* e *Alice no país dos espelhos*, obras ambas de Lewis Carroll.

3ª. Obras originárias da tradição oral europeia ou oriental, transcritas por autores nacionais, nas quais raramente são estabelecidas as mediações entre os contextos diferenciados. Malba Tahan, recorrendo ao acervo oriental, trouxe para a lite-

Literatura infantil brasileira

ratura nacional grande número de histórias oriundas das *Mil e uma noites*, além de ter criado tipos que se celebrizaram, como *O homem que calculava* (1938). Pepita de Leão (1875-1945) também se dedicou a adaptações em *Carlos Magno e seus cavaleiros* (1937), que apresentava aventuras procedentes dos ciclos épicos medievais. Gondim da Fonseca (1899-1977), em *O reino das maravilhas* (1926) e em *Contos do país das fadas* (1932), é fiel à tradição que o precedeu, seguindo à risca o modelo consagrado por Figueiredo Pimentel e sendo publicado na Biblioteca Quaresma, que popularizou o gênero.

Notável é ainda a obra de Max Yantok, *Os sete serões de Nemayda* (1932). Inspirando-se na personalidade e ação de Scheherazad, a princesa que conta histórias sem fim nas *Mil e uma noites* para distrair o tempo e o rei, Yantok acrescenta situações, reinos, como a Patacolândia, e personagens, como o príncipe Kueka ou o jardineiro Carruncho, os quais, pela excentricidade e irreverência, parecem parodiar o modelo de onde provêm.

A tendência descrita por último registra histórias mais diretamente ligadas às matrizes europeias e orientais. Todavia, nesse estágio, a oralidade que detinha primitivamente está ausente, vindo a predominar a ênfase da modalidade escrita. Isso explica a reação de Lobato em *Reinações de Narizinho* e em outros textos nos quais ele procura recuperar o estatuto oral da literatura infantil. E, se não pode fazê-lo efetivamente, trata de mimetizar a situação de transmissão de histórias, levando Dona Benta a contar em voz alta as aventuras que os meninos apreciam. Raramente a leitura solitária e silenciosa é estimulada, uma vez que a narradora prefere que esteja presente todo o grupo de ouvintes; nem estes aceitam aprender unicamente por meio dos livros, como declara Pedrinho, em *Serões de Dona*

Benta (1937). O empenho em reconstituir a origem oral e coletiva da narrativa popular se completa por meio da adoção de um estilo coloquial, de que estão ausentes a erudição e a preocupação com a norma gramatical.

A modernização do velho sistema de adaptações supõe as técnicas a que Lobato recorre, por intermédio das quais simula a situação original e espontânea de recepção de histórias, anterior à difusão da leitura e da circulação dos livros. O processo não é ingênuo, nem avesso à literatura, porque o artifício descrito aparece em livro. Por sua vez, tal procedimento coincide com uma conquista do Modernismo – a introdução da oralidade e do coloquial do texto literário – e com uma meta daquele movimento – o resgate do primitivo –, sem entrar em contradição com as características do gênero para a infância, nem do mundo fictício elaborado pelo escritor.

Por intermédio do aproveitamento do folclore nacional, essas metas encontram um ambiente mais propício para sua efetivação. O resultado é um contraste flagrante com o período anterior, tal a abundância de narrativas de procedência popular, encontradas em especial após a década de 1930.

Para justificar essa proliferação, é preciso lembrar um segundo fator: a formação da infância brasileira até a década de 1930, após a qual se tornou obrigatória a frequência à escola. Até então, persistia a influência de amas de leite, escravizadas ou ex-escravizadas, a quem cabia, entre outras tarefas, transmitir os relatos que, mais tarde, são encontrados nas obras aqui discutidas. Não por acaso grande parte dos títulos alude à presença do negro como origem das histórias. É o que sucede nos livros de Lobato, *Histórias de Tia Nastácia* (1937), José Lins do Rego, *Histórias da velha Totônia* (1936), ou Osvaldo

Literatura infantil brasileira

Orico (1900-1981), *Contos da mãe preta* e *Histórias do pai João* (1933). A origem autobiográfica desses textos é indicada pela apresentação de José Lins do Rego, em que se verifica também a persistência da situação subalterna do negro, bem como a continuação do contexto social marcado pela dominação das estruturas agrárias.

O outro fator refere-se ao plano mais geral da cultura brasileira da época, pois, como se viu, o nacionalismo foi uma bandeira do Modernismo. Mas ele repercutiu na literatura para crianças segundo uma perspectiva tradicionalista determinante de uma ou de várias das características discutidas a seguir.

Em primeiro lugar, verifica-se a presença de uma visão cívica da pátria, fazendo das histórias pretexto para a valorização de símbolos, heróis ou episódios nacionais, conforme afirma Tycho Brahe (pseudônimo de Anibal Machado Mascarenhas, 1866-1924) na apresentação de sua obra:

> Tentei adaptar alguns fatos da História Pátria e preceitos de instrução moral e cívica ao leve enredo de historietas nacionais, de maneira a evitar o fato comum de se interessarem as crianças mais pelos acontecimentos desenrolados em países estrangeiros do que pelos que se sucederam na terra natal.[53]

Soma-se a isso uma concepção paternalista do povo, que se confunde com os pretos velhos que narram ou são protagonistas das histórias (Tycho Brahe, que não interpola nenhum narrador popular em seus contos, é autor de "Pai João e o moleque", no qual reaparecem similares preconceitos) e que encar-

---

53 Brahe, Aos leitores. In: *Histórias brasileiras*, p.6.

nam uma sabedoria, cujo conteúdo, cheio de lugares-comuns, serve apenas para justificar a submissão de que são vítimas.

Entretanto, nem sempre as histórias são efetivamente brasileiras. Com efeito, a maior parte delas provém do folclore ibérico, tendo sido transmitidas desde a colonização. Trata-se, portanto, de contrafações do conto de fadas europeu, que não absorveram peculiaridades locais, nem incorporaram elementos das demais culturas – a indígena e a africana – que tomaram parte na formação da população nacional.

Apresentadas por um narrador afrodescendente, essas histórias passam por um branqueamento. Mas a ingenuidade de sua estrutura narrativa é atribuída à sua procedência popular ou às habilidades do narrador, características que marcaram a falta de inventividade dos textos, bem como a inverossimilhança e pobreza dos enredos.

Esses aspectos são objeto da crítica de Monteiro Lobato em *Histórias da Tia Nastácia* (1937). Pode-se supor que as acusações, expressas pelos ouvintes, Emília e as demais crianças do sítio, teriam como alvo os escritores contemporâneos da publicação da obra, o que é sugerido pela coetaneidade entre seu livro e os de Lins do Rego, Orico e outros. Da mesma maneira, a agressividade dos meninos, atingindo Tia Nastácia e a cultura popular que ela parece encarnar, volta-se especialmente às componentes mais comuns das obras dos colegas.

Lobato apresenta três das quatro histórias narradas pela velha Totônia: "O sargento verde", "O homem pequeno" ("O príncipe pequeno", no livro de Lins do Rego) e "Doutor Botelho" ("O macaco mágico", na outra obra); a propósito destas (e de outras histórias, também), critica, sobretudo:

Literatura infantil brasileira

- a ingenuidade da visão do mundo ali presente;
- a falta de imaginação e a repetição dos acontecimentos;
- o conceito de povo, identificado a "essas pobres tias velhas, como Nastácia, sem cultura nenhuma, que nem ler sabem e que outra coisa não fazem senão ouvir as histórias de outras criaturas igualmente ignorantes, e passá-las para outros ouvidos, mais adulterados ainda";[54]
- o uso de fórmulas desgastadas, imprescindíveis à resolução dos impasses da intriga, constituindo as "histórias de virar", como Emília as classifica.

O posicionamento de Lobato é bastante radical, podendo ser interpretado como preconceituoso e racista se não for contextualizado no panorama dentro do qual foi produzido. Em razão dessa radicalidade, não tem a menor complacência com as narrativas populares, excluindo apenas as histórias em que os heróis são animais da fauna brasileira, provenientes do acervo indígena e africano. Situação similar acontece quando dedica um livro inteiro ao Saci, figura folclórica que o inquieta desde as experiências literárias iniciais e que é o protagonista de seu segundo livro infantil. A partir dessa obra, o saci se integra à literatura brasileira para crianças, aparecendo desde então com frequência em outros textos, tal como *Fada menina*, de Lúcia Miguel Pereira.

Outros escritores se valerão do folclore seguindo caminhos alternativos. Raimundo Morais (1872-1941), em *Histórias silvestres do tempo em que animais e vegetais falavam na Amazônia* (1939), aproveita, conforme indica o título, as lendas indí-

---

54 Lobato, *Histórias de Tia Nastácia*, 6.ed., p.29.

genas do Norte, de recorrência rara. Alaíde Lisboa de Oliveira (1904-2006), em *A bonequinha preta* e *O bonequinho doce* (ambos de 1938), mescla personagens do folclore e crianças urbanas, revelando o cotidiano dessas.

Luís Jardim e Graciliano Ramos, por seu turno, se apropriam da tradição nordestina. De autoria do primeiro é *O boi aruá* (1940), em que reúne três histórias de procedência popular, para cuja narração mais uma vez se habilita uma cozinheira afro-brasileira, Sá Dondom, convocada pelas crianças. Ela, todavia, em nada se assemelha à Tia Nastácia: ao contrário desta, domina o vernáculo com a mesma perfeição do narrador principal, que a introduz no início dos contos. E adota uma postura autoritária, não admitindo a intervenção dos garotos:

> Todos já sabiam: não se podia perguntar nada. Quando quisessem saber qualquer coisa, perguntassem ao pai, que sabia muito, ou então perguntassem ao professor, que ainda devia saber mais. De uma coisa todos sabiam que Sá Dondom não gostava: era que interrompessem a história para "perguntar besteiras".[55]

Parece nítida a intenção de contrapor Sá Dondom à Tia Nastácia, de modo que, diferentemente dessa, a primeira se impõe aos meninos. Estes, se ainda interferem no primeiro conto, acabam por desaparecer completamente, revelando que a interpolação de um segundo narrador, por parte do autor, tem antes o objetivo de garantir maior proximidade entre quem conta a história e a origem desta. Substitui a oralidade por esta vizinhança entre a procedência popular de Sá Dondom e

---

55 Jardim, História do bacurau. In: *O boi aruá*, p.61.

Literatura infantil brasileira

dos relatos apresentados aos filhos do patrão. Esse fator aparece igualmente em Lobato que, entretanto, permite a interferência dos ouvintes, os quais, pode-se supor, dispõem de uma oportunidade mais ampla de crítica e agressividade, porque o narrador é Tia Nastácia, a doméstica sem qualquer autoridade intelectual no reino de Dona Benta.

O primeiro conto de *O boi aruá* apresenta a história do boi encantado e seu caçador orgulhoso. O boi, como se sabe, é figura emblemática do folclore brasileiro, vigente sobretudo nas regiões em que prevalece a pecuária. Rituais como *bumba-meu-boi*, no Pernambuco, ou *boi-de-mamão*, em Santa Catarina, ou a presença de entidades mágicas, como o *boi barroso*, no Rio Grande do Sul, confirmam a importância desse animal na cultura popular brasileira.

Luís Jardim explora essa particularidade, dando-lhe conotação moral: o boi aruá, perseguido pelo fazendeiro, expressa simbolicamente o orgulho desmesurado e a ingratidão do homem que somente alcança e domestica o animal quando, simultaneamente, subjuga o sentimento mau e se reconhece como servidor de Deus.

Os dois outros contos de *O boi aruá* têm também animais como personagens, alçados agora à condição de figuras principais. São eles seres característicos da fauna brasileira, frequentes sobretudo nos relatos indígenas: o macaco e a raposa, no primeiro; o macaco, de novo no segundo, ao lado de outros bichos, como o jacaré, o bacurau, a cutia. A primeira história é mais fiel ao modelo indígena, pois, nela, o macaco, virtualmente o mais fraco, mostra-se mais inteligente e eficaz que os outros. Na segunda, de novo predomina a perspectiva cristã, ao refletir sobre a dívida dos seres vivos para com Deus. Os animais são o pretexto do tema, mas Luís Jardim procura manter a coerência entre o assunto, de orientação mais universalizante, e o contexto, nacional porque associado ao folclore, onde transcorre a ação.

Sem assumir o posicionamento questionador de Lobato, mas evitando também o paternalismo social e o preconceito étnico, que vinham marcando essa tendência da ficção para a infância, a obra de Jardim representa um equilíbrio possível, ainda que não radicalmente inovador.

A inovação provém de Graciliano Ramos, autor de *Alexandre e outros heróis*, publicado em 1944.

Graciliano vale-se igualmente do folclore nordestino, conforme anuncia na abertura do livro: "As histórias de Alexandre não são originais: pertencem ao folclore do Nordeste, e é possível que algumas delas tenham sido escritas".[56] A última observação indica o modo oral como circulavam primitivamente; e a situação de transmissão à viva voz é incorporada de imediato ao texto, quando o protagonista é apresentado ao leitor. Além disso, ele relata seus casos a um auditório sempre presente, que aplaude ou discute os fatos, de acordo com a verossimilhança possível desses. Destaca-se a atuação de Firmino, que, apesar de cego (ou, talvez, por causa disso), duvida da palavra do narrador e exige, invariavelmente, as minúcias e a coerência dos acontecimentos.

Como Lobato, Graciliano mimetiza a cena onde ocorre a transmissão dos casos. Por isso, o espaço físico é tão importante quanto as figuras humanas que o ocupam, justificando as

---

56 Ramos, *Alexandre e outros heróis*, p.7.

interrupções de Alexandre e possibilitando o recurso ao apoio de Cesária, bem como a contagem do tempo entre um caso e outro. Mas, ao contrário de Lobato e dos outros, Alexandre foge ao estereótipo dos pretos velhos e cozinheiras negras que falam a crianças geralmente de um meio urbano ou moderno: ele é "meio caçador e meio vaqueiro", e a plateia constitui-se de adultos. Como é também o herói das aventuras contadas, engloba ambas as atividades – a de agir e a de narrar. Por último, pertence, tanto quanto os ouvintes, ao ambiente onde ocorreram antes os acontecimentos extraordinários.

Dessa maneira, desaparecem os cortes habituais: entre o narrador e o assunto – o primeiro, popular, e o segundo, folclórico; entre o narrador, adulto, e os ouvintes, ainda meninos; e entre estes e o assunto ou o espaço da ação. Pelo contrário, há uma grande confluência entre o narrador, as personagens e entes espantosos de que fala; e entre o espaço doméstico, no interior do qual os relatos são feitos, e aquele mais propício à aventura, que está ao alcance dos olhos do auditório. O leitor mergulha mais facilmente no meio onde os fatos se passam, sejam os vividos ou os ouvidos, fazendo com que a matéria folclórica ocorra de modo livre, sem parecer algo estagnado, distante geograficamente ou exótico. Ela pertence ao mundo do leitor, no momento em que a ação é apresentada, facultando a recuperação da vivacidade e sentido original das histórias.

Que estas pertencem efetivamente ao folclore nacional, não o atesta apenas a declaração inicial de Graciliano Ramos, mas também o fato de que são encontradas em outros escritores que se valeram, igualmente, da fonte popular. Grandes são as semelhanças com as narrativas presentes nos *Casos do Romualdo*, de João Simões Lopes Neto.[57] A afinidade ultrapassa o âmbito da coincidência entre os textos, uma vez que Romualdo e Alexandre vivem uma situação parecida: ambos compensam, por meio da atividade narrativa, sua reduzida importância social. Por isso, Alexandre, que é remediado, como se percebe na apresentação, fala constantemente da época em que era rico e poderoso. É nesse passado que as aventuras transcorrem; e se caracterizam por apresentar um acontecimento inusitado, incomum ou produto do exagero: a espingarda que, em vez de espalhar chumbo, que é o que se esperaria, consegue juntá-lo; a guariba que se veste como ser humano; o papagaio que não apenas fala, mas ainda doutrina seus semelhantes.

Estas são fantasias com conteúdo compensatório, mas que animam e dão sentido à existência de Alexandre, bem como à de sua plateia. Isso não as torna menos enriquecedoras; pelo contrário, possuem uma significação ampla, diretamente proporcional aos exageros e excessos ali colocados pelo engenho do narrador. Esse poder criador da imaginação pode ser simbolizado no olho torto que Graciliano coloca no rosto do herói. Pois, se o olho o enfeia, é também a mola mestra que o alça a mundos inusitados – desde a própria interioridade, como conta no primeiro caso, até os objetos mais originais que ele pode alcançar por meio da inventividade.

Sintomaticamente, o cego, isto é, o homem desprovido de visão, não pode acompanhar os sonhos de aventuras formuladas por Alexandre. Mas isso não determina a perda de importância da personagem; pelo contrário, ela baliza e discrimina

---

57 Cf. Filipouski; Nunes; Bordini; Zilberman, *Simões Lopes Neto: a invenção, o mito e a mentira*.

Literatura infantil brasileira

os delírios do narrador, impedindo a exacerbação e a inverossimilhança.

Mais uma vez temática e recursos composicionais se fundem, evidenciando a unidade da obra de Graciliano Ramos. Indica ainda como o escritor conseguiu suplantar as dificuldades que a incorporação do folclore (na literatura infantil ou não) geralmente apresenta. Realiza um dos propósitos do projeto modernista; e mantém-se fiel ao gênero para crianças e jovens. Ata as duas pontas, a programática e a literária, patenteando um modelo de realização a que nem todos chegaram na mesma época, talvez por não terem superado os preconceitos contra os quais se insurgia o movimento que inaugurava a modernidade entre nós.

5.7. Os temas escolares

Anda mamãe muito iludida, pensando que aprendo muita coisa na escola. Puro engano. Tudo quanto sei me foi ensinado por vovó, durante as férias que passo aqui. Só vovó sabe ensinar. Não caceteia, não diz coisas que eu não entendo. Apesar disso, tenho a cada ano, de passar oito meses na escola. Aqui só passo quatro...

Monteiro Lobato[58]

Os laços da literatura infantil com a escola foram indicados antes: ambas são alvo de um incentivo maciço, quando são fortalecidos os ideais da classe média. Para esse grupo, a educação

---

58 Lobato, *Serões de Dona Benta*. 6.ed., p.199.

é um meio de ascensão social, e a literatura, um instrumento de difusão de seus valores, tais como a importância da alfabetização, da leitura e do conhecimento (configurando o pedagogismo que marca o gênero) e a ênfase no individualismo, no comportamento moralmente aceitável e no esforço pessoal. Esses aspectos fazem da literatura um elemento educativo, embora essa finalidade não esgote sua caracterização. Como já se observou, a ficção para a infância engloba um elenco abrangente de temas que respondem a exigências da sociedade, ultrapassando o campo exclusivamente escolar.

Este último, por sua vez, se integra intimamente à ficção para crianças, na medida em que ensino e literatura se interpenetram de diversos modos, variando segundo a concepção como foi entendida a capacidade de os livros serem absorvidos e utilizados pelos professores. Nesse sentido, a primeira modalidade a ser examinada é a que mais se assemelha e, paradoxalmente, mais se distancia da escola: trata-se da constituição de um espaço equivalente ao escolar, capaz de, ao mesmo tempo, ser mais eficiente que a escola. Lobato é o idealizador desse cenário, que se localiza, mais uma vez, no sítio do Picapau Amarelo.

Com efeito, as terras de Dona Benta, sob certas circunstâncias, desempenham a função de uma escola, sendo a proprietária, a professora ideal, e os alunos, os moradores do sítio, ouvintes atentos e interessados que, como sempre, polemizam os temas, quando não decidem vivê-los *in loco*, abandonando temporariamente o lugar improvisado das aulas.

O sítio metamorfoseia-se numa escola paralela, reforçando a aversão do escritor pela instituição tradicional de ensino, cujas disposições físicas e psicológicas o desagradavam. Trata de substituí-las, dando-lhes um arranjo diferente, ao mesmo tempo antigo e moderno. Antigo, porque o modelo é a escola grega, conforme a filosofia helênica a divulgou: um sistema de ensino que evolui a partir do diálogo, sem soluções pré-fabricadas ou conclusões previstas por antecipação. Além disso, não supõe um espaço predeterminado, fixo de antemão e classificado como sala de aula. O espaço dessa escola lobatiana muda segundo as conveniências, podendo ser tanto a sala principal da sede do sítio, quanto o Terror-dos-Mares, o barco com que visitam inúmeras regiões, em *Geografia de Dona Benta* (1935), ou a paisagem e a cidade ateniense, em *O minotauro* (1939). O procedimento dialógico de Platão (428/7-348/7 a. C.) e o modelo peripatético de Aristóteles (c. 384-322 a. C.) são apropriados, conforme a necessidade e graças ao faz de conta, ao pó de pirlimpimpim e à contribuição da tecnologia, recursos explorados intensamente na ficção de Lobato.

A partir do aproveitamento desse fator de ordem técnica, esclarece-se o conteúdo moderno da prática pedagógica adotada: vale-se de instrumentos procedentes da atualidade, usando a ciência e a tecnologia, e vendo-as como os principais objetivos a alcançar. Dessa maneira, o escritor apresenta alternativas de ação ao ensino que, afundado no tradicionalismo dos métodos e projetos, fossilizava-se de modo crescente. Sua crítica, mesmo quando indireta, se resolve por uma conduta renovadora. Apoiando-se no diálogo, como metodologia de ensino, e no amor ao conhecimento, como finalidade, aponta um caminho pedagógico para a sociedade contemporânea, arejando-a com as ideias que motivam a atitude do ficcionista.

Hans Staden poderia ser considerado o livro que inaugura esse projeto, em 1927. O prefácio à segunda edição, todavia, mostra que o objetivo da obra era a criação de um equivalente nacional ao *Robinson Crusoé* (1719), novela de Daniel Defoe originalmente destinada ao público adulto, mas que, desde o século XVIII, alcançou ampla aceitação em meio ao público juvenil, integrando-a ao setor das adaptações. Mesmo assim, *Hans Staden* tem traços marcantes de ficção paradidática: dá lições sobre os primeiros episódios da história brasileira e questiona o modo como é narrada:

> — Quer isso dizer que se os portugueses houvessem tratado com justiça os selvagens do Brasil eles seriam amigos — observou Pedrinho.
>
> — Certamente — respondeu Dona Benta. — Mas os conquistadores do novo mundo, tanto portugueses como espanhóis, eram mais ferozes que os próprios selvagens. Um sentimento só os guiava: a cobiça, a ganância, a sede de enriquecer, e para o conseguirem, não vacilaram em destruir nações inteiras, como os astecas do México e os incas do Peru, povos cuja civilização já era bem adiantada.
>
> — Mas como é então, vovó, que esses homens são gloriosos e a história fala deles como grandes figurões?
>
> — Por uma razão muito simples: porque a história é escrita por eles. Um pirata quando escreve a sua vida está claro que se embeleza de maneira a dar impressão de que é um magnânimo herói.[59]

É a partir de 1933 que se organiza o projeto pedagógico de Monteiro Lobato. Nesse ano, ele publica *História do mundo para crianças*, calcada na obra norte-americana de Virgil Hillyer

---

59 Lobato, *Hans Staden*. 6.ed., p.43.

Literatura infantil brasileira

(1875-1931), *A Child's History of the World* (1924). No processo de adaptação, assume um posicionamento iconoclasta em relação aos valores estabelecidos, quando estes se referem aos fatos históricos apresentados à infância na escola. Fundado em princípios que considera científicos, ainda que a perspectiva adotada simpatizasse com o já na época teoricamente superado darwinismo, rejeita qualquer atenuante para o comportamento dos heróis e evita a ótica religiosa ainda dominante na educação brasileira e empecilho à renovação da escola.

Por esse motivo, foi alvo de um autêntico auto de fé promovido por instituições religiosas, além de ter sido proibido no território português à época do ditador Antônio de Oliveira Salazar (1889-1970), conforme testemunha Edgar Cavalheiro (1911-1958).[60] Ao mesmo tempo, suscitou o recrudescimento, na literatura infantil, de uma polêmica que incendiava a teoria do ensino brasileiro, colocando, de um lado, os partidários da Escola Nova, adeptos de uma pedagogia laica, fundada nas conquistas da ciência moderna, e, de outro, os seguidores da educação religiosa tradicional, apoiada nos conhecimentos e valores aprovados pela Igreja.

Não apenas Lobato, mas também outros livros com temática similar publicados no mesmo período registram o debate, conforme se vê nas obras de Paulo Guanabara, *A origem do mundo* (1936) e *A evolução da humanidade* (1937), de posição francamente antirreligiosa, e na de Jorge de Lima, *História da Terra e da Humanidade para escolares* (1937), que tenta conciliar as recentes descobertas da astronomia, genética e biologia com os dogmas consagrados do cristianismo.

---

60 Cavalheiro, *Monteiro Lobato. Vida e obra.*

Marisa Lajolo • Regina Zilberman

Após a publicação da *História do mundo para crianças*, Lobato amplia o currículo escolar de acordo com suas convicções, convertendo o sítio no local desse ensino renovador. A cada disciplina corresponde uma obra: *Emília no país da gramática* (1934); *Aritmética da Emília* (1935); *Geografia de Dona Benta* (1935); *Serões de Dona Benta* (1937), com lições de Física e Astronomia; *Histórias das invenções* (1935), com aulas de Ciências; *O poço do Visconde* (1937), ou Geologia das crianças; *A reforma da natureza* (1941), sobre Ciências Naturais.

O predomínio das disciplinas científicas sobre os estudos sociais é patente, de modo que o escritor não fugia ao espírito dominante dos novos teóricos da educação, reunidos no movimento da Escola Nova. Segundo eles, cabia valorizar o pensamento científico e a atitude reflexiva, que levariam ao questionamento da tradição e à proposição de uma tecnologia inovadora para a sociedade que se modernizava. Adepto também da modernização, Lobato não podia destoar dos pedagogos que procuravam concretizá-la no âmbito da educação. Revela novamente seu afinamento aos ideais da época, usando a literatura para fazer com que a comunidade os aceitasse.[61]

Se Lobato lança a pedra fundamental de uma escola paralela, sua atitude não parece ter tido seguidores. Grande parte dos contemporâneos atém-se à reprodução dos assuntos e disciplinas que circulavam no currículo consagrado, restringindo-se à reprodução da história nacional e reforçando as concepções mais patrióticas e menos polêmicas. Viriato Correia representa essa orientação: lança, em 1934, *História do Brasil para crianças,*

---

61 Cf. Cassiano Nunes, *Monteiro Lobato e Anísio Teixeira: o sonho da educação no Brasil.*

Literatura infantil brasileira

com a qual inaugura uma série de obras cujos principais atores serão o passado nacional e os heróis da pátria. Faz, de certo modo, o livro similar e contrário a *História do mundo para crianças*, conforme apontam a semelhança dos títulos, a proximidade das datas, a presença de um narrador adulto, o Vovô, que, como Dona Benta, apresenta e interpreta os acontecimentos para as crianças, e a divergência das concepções.

Viriato Correia narra a história que consagra o nacionalismo colonizado, segundo o qual os heróis mais destacados são os portugueses. Justifica o processo de ocupação da terra americana e aprova os distintos sistemas administrativos impostos pela coroa lusitana para assegurar o modelo econômico baseado na monocultura e na extração de matérias-primas, agrícolas e minerais. A ótica com que examina os fatos é a que Portugal transplantou para o Brasil, de modo que o conjunto de livros, que inclui *Meu torrão* (1935), *A bandeira das esmeraldas* (1945), *As belas histórias da História do Brasil* (1948), entre outros, contribui para a estabilização de uma história nacionalista pelo patriotismo que a época estimulava e colonizada pela legitimação dos processos – políticos, administrativos e econômicos – que impediam a soberania do país em formação.

Não por acaso os livros de Viriato Correia enfatizam a narração da fase colonial e rejeitam o contemporâneo. A República permaneceu o período menos convidativo, como ocorre também no livro de Erico Verissimo, *As aventuras de Tibicuera* (1937), que apresenta o indígena do título percorrendo os séculos do passado brasileiro.

A criação de Erico é menos ufanista que as de Viriato Correia, assumindo, contudo, os mesmos juízos legados pela visão portuguesa da história brasileira. É narrada por um indígena,

139

o qual paradoxalmente endossa os preconceitos relativos à caracterização de seu povo; e não se constrange em justificar procedimentos desumanos, o escravismo e guerras, como a do Paraguai, a serviço do imperialismo inglês.

Tibicuera conta as aventuras a partir da atualidade; contudo, como seus coetâneos, Erico Verissimo é bastante discreto em relação à República, restringindo-se a relacionar os presidentes que se sucederam ao longo do século, até Getúlio Vargas. Sobre este, evita o elogio que corria solto na época, acatado, quando não patrocinado, por órgãos do próprio governo.

Este último fato talvez explique o silêncio a respeito da atualidade, uma vez que não era possível analisá-la criticamente. Como, porém, a perspectiva inovadora está sistematicamente ausente, substituída em muitos casos pelo patriotismo laudatório, a discrição e a sobriedade talvez se devessem à falta de mitos do período, que, existentes e consolidados em relação às demais fases, eram reproduzidos sem constrangimentos. Nesse sentido, cabe destacar a obra de Graciliano Ramos, *Pequena história da República*, único texto a resgatar os exemplares do gênero histórico.

O texto, redigido na década de 1940, durante o Estado Novo, por suas características, teve a publicação sustada. As causas saltam à vista: Graciliano enfrenta a atualidade com desembaraço e desmitifica os poucos episódios que circulavam como lenda. Reduz a proclamação de Deodoro da Fonseca a uma confusão de ordens e contraordens, as quais, por pouco, não fazem vítimas inocentes. Não tem a menor paciência com as revoluções, que apresenta como produto de ambições pessoais. E adota um modo de narrar original, fortemente sintético, misturando ironia e alusões ao presente.

A *Pequena história da República* destoa do quadro geral das obras de fundo didático. Concebe, como ocorrera a Lobato, uma educação fundada em valores mais críticos, segundo um estilo direto e maduro na apresentação dos fatos. Graciliano não adoça os acontecimentos, atenuando-os com panos quentes, nem protege o leitor, que trata em pé de igualdade e com o qual discute ideias consagradas.

Outras matérias da vida escolar atraíram os escritores de literatura infantil. Erico Verissimo redigiu uma cartilha, *Meu ABC* (1936), além de um livro sobre higiene pessoal: *Aventuras no mundo da higiene* (1939). Esse tema, bem como o da alimentação adequada, foram abordados por Cecília Meireles, em *A festa das letras* (1937) e *Rute e Alberto resolveram ser turistas* (1938), obra que, segundo a folha de rosto, "contém a matéria do programa de ciências sociais do 3º ano elementar".[62] Marques Rebelo é autor de *ABC de João e Maria* e *Pequena tabuada de João e Maria*. Lourenço Filho, a partir da década de 1940, complementa sua atuação de pedagogo com a elaboração de livros didáticos, como *Pedrinho*, e da série de histórias do Tio Damião. Este, introduzindo como personagens crianças de diferentes partes do Brasil, como em *Baianinha* (1942), *O indiozinho* (1944), *Gauchita* (1946), transmite informações sobre usos e costumes regionais, reforçando as noções de comunidade brasileira e integração nacional, valores em evidência na época, que o livro de orientação didática acentua.

O último grupo de obras não diz respeito diretamente ao ensino, na medida em que os assuntos não correspondem a conteúdos escolares ou a disciplinas do currículo. Mas predo-

---

62 Meireles, *Rute e Alberto resolveram ser turistas*. Porto Alegre: Globo, 1938.

mina nelas, até com maior intensidade, a finalidade educativa, somada ao dirigismo ideológico, os quais variam segundo as intenções dos setores que utilizam a literatura para difundir seus conceitos e posições.

O primeiro segmento se caracteriza pela promoção das concepções que constavam dos planos nacionalistas e do culto à personalidade, estimulados pelo regime de Vargas. *O menino de São Borja*, assinado pela Tia Olga, contando a infância de Getúlio, é revelador dessa tendência, o que ocorre também em *Um passeio de quatro meninos espertos na exposição do Estado Novo*, ambos publicados pelo Departamento Nacional de Propaganda (DIP). Participa dessa temática boa parte da poesia escrita no período, como nos versos de Murilo Araújo, em *A estrela azul* (1940), o mesmo podendo ser afirmado dos livros de Antônio Carlos de Oliveira Mafra, *Episódios da história do Brasil em versos e legendas para crianças* (1941), e de Mary Buarque, *O pracinha José* (1945), este de cunho tão militarista quanto patriótico.

O outro segmento apresenta histórias de assunto religioso, como as de Gustavo Barroso (1888-1959), *Quando Nosso Senhor andou no mundo* (1936) e *Apólogos morais: moralidade e fábulas* (1936), ou os contos do Frei Ildefonso, publicados entre 1936 e 1946. Visando à propagação da fé cristã, contos tradicionais são retomados e adaptados à intenção doutrinária. Nessa mesma vertente, verifica-se ainda a presença de narrativas que pertencem ao acervo católico nacional, apresentando, por exemplo, os feitos de Anchieta e os episódios da catequese, durante a colonização. Incluem-se nesse grupo as biografias de santos escritas por Jorge de Lima, *A vida extraordinária de Santo Antônio* e *Vida de São Francisco de Assis* (1943) e, mais adiante, por Luís Jardim, *Proezas do Menino Jesus* (1968) e *Aventuras do menino*

Chico de Assis (1973). Nesses últimos grupos, a orientação formadora e educativa torna-se nitidamente tendenciosa, sendo levada a seu limite. Por esse motivo, apresentam-se como herdeiros mais fiéis da literatura que se produzia para a infância no início do século.

5.8. Observações finais

Este segundo período da literatura infantil brasileira correspondeu à progressiva emancipação das condições que, na época de seu aparecimento, impediram a autonomia do gênero. Ao contrário da fase anterior, criaram-se, nesta, inúmeras histórias originais, o que fortaleceu alguns projetos com as seguintes características:

1ª) Predomínio do campo (ou, mais amplamente, do espaço rural) como cenário para o desenvolvimento da ação. Quando não se trata do meio agrário característico da economia brasileira até então, o espaço reduz-se a propriedades menores (chácaras, quintais, casas de campo) ou amplia-se para ambientes mais primitivos, dominados pela vida selvagem e animal: a selva ou a floresta, da qual nem Lobato fugiu, como se constata em *Caçadas de Pedrinho* (1933), ainda que essa última se localize nas proximidades do sítio. Em *O saci* (1921), porém, a paisagem da floresta predomina.

2ª) Fixação de um elenco de personagens, no qual se destacam crianças que transitam de um livro a outro. Ainda nesse caso, Lobato é o exemplo mais notório, mas, como essas figuras podem ser históricas ou folclóricas, o fenô-

Marisa Lajolo • Regina Zilberman

meno se repete em Viriato Correia, o qual recorre seguidamente aos heróis do passado brasileiro, ou Graciliano Ramos, em *Alexandre e outros heróis*. E imitam Lobato os escritores Erico Verissimo, Menotti del Picchia e Lourenço Filho.

Devido a isso, as personagens raramente vivem alguma transformação interna. É preciso conservá-las idênticas, para que possam se transferir de um enredo a outro e serem reconhecidas com facilidades pelo leitor. A exceção é Emília, que se torna gente, após ter sido boneca de pano por certo tempo; mas a metamorfose não altera a personalidade da personagem.

Outros protagonistas experimentaram mudanças mais substanciais, narradas nos livros de Viriato Correia, *Cazuza*, Graciliano Ramos, *A terra dos meninos pelados*, e Lúcia Miguel Pereira, *Fada menina*. Em decorrência, as obras não supõem continuação, concluindo com a modificação interior vivida pelo herói. Mas o número de obras desse tipo é menor, o que se explica pela necessidade de manter cativo o interesse do leitor. Conhecidas e amadas as personagens, o destinatário voltaria às narrativas onde elas estivessem, um livro chamando o outro, numa espiral interminável e conveniente.

Houve ainda o recurso a um acervo já consolidado como fonte de criação literária, algo que, se limitou consideravelmente esta última, não impediu o florescimento do gênero. O primeiro segmento desse grupo caracteriza-se pela repetição de um artifício que sempre deu certo: a adaptação dos clássicos, preferentemente europeus, fossem eles, na origem, destinados ou não ao público infantil. O segundo apropriou-se da matéria folclórica, sem discriminar com maior precisão e ca-

Literatura infantil brasileira

pricho o que era propriamente nacional. A terceira alternativa voltou-se igualmente às raízes locais por intermédio do aproveitamento da história brasileira, apresentando seus principais feitos e figuras.

As duas últimas orientações não deixavam de responder a alguns programas colocados em voga pelo Modernismo. Todavia, o que mais se salienta são as diferenças em relação às intenções daquele movimento. A perspectiva com que, em livros para crianças, é focalizada a tradição e o folclore é passadista e conservadora, quase nunca propriamente revolucionária, inovadora ou crítica. Mais uma vez, Graciliano Ramos e Monteiro Lobato salvam a pátria: o segundo, por questionar o modo de transmissão de ambos os temas literários; o primeiro, por produzir textos que contradizem a regra geral.

Grande quantidade dos textos representativos das linhas mencionadas por último relaciona-se mais nitidamente com o momento anterior da literatura infantil. O patriotismo exacerbado e a coleta de dados históricos ou folclóricos, sendo feita de maneira aleatória a indiscriminada, repetem em muito as tendências analisadas anteriormente, quando se formava o gênero no Brasil. O fato é pertinente porque, de um lado, as opções temáticas armazenavam resíduos dos projetos nativistas do Modernismo, mas, de outro, revelavam uma ótica retrógrada, em tudo contrária às metas da vanguarda literária.

Ou seja: os temas guardavam parentesco com plataformas literárias da época, mas agenciavam procedimentos artística e ideologicamente superados, oscilação que vem a ser incorporada à literatura infantil, desvendando um curioso oportunismo: ao mesmo tempo que se mantém coerente com os ideais da época, por meio do domínio do código vigente, não cede o

145

território já conquistado, nem quer pôr em risco sua circulação já assegurada nas salas e corredores dos prédios dos colégios. Veste o uniforme escolar e dá lições de bom-mocismo, falando a linguagem do tempo.

A produção desse período demonstra a permanência e os avanços do gênero para crianças, na medida em que elementos antes consolidados integram-se ao espírito da época, sobretudo no decorrer das décadas de 1930 e 1940, quando a frequência à escola primária se torna obrigatória, o Estado investe na educação, e o regime, autoritário e centralizador, explora o veio patriótico e nacionalista.

Esse, porém, não é o único aspecto digno de destaque. Como se disse, solidifica-se um universo mítico na literatura infantil, procedente da fixação de um espaço e de modelos predominantes de personagens, recorrentes ao longo do tempo e que se projetam nas fases subsequentes. Foi onde a criatividade se mostrou mais forte, embora o sucesso obtido decretasse a necessidade de reinventar tudo de novo, para não reprisar conquistas precedentes.

Também a linguagem foi criadora, pois, aproveitando bem a lição modernista, autores como Monteiro Lobato, Graciliano Ramos, Erico Verissimo, Menotti del Picchia e Max Yantok romperam os laços de dependência em relação à norma escrita e ao padrão culto, procurando incorporar a oralidade sem infantilidade, tanto na fala das personagens quanto no discurso do narrador.

Representar essa oralidade não significou apenas desrespeitar regras relativas à colocação de pronomes ou ajustar a ortografia à pronúncia brasileira. Tratou-se principalmente de reproduzir a circunstância fundamental de transmissão de mensagens: o prazer de se comunicar e ouvir histórias, a troca de ideias, a naturalidade da narração em serões domésticos. Essa situação, concretizada por Lobato e Graciliano, é imitada por muitos: Lourenço Filho, Paulo Guanabara, Viriato Correia. Mas são aqueles que introduzem no texto escrito o modo de circulação verbal da linguagem, isto é, a situação original que legitima a comunicação. Mascararam a natureza gráfica de sua obras, visando aproximá-las ao máximo do contexto primeiro que as gerou. Recuperam a familiaridade do discurso e facilitam, consequentemente, a identificação do leitor, possibilitando à narrativa posicionar-se sempre no presente daquele.

Frutos de um esforço generalizado de modernização da sociedade e da literatura, com o qual se comprometem por meio da arte e da atividade profissional (em especial Lobato, também editor e homem de negócios), a atualidade desses escritores decorre do fato de que suas obras se presentificam ao leitor todas as vezes em que esse as procura, como resultado do processo narrativo escolhido. Ressaltam, mais que os outros, as peculiaridades da época e retratam a maturidade da literatura infantil segundo a ambição que esta, um dia, formulou para si mesma – a de fazer parte do nicho mais seleto e prestigiado da arte literária.

6
Entre dois brasis (1940-1960)

> *O Brazil não conhece o Brasil.*
> *O Brazil nunca foi ao Brasil.*
> *(...)*
> *O Brazil não merece o Brasil.*
> *O Brazil tá matando o Brasil.*
>
> Aldir Blanc[63]

6.1. Escritores em série

Em 1942, Lourenço Filho, em palestra para os membros da Academia Brasileira de Letras, apresentou um balanço da literatura infantil de seu tempo, constatando que naquele ano encontravam-se à venda "nada menos de 605 trabalhos, dos mais diversos gêneros e tipos".[64]

---

63 Blanc, Querelas do Brasil. Disponível em: <https://www.letras.mus.br/aldir-blanc/394185/>. Acesso em: 26 jan. 2022.

64 Lourenço Filho, Como aperfeiçoar a literatura infantil. *Boletim Informativo*, Rio de Janeiro, Fundação Nacional do Livro Infantil e Juvenil, s. d., p.12.

A quantidade, no entanto, não justificava grandes entusiasmos, pois o conferencista também denunciava que, "dessas, 434 representam traduções, adaptações e mesmo grosseiras imitações"; e que, "das 171 obras originais de autores brasileiros, cerca de metade são de medíocre qualidade, quer pela concepção e estrutura, quer também pela linguagem. Não mais de metade desses livros mereceria figurar em bibliotecas infantis, se devidamente apurados quanto à forma e ao fundo".[65]

Se a quantidade não conferia atestado de qualidade, mostrava ao menos que a indústria do livro para crianças se afirmara como consequência do trabalho da geração modernista. Para os autores novos, a tarefa não era mais a de conquistar um mercado, mas a de mantê-lo cativo e interessado, aprimorando a qualidade dos textos e buscando originalidade.

Para tanto, havia uma infraestrutura de melhor nível, com editoras especializadas em literatura para crianças, como ocorreu com as editoras do Brasil, Melhoramentos e Saraiva e, em menor proporção, com a Brasiliense, herdeira da obra de Monteiro Lobato, até então principal acervo de nossas letras infantis. De sua parte, os escritores se profissionalizam nesse campo, produzindo apenas livros destinados ao público infantojuvenil.

A profissionalização, acompanhada de especialização, por parte de editoras e escritores, é um dos traços marcantes do período que ocupa as décadas entre 1940 e 1960. Ele baliza, portanto, a etapa subsequente do processo de industrialização que acompanha, em paralelo, a história dos livros para a infância no Brasil. Assim, após a fase de estruturação do gênero derivada de

---

65 Ibid.

iniciativas pioneiras e corajosas, como a de Monteiro Lobato, o momento seguinte foi uma etapa de produção intensa e fabricação em série, respondendo de modo ativo às exigências crescentes do mercado consumidor em expansão.

Alguns autores estrearam ainda nos anos 1930, como Ofélia (1902-1986) e Narbal Fontes (1899-1960), cujo *Precisa-se de um rei* é de 1938, Jerônimo Monteiro, que, com *O ouro de Manoa* (título original: *O irmão do diabo*), de 1937, inicia seu ciclo amazônico, ou Vicente Guimarães (1906-1981), diretor de revistas infantis, como *Caretinha* (1935) e *Sesinho* (1947-1960), e criador de personagens como João Bolinha, nos livros *João Bolinha virou gente* (1943) e *Boa vida de João Bolinha* (1968).

Porém, a maior parte do grupo publica seu primeiro livro depois de 1940. Nesse ano, Maria José Dupré lança *A mina de ouro* e *O cachorrinho Samba na Bahia*, histórias em que aparece o elenco de personagens de livros posteriores, como *A ilha perdida* (1946) ou *O cachorrinho Samba* (1949); e, em 1943, *Éramos seis*, seu maior sucesso de vendas. Também do início da década de 1940 é a publicação da primeira narrativa de Lúcia Machado de Almeida, *No fundo do mar* (1943), que, reunida a outras da mesma época, como *O mistério do polo* (1943) e *Na região dos peixes fosforescentes* (1945), veio a formar, em 1970, as *Estórias do fundo do mar*.

Em 1945, aparecem os primeiros livros de outros escritores, alguns ativos nos períodos subsequentes: *O caranguejo bola*, de Maria Lúcia Amaral (1926), *A estrela e o pântano*, de Elos Sand (pseudônimo de Elza de Moraes Barros Kyrillos), *Nas terras do rei Café*, com o qual Francisco Marins abre a série das histórias passadas em Taquara-Póca (*Os segredos de Taquara-Póca, O Coleira-Preta* e *Gafanhotos em Taquara-Póca*, todos de 1947), *O pajem que se tornou rei*, de Renato Sêneca Fleury (1895-1980, que, a seguir, produziu inúmeros contos similares, como *História do corcundinha*, de 1946, *Os anões feiticeiros*, de 1950, *O vaso de ouro*, de 1950, ou *O príncipe dos pés pequenos*, de 1955), *Araci e Moacir* e *O curumim do Araguaia*, ambos de Luiz Gonzaga de Camargo Fleury (1891-1969). Um pouco mais tarde, em 1947, Virgínia Lefèvre (1907-1987) publica seu primeiro livro, *A lagostinha encantada*, a que se seguiram várias histórias de semelhante teor.

A maioria dos escritores que aparece nessa década caracteriza-se por produzir quantidade considerável de obras, dando sequência ao fenômeno apontado por Lourenço Filho. Raros são os escritores que, como Alfredo Mesquita (1907-1986), autor de *Sílvia Pélica na Liberdade* (1949), restringiram-se a um único título. No geral, as histórias repetem temas ou personagens, explorando cada veio até a exaustão, o que, se pode comprometer a qualidade, acaba por facilitar a profissionalização.

Nos anos 1950, a tendência não se modifica, embora os motivos literários variem. A ficção histórica volta a ser explorada nas obras de Francisco Marins, Baltazar de Godói Moreira (1898-1969) e Virgínia Lefèvre. Destacam-se também as biografias, assinadas por Renato Sêneca Fleury (autor, entre outros, de *O Duque de Caxias*, de 1947, *Anchieta*, de 1948, *Santos Dumont*, de 1951, *O padre Feijó*, de 1958), Clemente Luz (1920-1999), com *Infância humilde de grandes homens* (1957) e Cecília Meireles, autora de *Rui: pequena biografia de um grande homem* (1949).

Predominam histórias transcorridas na floresta ou, sobretudo, no campo, como se vê nos livros de Baltazar de Godói Moreira (*A caminho d'Oeste*), Ivan Engler de Almeida [(1914-?) *...E a Malhada falou*, de 1951, e *Na fazenda do Ipê-Amarelo*, de 1962],

Literatura infantil brasileira

Clemente Luz (*Bilino e Jaca*, de 1956), Francisco Barros Jr. (1883-1969), cuja série dos três escoteiros começa com *Três garotos em férias no rio Tietê*, de 1951, e Osvaldo Storni (1909-1972), autor de *O caipirinha Mané Quixi*, editado em 1955. Leonardo Arroyo (1918-1985), por sua vez, escolhe a cidade de Salvador para cenário de *Você já foi à Bahia?*, de 1950, ano em que também publicou *História do galo*.

A enumeração de autores e obras dedicados à narrativa revela a fertilidade literária nesse período. Porém, a poesia, como já ocorrera antes, não teve muitos seguidores, limitando-se ao livro de Olegário Mariano (1889-1958), *Tangará conta histórias* (1952).

Ambos os fatos são significativos, porque, se é marcante a quantidade de textos novos, possibilitando a profissionalização do escritor, fica claro também o tipo de profissionalização facultada: a que adere à produção de obras repetitivas, explorando filões conhecidos e evitando a pesquisa renovadora. O resultado levou ao menor reconhecimento artístico e à maior marginalização da literatura infantil se comparada aos demais gêneros existentes. Talvez se tratasse de uma profissionalização precária, não compensando os riscos. Por isso, não atraiu, ao contrário do ocorrido nos anos 1930, artistas de renome ou intelectuais comprometidos com os projetos literários em voga.

Decorre desse fato um descompasso estético entre a literatura infantil e a não infantil, esta, profundamente permeável ao processo de renovação estimulado pelas vanguardas que se impunham na mesma época. É por outro caminho que se estabelece a relação entre elas: de um lado, com os rumos da industrialização nacional, que viabiliza sua produção e consumo regulares; de outro, com os temas dominantes, transmitidos

153

pelos segmentos erudito e popular da cultura. Por causa disso, a literatura infantil reforça sua atuação como proposta de leitura da sociedade brasileira em expansão modernizadora – no sentido de crescimento industrial e da urbanização.

6.2. Décadas de democracia

> *Este edifício arto*
> *era uma casa veia,*
> *um palacete assobradado.*
> *Foi aqui, seu moço*
> *que eu, Mato Grosso e o Joca*
> *construímos a nossa maloca.*
>
> Adoniran Barbosa[66]

Em 1945, o mundo saía de uma guerra, e o Brasil, de uma ditadura, a até então mais prolongada de sua até então breve história republicana. As razões que motivaram a participação do Brasil no conflito europeu – a derrubada do nazifascismo, regime autoritário e militarista – repercutiram internamente, dando margem a críticas ao governo de Getúlio Vargas e à exigência de retorno às liberdades democráticas.

Getúlio ainda tentou resistir politicamente, encorajando o movimento "queremista", que pedia sua permanência. Mesmo assim, foi deposto pelo general Eurico Gaspar Dutra (1883-1974), escolhido presidente em 1946.

---

66 Adoniran Barbosa, Saudosa maloca. Disponível em: <https://www.letras.mus.br/adoniran-barbosa/43969/>. Acesso em: 26 jan. 2022.

Literatura infantil brasileira

Após a posse de Dutra, foi eleita a Assembleia Constituinte, com membros de todos os partidos, mesmo os da esquerda radical, ligados ao Partido Comunista Brasileiro (PCB). O resultado foi a Constituição de 1946, vigente até 1967. Entretanto, a euforia liberal-democrática durou pouco: em 1947, instala-se o clima de hostilidades entre as recém-ungidas grandes potências, Estados Unidos e União Soviética, desencadeando a chamada Guerra Fria. Aquelas nações, patrocinando a reconstrução europeia, disputavam e dividiam o espólio constituído por países ocupados e derrotados na guerra, mas agora aliados imprescindíveis no novo jogo de forças político e econômico.

Com a Guerra Fria, territórios e países são separados entre parceiros e antagonistas, impedindo matizes ideológicos e estimulando uma conduta maniqueísta. As primeiras experiências atômicas, na União Soviética, no mesmo período, sinalizam o poderio militar russo, intensificando, no Ocidente, os temores ante o "perigo vermelho".

O anticomunismo, uma das pedras de toque da administração Vargas à época do Estado Novo (1937-1945), volta ostensivamente à tona. Seus efeitos mais imediatos são, em 1947, a interdição do PCB, com a cassação, no ano seguinte, do mandato de seus deputados, e o rompimento das relações diplomáticas do Brasil com a URSS.

O alinhamento governamental à política norte-americana retrocede ao início dos anos 1940, quando Getúlio hospedara Franklin Delano Roosevelt (1882-1945), que viajara ao Brasil em busca de apoio à ação dos Estados Unidos contra as forças do Eixo (aliança entre a Alemanha, a Itália e o Japão). A partir de 1945, o alinhamento converteu-se em dependência, uma vez que o Brasil transformou-se em mercado preferencial da indús-

Marisa Lajolo • Regina Zilberman

tria norte-americana, fornecedora tanto de eletrodomésticos e automóveis, como de produtos culturais, que circulam através dos novos meios de comunicação de massa.

Apesar de acolher favoravelmente as medidas do governo, que facilitava a importação de produtos estrangeiros – para tanto, empenhando as divisas amealhadas durante a guerra –, em 1950 a população, especialmente a das camadas médias urbanas, elege Vargas, cuja plataforma respondia a seus interesses, sobretudo os de ordem salarial. Por isso, as primeiras medidas de Getúlio voltam-se às necessidades dos trabalhadores, reforçando a ação dos sindicatos e aumentando os ordenados. Procura também intensificar um posicionamento energético autônomo, como mostra a campanha do petróleo, doravante explorado sob a forma de monopólio do Estado.

Vargas, em 1950, segue a norma que se impôs na década anterior. Incorpora os interesses das camadas intermediárias, fortalecendo a nova imagem da sociedade brasileira: seu perfil urbano, ocupado por grupos ligados a empresas sustentadas pelo Estado (desde 1940, com a Companhia Siderúrgica Nacional, Getúlio patrocina a expansão das corporações estatais), ao serviço público, às indústrias que sobreviveram à invasão dos bens importados dos EUA após a guerra, ao comércio e às finanças. Facultou, por decorrência, o desenvolvimento de uma atitude nacionalista, fazendo que, talvez pela primeira vez na nossa história, o Estado fosse mais progressista que certos segmentos da sociedade. Esses, porém, eram fortes: constituíam a classe dominante e contavam com o apoio norte-americano, inquieto com a linha política assumida, de cunho mais independente. A reação não se fez esperar: o presidente foi alvo de campanhas visando à sua deposição, o que ele impediu, ao suicidar-se, em 1954.

156

Literatura infantil brasileira

A posse do novo mandatário, Juscelino Kubitschek de Oliveira (1902-1976), eleito em 1955, precisou ser assegurada pelo Exército. Todavia, as medidas adotadas contornam aos poucos as dificuldades políticas e imprimem outra linha econômica: o Plano de Metas ajuda a impulsionar a indústria brasileira, mas reforça a dependência dos investimentos de capitais estrangeiros. São Paulo, onde desde o início do século se localizaram as manufaturas nacionais, acolhe as novas plantas industriais, acelera seu crescimento econômico e populacional e converte-se no principal polo de atração de migrantes de outras regiões do país.

A mudança da capital, do Rio de Janeiro para Brasília, visa corrigir a distorção econômica que se traduz no desequilíbrio geográfico; ao mesmo tempo, incentiva a indústria da construção civil, seja edificando a nova cidade, seja abrindo as estradas que a ligavam a distintas regiões brasileiras e que passaram a justificar o crescimento simultâneo das fábricas nacionais de automóveis e autopeças.

Brasília estimula também um novo ciclo migratório, atraindo nordestinos – como no início do século XX, na Amazônia, durante o apogeu da exploração da borracha. Emerge um novo tipo humano, o candango, entre profissional não especializado e herói popular, responsável pelo alargamento das fronteiras da civilização brasileira. Resultam daí também conflitos com as populações originais, especialmente as indígenas, quando os sertanejos chegam a regiões ainda inabitadas por núcleos oriundos das áreas litorâneas. Eis por que, até 1950, Cândido Rondon (1865-1958) é ainda uma presença ativa na cena brasileira e no Serviço de Proteção ao Índio (SPI), que conta depois com a colaboração dos indigenistas Noel Nutels

(1913-1973), Darci Ribeiro (1922-1997) e os irmãos Villas Boas (Orlando, 1914-2002, Cláudio, 1916-1982, e Leonardo 1918-1961).

No início dos anos 1960, quando Jânio Quadros (1917-1992) assume a presidência, o quadro geral é contraditório. De um lado, impera o regime democrático, garantido plenamente pelo governante que deixava o cargo. Vigora um ritmo de desenvolvimento industrial que acelera o amplo processo de modernização do país, com a qual se comprometera o movimento republicano desde sua implementação. E, apesar de os debates em torno da Lei de Diretrizes e Bases da Educação se prolongarem, no parlamento, por quase quinze anos, amplia-se a rede de ensino público e particular – necessário, especialmente o primeiro, à escolarização em massa dos grupos que se transferiam do campo para a cidade e formavam os contingentes de trabalhadores imprescindíveis às empresas em expansão.

De outro lado, entretanto, a modernização nunca deixou de ser desigual, e as diferenças se tornam cada vez mais patentes. Uma nova capital é inaugurada no centro do Brasil; mas permanece o atraso econômico do Nordeste, atestando a manutenção de estruturas agrárias incompatíveis com a imagem da modernidade amplamente desejada.

País moderno e em expansão no início da década de 1960, o Brasil não suplantara a condição díspar que Roger Bastide (1898-1974) lhe atribuíra no livro *Brasil, terra de contrastes*, de 1954. A disparidade, de natureza social, apresentava-se como resíduo dos distintos ciclos econômicos do passado, cuja decadência deixava como legado a estagnação e o abandono pelo Estado das comunidades que haviam sobrevivido ao apogeu anterior.

Literatura infantil brasileira

O curto período da administração de Jânio Quadros não foi suficiente para que essas questões fossem abordadas; mas, no de seu sucessor, João Goulart (1919-1976), elas se tornaram centrais. O novo presidente dizia-se herdeiro político de Vargas, de modo que o comportamento político de cunho nacionalista voltou ao primeiro plano. O nacionalismo político revestiu-se de uma ideologia populista, consagrada sobretudo pela cultura produzida até 1964, em parte emanada do próprio Estado. Este decidiu-se por ser a vanguarda do povo, descontentando, como ocorrera antes, os estratos dominantes. Do conflito entre essas forças resultou a deposição de Goulart, encerrando-se como começara o período até então mais democrático da República brasileira.

6.3. Internacionalização e nacionalismo na cultura brasileira

Pobre samba meu/ Foi se misturando/

Se modernizando/ E se perdeu.

(...)

Coitado do meu samba/ Mudou de repente/

Influência do jazz.

Carlos Lyra[67]

O aparecimento de uma nova geração de poetas e ficcionistas na década de 1940, mais especificamente a partir de 1945, contrariou o Modernismo em alguns aspectos: foi discreto,

---

67 Lyra, Influência do jazz. Disponível em: <https://www.letras.mus. br/carlos-lyra/181776/>. Acesso em: 2 fev. 2022.

Marisa Lajolo • Regina Zilberman

sem manifestos nem festivais; e explorou caminhos literários que se opunham, em alguns casos, às conquistas da vanguarda de 1922.

Na poesia a reação foi mais evidente, porque os novos autores resgatavam uma linguagem mais solene e culta, alijada da literatura pelos líderes da Semana de Arte Moderna. Repunham, também, na condição de modelos para a composição poética, formas líricas, como o soneto, que pareciam definitivamente banidas dos redutos da criação artística.

Por causa disso, o grupo de poetas batizado em 1948 de "Geração de 45" assumiu, desde seu aparecimento, características contraditórias perante o panorama, àquelas alturas já consolidado, imposto pelo Modernismo paulista. Considerados em contraposição ao núcleo organizador da Semana de Arte Moderna, em 1922, eram simultaneamente modernos, porque realizavam uma poética que se opunha às normas em vigor, e conservadores, porque reabilitavam padrões atribuídos à literatura parnasiana (valorização das formas métricas e ênfase no verso como unidade mínima do discurso poético) e simbolista (relevância dada aos recursos sonoros e posicionamento intimista do sujeito criador, que fala sobretudo de si e de seu mundo interior). Acrescentam-se a isso dois fatos significativos: a poesia orientava-se internacionalmente para essa nova posição; e os poetas modernistas modificavam seu discurso na direção de um maior formalismo e solenidade no tratamento da palavra literária, conforme indica o texto que se tornou emblemático, "Procura da poesia", de Carlos Drummond de Andrade, publicado em *Rosa do Povo*, em 1945.

Na ficção, o roteiro foi outro: na década de 1940, estreiam em livro dois dos mais prestigiados ficcionistas da literatura brasileira da segunda metade do século XX: Clarice Lispector (1920-1977), com *Perto do coração selvagem*, de 1943, e João Guimarães Rosa (1908-1967), que, em 1946, com *Sagarana,* dá início ao processo de renovação da prosa regionalista.

Em ambos, repercutem favoravelmente os procedimentos da vanguarda que o romance instaurara desde a década de 1920, na Europa, sob o impacto das obras de Marcel Proust (1871-1922), Virginia Woolf (1882-1941), James Joyce (1882-1941) e Franz Kafka (1883-1924). As técnicas do fluxo da consciência e da fragmentação da cronologia permitem que a narrativa se dirija para o mundo íntimo do protagonista, dando vazão às suas inquietações e às aspirações de libertação.

Implanta-se a vanguarda do romance psicológico no Brasil, cujos seguidores são, entre outros, Autran Dourado (1926-2012), Osman Lins (1924-1978) e Lígia Fagundes Telles, autores que começam a publicar entre 1945 e 1955. E, se o adentramento intimista rompe com o ciclo do romance realista dos anos 1930, o caráter social da literatura é recuperado por outra via – a do diálogo com um ouvinte imaginário, introduzido pelos protagonistas e narradores de *Grande sertão: veredas* (1956), de Guimarães Rosa, e *A paixão segundo G.H.* (1964), de Clarice Lispector – respectivamente, Riobaldo e G.H. assinalando o apelo ao leitor e a porta de entrada ao universo ficcional.

O romance, a partir de 1945, explora o veio da experimentação, tendo como matéria-prima o mundo interior do indivíduo. Mesmo o regionalismo manifesta essa influência, uma vez que a valorização do espaço exterior, que, na ficção de 1930, coincidia com a ênfase na temática da seca nordestina (em *Vidas Secas,* 1938, de Graciliano Ramos, ou *O quinze,* 1930, de Rachel de Queiroz (1910-2003), entre outros), cede a vez à introspecção das personagens, como acontece nos livros de Guimarães Rosa e Autran Dourado.

A alusão a esses escritores revela a outra modificação por que passou o regionalismo na literatura. Refletindo talvez a mudança de foco econômico, antes mencionada, do Nordeste para o Centro-Oeste, avulta uma ficção que tem Minas Gerais como cenário favorito, provindo dessas regiões os escritores ruralistas mais importantes como, além dos mencionados, Mário Palmério (1916-1996), Bernardo Élis (1915-1997) e José J. Veiga (1915-1999).

Diminuindo a importância temática do espaço, mesmo na novela regional, a ficção parece tender, de maneira geral, a desnacionalizar-se. Ou melhor, como na poesia, ela atenua as marcas da nacionalidade, tão pesquisada e flagrante na literatura precedente. De modo geral, desde a década de 1940 até a abertura dos anos 1960, esse fenômeno caracteriza a cultura brasileira, que procura uma equiparação com as tendências artísticas internacionalmente vigentes.

A situação é verificável, em primeiro lugar, nos esforços por dotar a arte brasileira de sistemas de produção e circulação similares aos países desenvolvidos. Isso transparece nas iniciativas patrocinadas, em São Paulo, pelos empresários Franco Zampari (1898-1966) e Francisco Matarazzo Sobrinho (1898-1977), quais sejam: a fundação da Companhia Cinematográfica Vera Cruz, em 1949, e do Teatro Brasileiro de Comédia (TBC), em 1948. A primeira, em estilo hollywoodiano, visava à realização de filmes de qualidade, diferentes daqueles financiados pela Atlântida, fundada em 1941, no Rio de Janeiro. O TBC destinava-se à encenação de textos dramáticos de reconhecida qualidade artística, evitando as obras até então

Literatura infantil brasileira

usualmente apresentadas ao público brasileiro, como a comédia de costumes e o teatro rebolado. Também patrocinada por Francisco Matarazzo Sobrinho, organiza-se, a partir de 1951, a Bienal Internacional de Artes Plásticas, segundo os moldes da Bienal de Veneza, a mais importante exibição de artes plásticas do Ocidente.

Se a cultura erudita (cinema, teatro, artes plásticas) aumenta seus canais de produção e circulação e, como a literatura, passa por um processo de elevação de nível, a cultura de massas também começa a dispor de meios mais modernos, sofisticados e eficazes de veiculação. Assim, em 1950, Assis Chateaubriand (1892-1968) inaugura em São Paulo a TV Tupi, tornando o Brasil o quarto país do mundo a adotar o novo meio de comunicação. No ano seguinte, nasce a coirmã, no Rio de Janeiro, e, em 1952, é inaugurada a TV Paulista, a que se seguem, em 1953, a TV Record, em São Paulo, e a TV Rio, no então Distrito Federal.

Os jornais passam por uma reformulação gráfica. Exemplo disso é o *Jornal do Brasil,* que lança uma diagramação mais dinâmica e que, com o "Caderno B", ao qual pertence o Suplemento Literário, abre suas páginas a contribuições culturais, a começar pela vertente mais avançada da poesia nacional, o Concretismo.

Dinamiza-se também a produção de revistas semanais de informação e reportagem. *O Cruzeiro* e *Manchete*, publicações que se enraízam na vida brasileira inspiradas nas similares *Paris Match* e *Life*, vivem seu momento de apogeu. Chegam ainda as revistas em quadrinhos norte-americanas, lideradas por *O Pato Donald*, que a Editora Abril publica a partir de 1950. Desde o final da Segunda Guerra, elas acompanham a invasão de produtos industriais que os Estados Unidos exportam para o Sul, adoradas pelas crianças urbanas e demonizadas por pais e professores habituados a leituras mais convencionais.

A literatura brasileira continua a sofrer a concorrência da edição maciça de obras de autores estrangeiros, que a Companhia Editora Nacional e a Globo publicam em coleções como a Terramarear, Paratodos ou Série Amarela, cujos assuntos são a aventura passada em cenários exóticos e distantes, a ficção científica, o crime e a investigação policial. Esses temas são igualmente veiculados pelos filmes e revistas traduzidas, como *X-9, Mistério Magazine de Ellery Queen* e *Detetive*, configurando a convergência e unidade das formas da cultura de massas, em que personagens, enredos e ideias transitam de um gênero a outro, o que assegura, de modo solidário, a continuidade de seu consumo.

Os novos fatos culturais repercutem em algumas características assumidas pela arte brasileira até o final dos anos 1950, como a tendência geral à elevação de nível, que deveria patrocinar uma produção cultural comparável à das nações desenvolvidas: uma arte de exportação, digna de um país próspero e em ritmo acelerado de modernização. Mas, como sucedia à indústria, que substituía as importações pelo similar fabricado no Brasil, a arte copiava internamente modelos consagrados no exterior.

A Bienal Internacional, moldada no exemplo veneziano, e a Vera Cruz, destinada a produzir filmes para serem premiados em Cannes (sonho que se realiza em 1953, com a premiação de *O cangaceiro*, de Victor Lima Barreto (1906-1982), paradoxalmente, um filme que tematiza o subdesenvolvimento), explicitam de modo cabal esse desejo. Mas é o fato de que situação similar acontece no âmbito da cultura de massas (não por acaso Chateaubriand restaura, em 1949, o Museu de Arte

Literatura infantil brasileira

de São Paulo e, em 1950, inaugura a era da TV no Brasil) que evidencia, primeiramente, que o fenômeno alcançava setores diferenciados da arte brasileira. E que, em segundo lugar, a nova orientação atendia especialmente aos segmentos superiores da sociedade, dado o caráter elitista assumido, seja na cultura erudita (como mostram TBC, Vera Cruz e Bienal), seja na cultura de massa, já que mesmo a TV tinha em vista o público originário das camadas elevadas, consumidoras prováveis das caras revistas semanais e dos aparelhos importados de televisão e *hi-fi.*

Nesse sentido, é exemplar o Concretismo, uma tendência da poesia de São Paulo e Rio de Janeiro, pois, ao desejar instaurar uma "poesia de exportação", retomando o *leitmotiv* de Oswald de Andrade no Manifesto Pau-Brasil, de 1924, denuncia o anseio de equivalência que está no bojo das iniciativas mencionadas.

Por seu turno, a cultura popular, de extração urbana ou rural, passa para segundo plano. Da mesma maneira, o coloquialismo da expressão, assimilador, na escrita, de elementos do discurso oral, que fora plataforma e conquista do Modernismo, perde seu lugar. Isso se deve, em primeiro lugar, ao fato de que ambos contradiziam o novo patamar de qualidade almejado: na chanchada, no teatro rebolado, no samba, predominam a improvisação e a gíria, faltando-lhes o refinamento e a erudição que facultassem a concorrência internacional. Depois, porque traziam consigo resíduos do período anterior, tendo sido as formas culturais urbanas promovidas pelo regime de Estado Novo, embora durante aquela época elas tivessem conservado o espírito crítico e o humor que permitiram sua sobrevivência e atração. Enfim, porque algumas expressões foram adotadas pela cultura de massas, que, além de importar produtos estrangeiros, absorveu os valores oriundos ou representativos do povo, fazendo-os circular por meio dos novos recursos tecnológicos disponíveis.

Assim, distanciados da cultura erudita, que se refina e estiliza-se de modo crescente, e afastados da vertente popular, de que até então eram produtores, aos grupos urbanos e rurais mais humildes resta usufruir o que a cultura de massas, industrializada, lhes oferece: o tipo rural do Jeca Tatu, que transita para o cinema nos filmes de Amácio Mazzaroppi (1912-1981); as figuras populares da vida carioca, que a chanchada da Atlântida reproduziu e o rádio acolheu, com destaque para os programas humorísticos de Haroldo Barbosa (1915-1979) e Max Nunes (1922-2014); e o sentimentalismo da radionovela e da fotonovela, ambas, seguidamente, de procedência estrangeira.

No âmbito da cultura erudita, a direção internacionalista não foi duradoura, pois os pressupostos desenvolvimentistas que a sustentavam se chocaram com a sociedade desigual que vigorava para além dos planos-piloto de poesia e de metas de governos. A reação começa a transparecer em meados dos anos 1950, comandada pelo Teatro de Arena de São Paulo, grupo teatral paulista nascido em 1953. Encenando inicialmente peças que tematizam o cotidiano do proletariado paulista, como em *Eles não usam "black-tie"* (1958), de Gianfrancesco Guarnieri (1934-2006), o grupo evolui para uma dramaturgia mais comprometida com a denúncia da exploração capitalista no Brasil, conforme se vê em *Revolução na América do Sul* (1960), de Augusto Boal.

Como na política, renasce a veia nacionalista, com a tematização dos problemas locais e da formulação de soluções políticas para eles. O Cinema Novo, com o projeto de conciliar a pesquisa de qualidade, buscada pelo grupo da Vera Cruz, com a representação popular, diferenciando-se, porém, dos rumos adotados pela chanchada da Atlântida, sintetiza essa vertente. Mas a elaboração de um modelo artístico que expressasse a pobreza do país está presente na música, que procura incorporar uma temática politicamente mais agressiva a uma melodia mais aproximada aos ritmos populares, sobretudo os rurais e nordestinos, bem como na poesia, que se deseja popular e revolucionária, conforme proclamam os participantes da coleção *Violão de Rua,* patrocinada pelos Centros Populares de Cultura (CPC), entidades filiadas à União Nacional dos Estudantes (UNE).

A literatura infantil, popularizada nas décadas anteriores, defronta-se agora com dois tipos de competidores, que podem sustar ou, ao menos, reduzir seu crescimento. De um lado, depara-se com o empenho pela elitização da cultura, ao menos daquela que circula entre as classes elevadas; isso a coloca, enquanto gênero considerado menor, na defensiva, tendo de depender de escritores sem maiores aspirações a glórias literárias, mas, ainda assim, eficientes na arte de capturar leitores assíduos. De outro lado, concorre, no gosto desses mesmos leitores, com a cultura de massas, que, dispondo de canais mais poderosos e internacionais, avança de modo irreversível sobre os hábitos de consumo da população urbana.

A solução que encontra é propor-se enquanto um *front* de combate a esse avanço, conforme exige a pedagogia da época, aliada aos interesses dos editores que desejam ampliar os negócios nesse segmento da indústria cultural. Para atingir eficazmente esse objetivo, terá de encampar temas da ideologia em voga, para tanto contando com os recursos literários de que puder dispor.

6.4. A sobrevivência do Brasil rural

O Brasil é um país agrícola. Todos deveriam conhecer bem as dificuldades e as lutas na terra. Dela é que saem quase todas as coisas de que nós, na cidade, precisamos para viver, os alimentos, os materiais para nossas roupas e para as nossas casas...

Francisco Marins[68]

Na época em que o Brasil dispara na direção de um projeto industrial de grande envergadura, a fim de garantir a continuidade do processo de modernização com o qual tinham se comprometido os republicanos, a literatura infantil advoga causa de outra índole. Voltando a localizar parte considerável dos heróis das histórias em sítios e fazendas, torna-se porta-voz de uma política econômica que considera a agricultura a viga mestra de sustentação financeira do país, e o homem do campo, seu principal agente.

Tema, personagens e lugar não são novos, pois enraízam-se na proposta defendida por Thales de Andrade, em *Saudade*, de 1919. Poderiam ser considerados ultrapassados, depois que Monteiro Lobato e Viriato Correia, nos anos 1930, impuseram outra visão do espaço rural. A perspectiva tradicional, no entanto, é reabilitada como cenário, tanto para o transcurso da ação ficcional quanto para a realização de um programa econômico liderado pelos protagonistas das aventuras ali vividas. Essa orientação geral está presente em uma ou mais das tendências a seguir discriminadas.

---

68 Marins, *Nas terras do rei Café*, p.12.

Literatura infantil brasileira

6.4.1. O império do café

Ó cafezal! Cafezal grande na mágoa sangrenta da tarde,
Ó sonhos de tempos claros, gosto de um tempo acabado,
será permitido sonhar?...

Mário de Andrade[69]

Acima de qualquer outro produto agrícola, é o café que corporifica a filosofia de que o país, de natureza agrícola, deve permanecer fiel às suas origens e de que cabe insistir na expansão dessa cultura a partir de novos investimentos de recursos humanos e bens de capital. Em decorrência, o tema "café" permeia os textos, a começar pela narração da conquista das terras apropriadas a seu plantio.

A caminho d'Oeste (1957?), de Baltazar de Godói Moreira, apresenta o assunto em perspectiva histórica, ao mostrar o percurso heroico dos agricultores à procura de terras novas, férteis e adequadas à plantação do café. Os pioneiros são representados por Ricardo e sua família, que precisam abandonar a fazenda Graminha, de sua propriedade, que, localizada no vale do Paraíba, está imersa em crise econômica irreparável. O esgotamento das terras causa a decadência, a deterioração financeira, a hipoteca da fazenda e a necessidade de emigrar para a cidade, atrás de trabalho.

Contudo, o pai de Ricardo, agora funcionário dos Correios, não se adapta à nova vida. É-lhe oferecido outro emprego, que ele logo aceita; e a família viaja de novo, dessa vez na direção

---

69 Mário de Andrade, *Poesias completas*, v.2, p.361.

169

oeste, para uma próspera fazenda de café nos arredores do Ribeirão Preto. Todos experimentam um período de enriquecimento fácil, mas, diante da ameaça de nova queda no preço do produto e consequente instabilidade financeira, Ricardo e os seus optam por deslocar-se outra vez, sempre na direção oeste. Deparam-se com uma região ainda mais primitiva, cujas terras são muito férteis. Encaram o desafio e são bem-sucedidos: conseguem, enfim, os recursos necessários ao resgate da hipoteca da Graminha, que, desde então, é destinada ao plantio de outros produtos agrícolas, mais adequados à condição surrada da terra.

Relato similar é o de Ivan Engler de Almeida, em "O gavião da mata", uma das *Histórias da mata virgem* (1974): Nhô Nito e a esposa são donos do sítio Taperão, cuja decadência e esterilidade impedem qualquer progresso econômico. Mas o casal, apesar dos *handicaps* de que é vítima, não desanima. A despeito de "a malária e o amarelão, de vez em quando" atacarem "Nhô Nito, minando suas forças", o lavrador, "mesmo doente", "não se deixava abater":[70]

> tinha o espírito indomável de quem descende de boas raças europeias (*sic*). Por isso, todos os dias, desde a manhã ao anoitecer, ele revolvia a terra com sua enxadinha, batendo-a de encontro aos pedregulhos, fazendo levantar faíscas. Mas, com suas rocinhas minguadas, ele jamais poderia competir com os sitiantes europeus que, além de bem alimentados e com saúde, adubavam suas terras e usavam máquinas modernas, tratores, sementes selecionadas...[71]

---

70 Ivan Engler de Almeida, O gavião da mata. In: *Histórias da mata virgem*, p.75.
71 Ibid.

Literatura infantil brasileira

Os dois acabam vendendo as terras e mudando-se para o sertão. Encontram a mata ainda virgem e inúmeras dificuldades; a fertilidade da região, porém, somada àquele inconfundível "espírito de luta", que as "ascendências de boa raça europeia (*sic*) davam",[72] faculta o êxito. No final, estão ricos, compram novas áreas de terra e aprendem a ler, atingindo o desejado final feliz.

Narrativas como essas desenham uma nova personagem na literatura: o lavrador bem-sucedido. Em certo sentido, ele dá seguimento a uma tendência também presente em *A caminho d'Oeste*, em que a profissionalização do agricultor é elogiada em vários momentos:

> — Pois muito bem, meu filho; gostei da sua resolução. A lavoura é um serviço abençoado. É a mais simples mas a mais nobre das ocupações.
>
> (...)
>
> — O que faz com que muita gente despreze os homens da roça, Ricardo, é eles não terem muita instrução. Seja lavrador, mas nunca abandone aos livros.[73]

Acima do elogio ao trabalho agrícola, está a valorização da economia cafeeira. Em função dela ocorrem os altos e baixos financeiros das personagens; e, embora sejam mais frequentes os baixos, nunca desaparece a confiança no café, encarado como a fonte primeira da riqueza: "O café sempre dará lucro. Pode não dar aqui nesta zona, onde as terras estão cansadas,

---

72 Ibid, p.124.
73 Baltazar de Godói Moreira, *A caminho d'Oeste*, p.67-8.

mas no Oeste dá. Está na cultura do café a grandeza de São Paulo e do Brasil".[74]

A profissão de fé não impede os deslocamentos contínuos na direção oeste, tornando nômades seus arautos. Mas aponta indiretamente a razão para tantas mudanças: o esgotamento das terras e das pessoas, abandonadas pelas instituições públicas que poderiam ajudá-las. A epopeia do café, fruto de uma conquista permanente, nutre-se de seus combatentes, mas tudo é esquecido diante do êxito com que eles são premiados por algum tempo.

6.4.2. Saudades do sertão

Não há, ó gente, ó não
Luar como este do sertão...
Oh que saudades do luar da minha terra
Lá na serra branquejando folhas secas pelo chão
Esse luar cá da cidade tão escuro
Não tem aquela saudade do luar lá do sertão.

Canção tradicional

As fazendas de café não suscitam apenas o reerguimento financeiro de seus proprietários. Quando estes moram na cidade, o campo faculta ainda o restabelecimento da saúde, debilitada pelo espaço urbano, que carece de áreas verdes e vida livre.

Na fazenda do Ipê-Amarelo, de Ivan Engler de Almeida, de 1955, expressa literalmente esse tema. Paulinho, filho de grande in-

---

74 Ibid., p.22.

dustrial, é vítima da poluição da metrópole paulista e da falta de espaços para brincar. O resultado é a fraqueza física, curável, segundo o médico, por um novo contato com a natureza. O pai do menino não perde tempo, já que a solução está ao alcance de sua finanças: "O que temos a fazer é comprar uma fazenda. A gente vive nessa labuta diária, no meio deste movimento de veículos, desta aglomeração de gente e se esquece das maravilhas da Natureza".[75]

A decisão é abraçada ardorosamente pelo filho, que apresenta razões ufanistas e patrióticas para o gesto paterno, declarando que, "há muito tempo", deseja "ver e sentir, de perto, o verde das matas que só conheço através de gravuras, descrições e filmes coloridos":

> Há muito tempo que desejo ver os campos, os riachos, as delicadas flores silvestres e as árvores seculares com seus portes majestosos e suas ramadas aonde se abrigam os pássaros; enfim, tudo isso que os poetas cantam, divinamente, em seus versos. Quero ver, mesmo, se as cores maravilhosas da nossa bandeira foram inspiradas na Natureza privilegiada deste meu Brasil.[76]

Os efeitos terapêuticos da vida na fazenda não se fazem esperar: "Com apenas um dia passado na fazenda, já se sentiam recuperados das energias gastas numa semana de atividades, em São Paulo".[77]

O otimismo diante dos poderes medicinais da natureza, também retomado de *Saudade*, de Thales de Andrade, reaparece

---

75 Ivan Engler de Almeida, *Na fazenda do Ipê-Amarelo*, p.13.

76 Ibid., p.14.

77 Ibid., p.19.

em *No sertão de Mato Grosso* (1964), de Ivan Engler de Almeida. Os protagonistas são os meninos André e Sidnei, que aprendem aos poucos as diferentes maneiras com que a natureza se protege e ajuda os homens. Mais tarde, os dois, adultos e médicos em São Paulo, utilizam o saber acumulado na infância para o exercício eficiente da profissão, reconhecendo a dívida para com a sábia Mãe Natureza.

O final da narrativa é revelador, pois, embora a vida campestre seja superior à vida urbana, a atração dessa última acaba por prevalecer. Também Paulinho, um menino da cidade, oxigenando os pulmões nos domingos passados no Ipê-Amarelo, não cogita estabelecer-se definitivamente na fazenda, o que sugere o enfraquecimento dessa enquanto polo magnético, apesar dos apelos emocionais ou materiais (a oscilação depende das condições financeiras familiares) com que os livros acenam.

Insinua-se a supremacia da vida urbana, modificando a ótica com que o mundo rural é encarado. Isso acontece também na saga de Taquara-Póca, de Francisco Marins, escritor que talvez possa ser considerado o mais credenciado sucessor de Monteiro Lobato. A aproximação se deve à escolha de um sítio, propriedade do Vovô, para figurar como espaço da ação ficcional. Nesse local, os netos Tiãozinho e Dudu, junto com Tico-Tico, filho de um dos agregados da fazenda, passam por várias aventuras, a maioria envolvendo a atividade principal de Taquara-Póca, qual seja, a produção de café.

Se esses são aspectos comuns da série, despontam, desde o volume inicial, *Nas terras do rei Café*, algumas diferenças em relação a Lobato: Dudu, igual a Pedrinho, vem da cidade para o campo. No entanto, ao contrário do neto de Dona Benta, que se integra de tal maneira ao ambiente, que esquecemos que ele pode ter alguma experiência de vida urbana, Dudu nunca deixa de ver a atividade rural desde fora, como um estranho a ela. Em Marins, a separação entre a vivência do protagonista e as características do trabalho no campo é fortalecida, motivando no transcurso da história descrições e esclarecimentos sobre esse trabalho.

Por sua vez, vários são os sintomas de que a economia agrária agoniza, em decorrência sobretudo das dificuldades financeiras por que passa o cafeicultor. Em *Nas terras do rei Café*, o narrador esclarece os percalços por que passa seu proprietário, que se estendem da desvalorização do produto que comercializa à grilagem dos vizinhos:

> Anos atrás, a fazenda do Vovô, apesar de produzir bastante café, começou a ter dificuldades. O preço quase não cobria os gastos. Então seu avô precisou de dinheiro para pagar os homens que trabalhavam no cafezal e, para isso, teve de vender alguns trechos da fazenda. Depois o seu avô perdeu também o campo onde ficava o gado, pois Zé Pedro vivia dizendo que era dele.[78]

As intempéries naturais também comprometem a rentabilidade das plantações:

> Além disso, no ano passado, a geada prejudicou grande parte do cafezal. A geada é um terrível inimigo do fazendeiro. Assim, continuou o Sr. Pacheco, o Vovô precisou fazer um empréstimo para continuar a cultivar as terras. Não conseguiu facilmente. Todos os fazendeiros da região também estavam mal de dinheiro.[79]

---

78 Marins, *Nas terras do rei Café*, p.35.
79 Ibid., p.6.

Assim, embora o café seja apresentado de várias maneiras como rei do Brasil (o título do livro, as afirmações do Tio Juca, o sonho de Dudu), ele está inserido num processo irrefreável de decadência, indicado ainda pelos seguintes aspectos:

a) os elementos valorizados – como carro de boi enquanto meio de transporte, a economia de trocas e o escravismo (justificado pelo fato de que os senhores não eram tão maus para com os escravizados, benevolência expressa também em *A caminho d'Oeste*) – desenham o arcaísmo da sociedade representada, correspondendo a uma época historicamente ultrapassada;

b) a solução para o pagamento da hipoteca advém da descoberta de um tesouro acumulado, no século XIX, pelos escravizados, que tinham a intenção de, com aquela fortuna, comprar sua liberdade. Ironicamente, contribuem para a liberação da hipoteca da fazenda de seus antigos senhores;

c) as personagens bem-sucedidas financeiramente, como o pai de Dudu, moram na grande cidade e não pensam em deixá-la.

Nas terras do rei Café exclui uma saída regular para o impasse econômico de Taquara-Póca, determinando o apelo ao imaginário: Dudu busca a flor mágica do samambaial, sonha com o auxílio do rei Café em pessoa e, depois, ajuda a encontrar o tesouro, também de procedência incomum. O fato de o menino, de origem e educação urbanas, ser o agente da redenção sinaliza igualmente que o modo de vida do campo foi desalojado pela concorrência com a mentalidade urbana. Um último fator sugere o descompasso: como as obras circulam entre o público da cidade, é preciso que Dudu veja a fazenda com os olhos de seus leitores, o que justifica as longas explanações sobre o cultivo do café e o passado do sítio.

A necessidade de informações adicionais sobre a atividade rural e a insistência na importância da cafeicultura indicam o público a que se destinam os textos: indivíduos já distanciados da vida agrícola e financeiramente independentes dela. Esse fato reforça o esvaziamento econômico das fazendas, que se transformam, de lugar de trabalho, em local de peripécias de garotos urbanos, em busca de lazer durante as férias ou oxigênio nos finais de semana. A modificação é relevante, pois faz com que as narrativas ou adotem uma perspectiva nostálgica ou convertam o cenário rural em pano de fundo para roteiros de aventuras.

6.4.3. Sítio e aventura

Livre filho das montanhas,
Eu ia bem satisfeito,
Da camisa aberto o peito,
— Pés descalços, braços nus —
Correndo pelas campinas
À roda das cachoeiras,
Atrás das asas ligeiras
Das borboletas azuis!
Casimiro de Abreu[80]

Na fazenda do Ipê-Amarelo e *Nas Terras do rei Café* consagram um modelo narrativo segundo o qual crianças urbanas se deslo-

---

80 Abreu, Meus oito anos. In: *Casimiro de Abreu: poesia*. Seleção de Sousa da Silveira, p.30.

cam para o campo e são autores de algumas proezas. A ação é desencadeada por uma mudança de lugar, de modo que os espaços passam a receber importância crescente, convertendo-se no cenário favorito de episódios inusitados.

A partir de então, a fazenda perde sua conotação de local de trabalho, com papel relevante na economia nacional. Metamorfoseia-se em parque de diversões, cuja periculosidade tem intensidade variável. Em "Um dia na fazenda", de Elos Sand, tudo transcorre normalmente, sendo a motivação da história creditada à atração natural do lugar. Além disso, as personagens, que são crianças, descobrem uma nova realidade: o homem que trabalha no campo, o caboclo, figura curiosa porque fonte de narrativas provenientes do folclore brasileiro.

O texto confronta dois mundos; e, embora a fazenda São Carlos seja deslumbrante do ponto de vista físico, seus moradores são desprestigiados: pelo narrador, que apresenta o caboclo como pessoa ignorante e supersticiosa; e pelas crianças, que o desautorizam em sua condição de fonte de informações e se posicionam acima dele, porque: "Nhô Chico acredita em tudo! Também (...) ele nunca foi a uma escola nem abriu um livro...".[81]

Nos livros de Maria José Dupré, a natureza é mais misteriosa e cheia de perigos, como em *A mina de ouro* (1940), *A ilha perdida* (1946) ou *A montanha encantada* (1949). O esquema de ações que utiliza nas histórias é similar, repetindo-se também o local – as terras de Pedrinho – e as personagens. A fazenda, situada no vale do Paraíba, não passa por dificuldades financeiras, podendo então ficar à disposição das crianças da cidade, que aí passam as férias. Estas são frequentemente tumultuadas,

---

81 Sand, Um dia na fazenda. In: *O macaquinho desobediente*, p.72.

Literatura infantil brasileira

porque os meninos aproveitam a oportunidade para se perder em algum lugar incomum: uma mina abandonada, a montanha na qual se refugiaram anões portugueses ainda no período colonial, ou a ilha habitada por um Robinson Crusoé nacional.

Os perigos decorrem da imprudência das crianças que, desobedecendo às orientações dos adultos, deparam-se com situações complicadas. No entanto, os riscos decorrem também da circunstância de que os meninos invadem espaços que não lhes pertencem e que não podem controlar, porque estão situados fora do universo regular e conhecido da fazenda. Assim, não é o sítio enquanto tal que atrai as crianças, mas o mundo extraordinário que ele encobre, atingido somente por desobediência – isto é, por uma ruptura.

Por essa razão, *A ilha perdida* tem o enredo mais representativo. A ilha não é atingida por um acaso ou fatalidade: todos a conhecem desde sempre, mas a distância. Apenas Henrique e Eduardo ousam excursionar até o local, mas, para tanto, precisam mentir e desobedecer. O espaço desejado configura-se como proibido, que pode ser alcançado eventualmente em decorrência de um gesto culposo, mas que, por esse motivo, deve ser evitado.

Assim sendo, Maria José Dupré acaba denunciando, ainda que à revelia, o esgotamento do modelo narrativo de que ela própria se vale; ou seja: confessa indiretamente que a vida rural, quando não é causa de uma promoção econômica específica, é incapaz de apresentar apelos suficientes para reter as pessoas que a visitam. A superação de sua banalidade depende da descoberta de novas atrações, a maior parte escondida, secreta, mágica ou distante, mas, em qualquer uma das circunstâncias, proibida.

Vem daí a exploração, pelos livros destinados à infância e à juventude, de regiões cada vez mais selvagens e menos civilizadas, sempre na direção ocidental, conforme mostram os livros de Francisco Barros Jr. Estes retêm duas das marcas das histórias anteriores: a repetição de personagens principais; e a alusão às férias, ocasião em que os protagonistas estão disponíveis para aventuras em áreas progressivamente longínquas, como as dos rios Tietê, Paraná, Paraguai e Aquidauana.

Por outro lado, verifica-se também o aproveitamento, se bem que bastante raro, de personagens integradas à vida agrícola, como nos livros de Jannart Moutinho Ribeiro (1920-1977), *O fazedor de gaiolas* (1959) ou *Aventuras do Dito Carreiro* (1968), Clemente Luz, *Bilino e Jaca*, ou Osvaldo Storni, *O caipirinha Mané Quixi*. Este último, desde o título, se distancia das histórias com personagens urbanas; no entanto, o sonho do menino é frequentar a escola, ou seja, assimilar os valores da sociedade moderna. Porém, somente alcança sua realização, quando descobre um tesouro no fundo de uma mina. Mais uma vez, como nos exemplos de Marins e Dupré, sucede o apelo ao extraordinário, que agora testemunha a precária situação do trabalhador rural e a decadência de seu modo de vida, ainda quando exaltado euforicamente pelos escritores.

Assim, torna-se difícil idealizar a vida rural sem sonegar a situação histórica. Essa omissão, tanto econômica quanto literária, determina que aos poucos essa temática seja abandonada. A conclusão é reveladora sob o ponto de vista sociológico, porque mostra obliquamente o processo de industrialização brasileiro: seja por advertirem a respeito da necessidade de manutenção de uma política agrícola para o país e, em particular, para a unidade da federação que se industrializava mais rapidamente, São Paulo; seja por delatarem o esgotamento do solo, a falência das fazendas tradicionais, a conversão destas em parque de diversões para crianças urbanas em férias. Por tudo isso, as histórias indicam a impraticabilidade da solução que postulam e a exaustão do programa econômico em que se apoiam.

Isso não as faz menos conservadoras, mas garante unidade temática. Essa, por sua vez, é coerente com uma visão da língua, já que predomina, na narrativa e no diálogo das personagens, o padrão culto. Também por esse aspecto as obras são caudatárias da norma urbana, representada agora pela expressão verbal. Por isso, promovem o desprestígio da fala regional e de seus respectivos usuários, os caipiras, constantemente humilhados pelas personagens da cidade que ridicularizam seus erros gramaticais e lexicais.

A coerência buscada entre linguagem narrativa e tema revela mais uma contradição: almejando valorizar a agricultura tradicional, despreza-se o homem do campo e seus modos de expressão. Distantes do ambiente original que esperam reproduzir literariamente e do ser humano que o representa, esses textos lidam com um Brasil arcaico que desaparecia por força das mudanças históricas, carregando consigo o ciclo de narrativas que o idealizava.

6.5. O segundo eldorado

— Estas terras ainda vão ser o futuro do Brasil! Dizia-me Perova.

E eu concordava com ele, vendo tanta riqueza, tanta floresta, tantas terras excelentes para a agricultura e

Marisa Lajolo • Regina Zilberman

criação. Quando tudo isto estiver povoado e explorado!
Pensava eu. E olhando para o contorno do morro,
dourado pelo clarão do luar, parecia distinguir, como
um vulto gigantesco, espiando a cidade, a figura de
longas barbas e cabelos esvoaçantes do Anhanguera...

Francisco Marins[82]

6.5.1. *A epopeia bandeirante*

E viram lá dentro, viram,
o Tietê filho da Serra,
que corria atrás do Sol.
Quem de sua água bebesse
(marinheiro, de onde vieste?)
matava a sede do corpo
mas adquiria outra sede
muito mais grave, a do oeste.

Cassiano Ricardo[83]

O passado brasileiro, em especial o período da colonização, sempre atraiu os escritores da literatura infantil. Esse assunto não apenas oferece material de cunho histórico, realizando a exigência da ação e aventura, própria ao gênero, como tem livre trânsito na escola, fortalecendo os laços entre a literatura e o ensino. Por essas razões, permaneceu em vigor nas décadas de 1940 e 1950: mas não deixou de apresentar uma particu-

---

82 Marins, *Volta à serra misteriosa*, p.141.
83 Ricardo, *Martim-Cererê*, p.50-1.

182

Literatura infantil brasileira

laridade: revelou uma nítida preferência pela trajetória dos bandeirantes.

O gigante de botas, de Ofélia e Narbal Fontes, inaugura em 1941 o veio temático, a que se seguiram *O espírito do sol* (1946), *Coração de onça* (1951) e *Cem noites tapuias* (1976). As obras narram proezas de bandeirantes reais, como Bartolomeu Bueno (1672-1740), em *O gigante de botas*, ou imaginários, como o pequeno Joaquim Bueno Jr., em *O espírito do sol*. Em *Cem noites tapuias*, os garimpeiros, que passam por perigos similares, substituem os protagonistas históricos.

Viriato Correia publica *A bandeira das esmeraldas* em 1945 e, em 1946, Judas Isgorogota (pseudônimo de Agnelo Rodrigues de Melo, 1901-1979), *O bandeirante Fernão*. Por sua vez, Baltazar Godói Moreira, em *Rio turbulento* e *Aventuras nos garimpos de Cuiabá*, mistura fatos ocorridos nos séculos XVII e XVIII com personagens fictícias, que imitam a epopeia dos desbravadores do passado. E Francisco Marins, com o Roteiro dos Martírios – *Expedição aos Martírios* (1952), *Volta à serra misteriosa* (1956) e *O Bugre-de-chapéu-de-anta* (1958) –, lida com os mesmos componentes, históricos e imaginários, ao contar, paralelamente, os percursos de Anhanguera (como era conhecido Bartolomeu Bueno da Silva), no século XVIII, e de Tonico e André Perova, no século XIX, por Mato Grosso e Goiás, em busca de pedras preciosas.

Tornando o bandeirante o modelo para a construção dos heróis, os livros encampam dois temas que se desprendem da história: o do alargamento do território nacional; e o da abundância natural do Brasil, fonte inesgotável de riqueza. Ao promover a transfiguração dos acontecimentos passados em propaganda nacionalista, contribuem para difusão de alguns mitos:

a) o heroísmo inato dos bandeirantes, líderes de certo modo desinteressados que provocaram a expansão territorial brasileira;

b) o novo eldorado, situado a ocidente, de onde emanam riquezas intermináveis;

c) a necessidade de o país marchar para oeste e reabilitar o projeto expansionista desses indivíduos, sendo esta uma das condições para o progresso, conforme expressam as palavras de Francisco Marins, em *Volta à serra misteriosa*:

> Seus pés haviam aberto uma trilha no sertão, trilha que se transformaria em caminho do progresso, em povoações e campos cultivados. Seu sonho de encontrar o lendário lugar dos Martírios não foi realizado. Em compensação, estava aberta outra linha, talvez mais fabulosa que a outra, procurada pelo bandeirante... É que Mato Grosso ia-se transformar no segundo El-dorado brasileiro...[84]

Publicadas a partir de 1940 e, com mais intensidade, na década de 1950, essas narrativas se afinam a um fenômeno da época: a ocupação de regiões até então intocadas e, portanto, não integradas às diretrizes econômicas do país. A construção de estradas e de uma nova capital no sertão, a ênfase na exploração da agricultura e da pecuária no Centro-Oeste, os projetos para a Amazônia – todas essas são iniciativas federais que denunciam uma nova maneira de encarar áreas, na época, inaproveitadas, e cuja posterior apropriação causou incalculáveis prejuízos ambientais. A transfiguração desse projeto numa

---

84 Marins, op. cit., p.54.

Literatura infantil brasileira

mitologia que reunisse elementos históricos e imaginários é tarefa assumida pela literatura infantil, contribuindo para a divulgação daqueles ideais.

A literatura infantil revela-se adequada para a transmissão dessa temática em decorrência de outro fator: o percurso dos heróis se confunde com um rito de passagem, durante o qual meninos ou jovens se habilitam à idade adulta e a uma posição responsável na sociedade.

Francisco Marins, em *Volta à serra misteriosa*, comenta que a temática do livro mostra a história de dois meninos "que aprendiam a ser homens".[85] Em *Rio turbulento* (1954), de Baltazar de Godoy Moreira, o protagonista é o jovem Bentoca, que atravessa o sertão à procura do pai, assunto que reaparece em *O espírito do sol*, de Ofélia e Narbal Fontes. Juca de Góis, em *Aventuras nos garimpos de Cuiabá*, igualmente de Baltazar de Godoy Moreira, também cresce durante a expedição, motivando o comentário do narrador: "Saíra de São Paulo um rapazinho; voltava um homem, um bandeirante, na forma dos valorosos varões que influíram na terra".[86]

Não apenas o jovem bandeirante figura nessas obras. Dois outros tipos de personagens são frequentes: o acompanhante adulto, espécie de tutor que, embora tenha papel secundário, é fiador do sucesso do protagonista principal; e o indígena.

Este último não é objeto de representação uniforme. Em geral, desempenha a função de antagonista, encarnando alguns dos perigos com que se depara o herói. Trata-se do obstáculo a ser removido, junto com a floresta e os animais selvagens;

---

85 Ibid., p.51.
86 Baltazar de Godói Moreira, *Aventuras nos garimpos de Cuiabá*, p.96.

faz parte da paisagem a ser submetida, o que não o torna bom, nem mau, e sim indesejável. Em outros casos, ele é efetivamente mau, por não aderir ao colonizador branco e patrocinar rituais bárbaros, como a antropofagia. Mais comum é a representação dos brancos como vítimas de um conflito entre tribos inimigas, o que inverte os papéis, transformando a invasão do território indígena por colonizadores numa tarefa saneadora, que soluciona antigas rivalidades.

Mas o indígena pode ser também o auxiliar do aventureiro branco, ajudando-o, com grande lealdade, e atingir seus objetivos. Em tal caso, ele é bom, como Pixuíra, no Roteiro dos Martírios, ou Sapoaté, em *Curumim sem nome*, de Baltazar de Godói Moreira. Além destes, outros meninos nativos aliam--se aos portugueses, como os representados nas obras de Luiz Gonzaga de Camargo Fleury, *O curumim do Araguaia* (1945) e *Araci e Moacir* (1945). Catequizados, todos mantiveram contatos com a civilização branca, que os domesticou e tornou--os melhores, como reconhece o curumim do Araguaia: "Não costumo matar ninguém, nem muito menos comer carne humana. Tenho raça de índio, mas sou manso. Minha avó diz que sou civilizado...".[87]

Na representação do indígena completa-se a imagem da conquista, cuja consolidação chocava-se com uma política que deveria comprometer-se com a preservação das populações originais do Brasil. Como contorná-la sem ferir sentimentos humanitários? Unicamente pela desumanização do índio, que, desprovido de traços que possam identificar seu lado humano, dissolve-se na natureza e, dessa maneira, pode ser exterminado.

---

87 Fleury, O curumim do Araguaia. In: *Histórias de índios*, p.57.

Para tanto, todavia, urgia privilegiar seu componente selvagem, traduzido em atos sanguinários, como a antropofagia, o sequestro, a deslealdade e a traição (expostas, as últimas, cabalmente pelo Bugre-do-chapéu-de-anta, personagem de Francisco Marins). Consequentemente, se os bandeirantes ou garimpeiros invadem as tabas, é porque desejam salvar mulheres, crianças ou doentes.

Os nativos da terra somente são tolerados quando colaboram com os colonizadores. A condição para tanto é passar pelo filtro da catequese, o que lhes confere atestado de civilidade e, às pessoas de cor branca, de humanitarismo e generosidade.

Apenas Jerônimo Monteiro foge a esse estereótipo. Em *Corumi, o menino selvagem* (1956), o herói do título é um menino branco adotado pelos indígenas, com os quais aprende a conhecer e a dominar a natureza. Monteiro promove outras mudanças: situa a ação em outra época – o presente – e em outro cenário – a Amazônia –, território desconhecido e misterioso. Nesse contexto, eclode o novo relato de aventura, que troca sítios amenos por regiões ignoradas da floresta virgem.

6.5.2. A Amazônia misteriosa

> *Começa agora a floresta cifrada.*
> Raul Bopp[88]

Por muito tempo a Amazônia foi tema praticamente exclusivo dos autores do Norte, como Inglês de Sousa (1853-

---

88 Bopp, Cobra Norato. In: *Cobra Norato e outros poemas*, p.20.

Marisa Lajolo • Regina Zilberman

1918), que localizou a ação de suas novelas entre as regiões que somente no final do século XIX, com o apogeu da exploração da borracha, se incorporaram à economia brasileira. Os modernistas viram a Amazônia de modo distinto: ela encarnou o primitivismo buscado nos programas e manifestos, esvaziada de perspectiva histórica, mas carregada de magia e encanto. Nesse período, mesmo autores não totalmente identificados com o Modernismo, como Gastão Cruls (1888-1959), nos livros *A Amazônia misteriosa* (1925) e *A Amazônia que eu vi* (1930), não deixaram de aureolar em mistério o sentimento emanado da floresta.

Até os anos 1940, no entanto, a literatura infantil não recorreu ao material amazônico de cunho folclórico, nem encampou o projeto nacionalista de que o tema se revestia. O folclore utilizado pelos autores de livros infantis tem origem africana e ibérica, indicando sua procedência litorânea. A única exceção, já mencionada, foi o escritor amazonense Raimundo Morais, no livro *Histórias silvestres do tempo em que animais e vegetais falavam na Amazônia* (1939).

A partir dos anos 1940, no entanto, a Amazônia começa a interessar autores voltados ao público juvenil. Mas as características das obras editadas indicam que elas não são caudatárias do programa modernista, e sim da influência da cultura de massas, veiculada pelo cinema, nos filmes seriados, pelos livros de aventura e detetive, publicados pela Companhia Editorial Nacional (Monteiro Lobato foi um dos tradutores mais assíduos e grande estimulador do gênero, desde os anos 1930) ou pela Globo, e pelo rádio.

Nesse sentido, é expressiva a produção de Jerônimo Monteiro. Seu primeiro livro, *O ouro de Manoa* (título original: *O irmão do diabo*, 1937), conta uma expedição à Amazônia, em busca de um tesouro. O tema se alinha ao veio dos livros de aventura, e a narrativa emprega a estrutura de cortes em meio a ações palpitantes, que o escritor aprendera no cinema e aplicara no rádio, para o qual produzia novelas sob o pseudônimo de Dick Peter.

A cidade perdida, publicado em 1948 na coleção Terramarear (junto com um livro similar, *Kalum*, de Menotti del Picchia), confirma a aptidão de Jerônimo Monteiro à ficção de aventura, passada em terras distantes e selvagens. Mas o livro amplia o assunto, pois Sálvio, que, com Jeremias, planeja uma viagem ao Norte, tem metas mais ambiciosas: deseja encontrar a cidade perdida dos atlantes (já mencionada em *O ouro de Manoa*), porque esse povo teria se constituído no núcleo gerador da civilização contemporânea.

Identificada como a matriz da humanidade, a Amazônia recupera a aura mítica que os modernistas lhe tinham atribuído. Por sua vez, essa sacralidade se propaga ao país e ao continente em que ela se localiza, conforme expressa a profecia de Coronel Marcondes, um dos protetores dos expedicionários, "um dia se há de fazer justiça à nossa terra, reconhecendo que daqui partiram as civilizações do mundo...".[89]

A sentença explicita o projeto nacionalista da obra, conferindo ao Brasil uma prioridade sobre as demais nações. A anterioridade é sinal de supremacia, situada tanto no passado como no futuro, já que a regeneração da humanidade depende de um novo êxodo da célula original, conservada, até então, intocada e pura.

---

89 Monteiro, *A cidade perdida*, p.42.

Se *A cidade perdida* resgata a representação mítica da região, *Corumi, o menino selvagem* dá vazão à Amazônia real. Como no outro livro, o narrador, agora um jornalista, desloca-se da cidade para a floresta; e esta se mostra estranha, perigosa e repleta seja de fenômenos espantosos (como a tempestade que enche o rio de tal modo, que eleva o barco onde está o herói ao topo de uma árvore), seja de tesouros escondidos, que os aventureiros descobrem nos confins da zona do rio Xingu.

Jerônimo Monteiro vale-se outra vez do motivo da busca de um tesouro milenar; mas, ao mesmo tempo, ele incorpora uma visão realista do ambiente, que se traduz na revelação da "miséria das populações marginais", em contraste com a "pujança da mata",[90] e na crítica à atitude racista e selvagem dos brancos, que liquidam cruelmente os indígenas que se atravessam em seu caminho.

O antagonismo entre os dois povos transparece no conflito criado pela presença de Corumi. Este é um menino branco, educado entre os nativos (invertendo o estereótipo do período), o que se torna razão suficiente para Coriolano, o caçador, hostilizá-lo, mesmo quando o outro lhe salva a vida e conduz os expedicionários até o tesouro escondido.

Respeitando o cânone do livro de aventuras, Jerônimo Monteiro não perde de vista dois aspectos: adota uma atitude crítica em relação às suas personagens, evitando idealizá-las; e enraíza o tema, frequentemente veiculado através da literatura de massa e de outros meios de comunicação de procedência internacional, num ambiente brasileiro, tanto por integrá-lo a uma vertente em que a Amazônia é objeto de uma represen-

---

90 Idem, *Corumi, o menino selvagem*, p.23.

tação mítica quanto por evitar o ufanismo que pode revestir e camuflar o material literário estrangeiro.

As obras de Jerônimo Monteiro atualizam o tom épico da ficção bandeirante. Mas a modernização não se deve apenas à transposição do assunto para o presente, mas também à realização dos objetivos de um gênero, o de aventuras, sem o caráter promocional que o vincula a programas específicos de um momento histórico e impede sua circulação na atualidade de qualquer leitor.

A aventura como tema ainda apareceu em outras circunstâncias temporais: no futuro, em *Três meses no século 81* (1947), também de Jerônimo Monteiro, ou no passado, em *Aventuras de Xisto* (1957), de Lúcia Machado de Almeida.

Três meses no século 81 é provavelmente o primeiro livro nacional de ficção científica dedicado ao público juvenil. Seu paradigma é *A máquina do tempo* (1895), de H. G. Wells (1866-1946), cuja presença se faz notar desde o início da história, quando Campos, o narrador e principal personagem, consulta o escritor inglês e lhe expõe seus planos de viagem ao futuro. Outro ponto de contato entre ambos diz respeito à visão do mundo do futuro: se ele é perfeito do ponto de vista tecnológico, habitam-no pessoas infelizes, física e intelectualmente debilitadas pela ausência de um projeto de vida, o que o aproxima do *Admirável mundo novo* (1932) do britânico Aldous Huxley (1894-1963).

Acima desses paralelos, todavia, Jerônimo Monteiro é fiel à sua temática: na pesquisa das raízes da sociedade que encontra, descobre ser o povo a descendência, enfraquecida, dos atlantes. Com a ajuda de Campos, um grupo, mais revolucionário, reaprende a trabalhar junto à natureza. Por sua vez, a energia vital é novamente fornecida pela Amazônia, o que permite ao escritor retomar o mito amazônico e formular sua utopia regeneradora.

No desenho de uma civilização ideal, a dos atlantes, e de um espaço para a realização de um programa de vida, a Amazônia, Jerônimo Monteiro constrói uma obra que apresenta traços de parentesco com a de Lobato. A visão do futuro brasileiro distingue os dois escritores; mas aproxima-os a capacidade de produzir uma ficção original, sem se furtar à influência da cultura da época – ao contrário, até deixando-se fertilizar por ela. Pela mesma razão, posicionaram-se perante a sociedade nacional não apenas para a retratarem melhorada (tendência muito comum na literatura infantil) ou piorada, mas para esboçar um projeto de mudança, signo de suas expectativas diante do universo manifesto no e pelo texto.

Aventuras de Xisto não viaja ao futuro, mas ao passado. A abertura da obra designa a época da ação, a Idade Média de bruxos e cavaleiros andantes. Xisto participa do segundo grupo, após passar por uma prova, em que protege sua cidade de modo inteligente.

Sagrado cavaleiro, Xisto define sua tarefa: exterminar os últimos bruxos da Terra, com a ajuda de Bruzo, seu companheiro de infância. A missão têm resíduos quixotescos, mas ele suplanta os perigos e é bem-sucedido, alcançando ao final a maturidade e o poder político. Para tanto, precisa passar por várias provas, a mais difícil consistindo em derrotar os bruxos na situação provisória e precária de pássaro. Além disso, deve superar a dependência familiar, sendo essa liberação simbolizada pela morte da mãe, Oriana.

O sucesso de Xisto, apesar das perdas com que convive, coloca-o, no fim da história, numa posição estável. Mas o êxito

Literatura infantil brasileira

do livro determinou o retorno do herói, agora protagonista de aventuras interplanetárias, nos livros *Xisto no espaço* (1967) e *Xisto e o saca-rolha* (1974), republicado posteriormente com o título de *Xisto e o pássaro cósmico* (1983).

A mudança temporal talvez reflita o esgotamento do veio escolhido pela escritora. O primeiro livro parte de uma situação original, ao explorar, às vezes, com humor, o estado anacrônico do herói (cavaleiro andante) num mundo em que desaparecia esse tipo de figura. No entanto, nos livros seguintes, obriga-se a levar a sério a personagem como preço da continuidade das aventuras. Torna então paradoxal o anacronismo do primeiro texto, pois, sem qualquer mediação, Xisto salta dos tempos medievais para o futuro.

Lúcia Machado de Almeida e Jerônimo Monteiro, adeptos de um gênero comum, representam trajetórias literárias inversas. Pois, se o segundo recorre ao passado ou ao futuro enquanto procedimento para refletir sobre o presente, a primeira exila-se em épocas distantes para anular a temporalidade e imergir num indeterminado cronológico.

Se o livro de aventuras brasileiro não se recusa a pensar a realidade nacional, ele não deixa de optar, na maior parte das vezes, por uma tendência escapista. A isso se acrescenta a recuperação de processos narrativos e temáticos já superados pelos escritores do período modernista.

6.6. A infantilização da criança

Não sei se Monteiro Lobato chegou a saber que algumas "chaves do tamanho", de sua invenção, haviam sido instaladas à entrada do País dos Bonecos. Talvez não.

> *Mas, se o tivesse sabido, Lobato não se zangaria. Ao contrário, daria boas risadas, diria algumas pilhérias e talvez, mesmo, quisesse fazer uso delas... Grande Lobato! Bom Lobato! Genial Lobato! Como poderíamos, sem ele, entrar no País dos Bonecos?*
>
> Jerônimo Monteiro[91]

Se a aventura tornou-se assunto recorrente na literatura para jovens, outra fonte bem-sucedida foi a tematização da infância, quer focalizando literalmente crianças, quer simbolizando-as por meio de outras espécies, como bichos e bonecos animados.

A fábula e, depois, o conto de fadas foram as modalidades literárias que procederam à conversão de personagens não humanas, mas antropomorfizadas, em símbolos das vivências e da interioridade da criança. No Brasil, a transposição começa com Figueiredo Pimentel e prossegue com Monteiro Lobato (criador de Quindim e Rabicó), Viriato Correia (em *A arca de Noé* e *No reino da bicharada*, entre outros) e Erico Verissimo, em *A vida do elefante Basílio* ou *Os três porquinhos pobres*, além de vários outros escritores. Assim, não é de surpreender que histórias desse tipo continuem em voga durante os anos 1940 e 1950.

Com efeito, essas narrativas são frequentes no período e dão preferência aos animais domésticos – em particular, aos pequenos. Caso exemplar é Samba, o cão que aparece em vários livros de Maria José Dupré.

---

91 Idem, *Bumba, o boneco que quis virar gente*, p.47.

Criado em 1940, Samba é auxiliar importante dos meninos que se perdem no interior da mina de ouro. Aparece também em *O cachorrinho Samba na Bahia* e protagoniza *O cachorrinho Samba*, de 1949, que narra sua história, desde o nascimento até a maturidade. Entre um ponto e outro dessa biografia, o cãozinho passa por maus momentos: desobedece às ordens humanas, sai de casa e acaba se perdendo. Sua luta, que preenche a maior parte do livro, é por voltar, o que, enfim, consegue.

O texto exemplifica as duas características da ficção que recorre a animais como assunto e personagem:

a) o cão simboliza a criança; mais que isso: dá vazão a uma imagem de infância que a considera uma faixa etária frágil e desprotegida, necessitando de amparo permanente e cuidados suplementares. Postula a incompetência da criança para cuidar de si mesma e justifica a intervenção constante do adulto na vida dela;

b) o texto assume posicionamento doutrinário, já que aproveita a ocasião para transmitir ensinamentos morais e incutir atitudes, pregando principalmente a obediência.

Essas marcas aparecem com bastante frequência em outros livros. A fragilidade e desproteção são reiteradas em *Atíria, a borboleta* (1950), de Lúcia Machado de Almeida, no qual a heroína, identificada no título, possui, além de sua delicadeza natural, um defeito de nascença, que a impede de grandes voos. Essa limitação física aparece também em *Aventuras de Xisto*, cujo herói é metamorfoseado, por um tempo, em pássaro, e nas *Estórias do fundo do mar*, protagonizada pela piabinha, o pequeno peixe detetive. Nos livros de Ivan Engler de Almeida, como

A abelhinha feliz (1950) e *O peixinho sonhador* (1968), entre outros, transparece temática similar, reforçada pelos títulos, onde impera o diminutivo. Assim, em *O peixinho sonhador*, o protagonista, que trocara o mundo seguro do aquário pela liberdade do rio, arrepende-se e luta arduamente para recuperar a situação confortável de que dispunha no aconchego do lar.

Na maior parte dos livros, a limitação física traduz-se também de modo especial, porque o lugar ideal de todos esses bichos é a casa. Esta simboliza o círculo doméstico a que os animais (leiam-se: as crianças...) devem se submeter. A desobediência coincide com o desejo de fuga, a que se segue o reconhecimento do erro e o retorno, arrependido e cabisbaixo, ao lugar de origem. *No reino dos bichos* ou *No país da bicharada* (ambos de 1950), de Virgínia Lefèvre, *O macaquinho desobediente*, de Elos Sand, *Os bichos eram diferentes* (1941), de Vicente Guimarães, são narrativas em que a subalternidade é reiterada, com bastante insistência.

Raramente o animal é motivo para a incorporação do folclore. Em *Histórias da mata virgem* (1954), de Ivan Engler de Almeida, ou *Aventuras da bicharada* (1949), de Clemente Luz, há a tentativa de recuperar um acervo lendário que tem nos animais da fauna brasileira os principais agentes de aventuras. Todavia, os textos se ressentem de pesquisa às fontes, preferindo lidar mais uma vez com o material de origem europeia ou com histórias de animais domésticos.

Inspirado no conto de fadas e na fábula, as personagens que tomam a forma animal aparecem em textos comprometidos com a veiculação de valores do mundo adulto e com a consequente puerilização da criança. Procedimento similar ocorre em histórias que conservam a forma primitiva do conto de fadas.

Literatura infantil brasileira

A utilização desse acervo acompanha o desenvolvimento da literatura infantil brasileira, denunciando sua circulação fácil entre o público e justificando a edição de novos textos com características semelhantes. Para tanto, habilitaram-se vários escritores, cujas obras apareceram a partir dos anos 1940: Vicente Guimarães, Luiz Gonzaga de Camargo Fleury, Renato Sêneca Fleury, Virgínia Lefèvre retomam a tradição do conto de fadas europeu, às vezes, utilizando também textos de ambiência oriental, como Luiz Gonzaga de Camargo Fleury, em *O palácio de cristal* (1945), ou, antes dele, Mary Buarque, em *Rosinha chinesa* (1945). Quando criam histórias novas, estas reproduzem modelos tradicionais, segundo uma técnica reiterativa.

A sequência de ações depende do cumprimento de uma tarefa. *Os três irmãos*, de Vicente Guimarães, *Lebrinha de neve*, de Luiz Gonzaga de Camargo Fleury, *O pajem que se tornou rei*, de Renato Sêneca Fleury, *A lagostinha encantada,* de Virgínia Lefèvre, são exemplares: o herói é um jovem aparentemente pouco qualificado para a tarefa de solucionar o conflito principal, o que ele consegue com a ajuda de entidades mágicas benévolas, ascendendo, assim, à posição de candidato à mão da princesa e futuro rei.

A insistência nesse padrão narrativo demonstra mais uma vez a tendência da literatura infantil à produção em série. Além disso, é notável, nesse grupo de obras, a ausência do folclore nacional. A eles recorrem apenas: Hernâni Donato (1922-2012), em *Novas aventuras de Pedro Malasartes* (1949), em que tira proveito das propriedades da personagem, representativa da luta dos fracos contra os poderosos, e *Histórias dos meninos índios* (1951); Teobaldo Miranda Santos (1904-1971), que dá ao patrimônio lendário um conteúdo patriótico em *Mitos e lendas do Brasil* (1958) ou *Contos cívicos do Brasil* (1955); e Lúcia

Machado de Almeida, em *Lendas da terra do ouro* (1949), integradas ao ciclo bandeirante antes examinado.

Igualmente digna de atenção é a ausência de crianças de carne e osso, bem como de coordenadas espaçotemporais, indicadoras da relação dos contos com uma dada realidade histórica. Para preencher essa lacuna, habilita-se um substituto: o boneco animado.

A criação de bonecos tem na Emília, de Lobato, um precedente respeitável na literatura infantil brasileira. E conta com antepassados ilustres: Pinóquio, protagonista do livro de Carlo Collodi, e a boneca de pano Raggedy Ann, criada em 1915 pelo escritor norte-americano Johnny Gruelle (1880-1938). Mas os descendentes dessa tradição, nos anos 1940, como *O bonequinho de massa* (1941), de Mary Buarque, não herdaram a independência de Emília. Manifestam uma posição bastante conformista, como indicam as palavras finais desse livro: "Pensando em tanta coisa boa, Juquinha agradeceu ao seu Anjo da Guarda ter-lhe mostrado naquele sonho o que acontece às crianças desobedientes".[92]

O propósito moralizador e educativo não se restringe a essa história. Em *João Bolinha virou gente*, Vicente Guimarães repete a fórmula, animando o boneco do título e fazendo-o passar por inúmeras dificuldades, que o herói somente consegue superar quando se decide a frequentar a escola com regularidade e a receber uma educação formal.

Bumba, o boneco que quis virar gente (1955), de Jerônimo Monteiro, é ainda tributário dessa tendência. Mas o escritor introduz modificações que particularizam o livro. O narrador,

---

92 M. Buarque, *O bonequinho de massa*, p.32.

Literatura infantil brasileira

como sempre, é um adulto; mas, como apresenta a história em primeira pessoa, é também personagem: trata-se do pai da menina Terezinha, a quem inveja por ter ela acesso ao País dos Bonecos. Procura obter com a garota permissão para visitar o lugar mágico. concedida após o seguinte diálogo:

— Pois bem. Vamos lá. Por onde se vai?
— Por qualquer lugar, papai. Eu o levarei. Mas você tem que me obedecer em tudo!
— Sem dúvida, minha filha. Serei um pai muito obediente.[93]

Fazendo o adulto dependente da criança, Jerônimo Monteiro inverte o estereótipo conhecido; além disso, é a menina quem toma a iniciativa das ações, conseguindo que o rei do País dos Bonecos deixe Bumba, o menino rebelde com sua situação de boneco, se transformar em gente.

Este, por seu turno, representa outra alteração de clichês cristalizados: sua rebeldia, que o torna agressivo, e a prepotência, que o faz explorar o trabalho de outros bonecos, não são alvo de uma atitude moralista. É certo que os dois humanos, o narrador e a menina, invariavelmente desejam convertê-lo ao caminho do bem, mas o fato de que Bumba não se reforme impede que a história seja educativa.

Nesse sentido, Bumba é um anti-Pinóquio, pois não modifica sua personalidade para alcançar favores. Nem o mundo humano é qualificado como superior ou desejável. Bumba quer ser gente para mandar e ser obedecido, oportunizando a Jerônimo Monteiro extravasar, mais uma vez, sua insatisfação

---

93 Monteiro, *Bumba, o boneco que quis virar gente*, p.18.

com o comportamento dos seres humanos. Logo, a história não culmina com o tradicional final feliz: Bumba é destroçado, e Terezinha decepciona-se com a vida mágica dos bonecos (pois a punição do rei é muito dura) e com a atitude consumista das crianças, que destroem rapidamente os brinquedos ganhos no Natal.

Discípulo de Lobato, como reconhece em algumas passagens do livro, Jerônimo Monteiro consegue contornar os perigos decorrentes tanto do tema que escolhe, como do alinhamento a um escritor consagrado, que assumia, naquele contexto, contornos míticos. Mas é quem alcança, como nos livros de aventuras, a recuperação do tempo presente e da personagem criança, dando-lhe a atualidade até então ausente e evitando a puerilidade com que os simulacros dela a revestem.

Embora raras, outras crianças foram personagens na literatura desse período, podendo-se identificar dois tipos. No primeiro deles, uma criança modelar se oferece como exemplo a ser seguido pelo leitor. Em *Precisa-se de um rei*, a personagem de Ofélia e Narbal Fontes, inicialmente revoltada com sua situação infantil, torna-se um menino obediente e disciplinado. Em *Trombão, Trombinha e Serelepe*, de Virgínia Lefèvre, o pequeno Ricardo aprende que, na companhia da imaginação e dos bonecos, ele pode suportar a solidão. Em *Você já foi à Bahia?*, Leonardo Arroyo confere ao protagonista características de estudante-padrão que, ao final do ano escolar, é premiado com uma viagem durante a qual aprende novas lições.

O segundo tipo foge à representação idealizada da criança ao situá-la histórica e geograficamente, como acontece em *Sílvia Pélica na Liberdade*, de Alfredo Mesquita, e *Éramos seis*, de Maria José Dupré.

Literatura infantil brasileira

Ambas as narrativas se aproximam da crônica de costumes. Mesquita, tomando a pequena Sílvia como fio a unir os episódios, narra cenas típicas da vida paulistana na virada do século XIX para o XX: a atividade política dos homens, os programas caseiros das mulheres, os hábitos dos diferentes grupos sociais. O cotidiano da classe média paulista se faz presente também no livro de Maria José Dupré, que salienta a irremediável escassez de dinheiro desse segmento social. O dado é significativo, porque, ao revelar a penúria econômica da pequena burguesia brasileira, a novela rechaça a imagem do progresso e euforia que sua época propalava. Esse desvelamento, todavia, não se faz como denúncia, nem dá margem à revolta de sua vítima maior, D. Lola, a narradora. Pelo contrário, as personagens insubordinadas, como Alfredo, são apresentadas como desajustadas sociais, aventureiras ou eternas insatisfeitas.

Ao recusar qualquer possibilidade de transformação e ao promover como exemplares as personagens mais acomodadas, o livro endossa a situação vigente, ou seja, similar àquela que provoca a dispersão da família e o final solitário de D. Lola. Com isso, a história assume uma atitude conformista, que motiva tão somente a nostalgia da narradora e a recordação saudosista do passado penoso.

Embora lide com semelhante contraste entre o tempo de antes e o de agora, Mesquita repele a atitude nostálgica. Adota distância irônica diante dos hábitos adultos e dá tratamento humorístico à menina do título, Sílvia Pélica. Ao humor, soma-se a oralidade do discurso narrativo, aproximando-o ao caso, conforme indicam os começos de capítulos, o que anula o possível passadismo. Por sua vez, a transformação de cada episódio num quadro, segundo o modelo da linguagem cênica, agiliza e presentifica a ação. Também a representação da infância evita o molde consagrado, pois Sílvia não pode ser definida a partir de uma ótica que divide as crianças entre comportadas e indisciplinadas. A menina tem uma personalidade complexa, entre distraída e esperta, apelando para o recurso que considera mais adequado para resolver as situações em que se envolve.

Dirigidas à infância, as obras aqui citadas tiveram grandes dificuldades para compreender – e para traduzir – o indivíduo que as consumiria por meio da leitura. A tendência principal caracterizou-se pela projeção de uma imagem ideal de criança, pautada pelas expectativas do adulto, que a reduziu à indigência afetiva e intelectual. Disso resulta o reforço da dependência dos mais velhos, isto é, daqueles que geraram a imagem motivadora de identificação.

Raros foram os autores que escaparam a essa orientação, e os que o conseguiram escreveram poucos textos, quase desconhecidos, até marginais. O fato é significativo, porque inverte o que ocorrera no período anterior, quando os êxitos literários – como os de Lobato ou de *Cazuza*, de Viriato Correia – eram também sucesso de público. Essa dissociação entre autor e público talvez explique o aparecimento esporádico e descontínuo de obras renovadoras; mas o desestímulo pode ter decorrido do choque com a tendência geral, patrocinadora de personagens idealizadas, seguidamente policiadas pela ética adulta.

A solução para essa dúvida dá-se fora do âmbito da literatura e dentro da sociologia da leitura, pois grande parte das obras pertencentes ao paradigma dominante até o final dos anos 1950 continuou, em décadas subsequentes, a circular no mercado livreiro nacional. A que se deveu isto: ao fato de, ainda assim, terem agradado aos pequenos? Ou porque satisfizeram principalmente os adultos, que se valeram dos textos como veículo de manipulação da criança e motivação da dependência infantil? Ou ainda porque, sendo eles encontráveis no mercado, os leitores consumiram-nos e, por inércia, garantiram sua circulação maciça?

As respostas talvez estejam nas mãos de uma sociologia da leitura ainda por constituir-se; de todo modo, não pertencem à história, nem à crítica literária. Mas, como lição para essas duas áreas, mostram que a qualidade não é condição do consumo, nem a crítica, filtro do mercado. Limitações da teoria da literatura, algumas mais fortes talvez que as limitações artísticas das obras que examina.

6.7. Os vultos da história

Glória a todas as lutas inglórias
Que através da nossa história
Não esquecemos jamais
Salve o Navegante Negro
Que tem por monumento
As pedras pisadas do cais

João Bosco[94]

O passado brasileiro, em especial o período colonial, foi um assunto que alimentou a literatura brasileira para crianças até 1950, tornando-se desde então bem menos frequente.

---

94 Bosco, Mestre-sala dos mares. Disponível em: <https://www.letras. mus.br/joao-bosco/663976/>. Acesso em: 10 fev. 2022.

Talvez o fato se devesse à saturação de um tema que oferecia menores chances de invenção. Contudo, ainda obteve meios de proporcionar uma variação: a biografia, a cuja redação se voltaram principalmente Renato Sêneca Fleury, Ofelia e Narbal Fontes, e Clemente Luz que, em *Infância humilde de grandes homens*, oportuniza o conhecimento da vida de vultos da pátria de procedência social menos afortunada.

Nos diferentes livros, a finalidade parece ser uma só: organizar um elenco de nomes ilustres que reforce o sentimento patriótico e sirva de exemplo aos leitores. Nesse sentido, tais textos também cumprem a missão mencionada a propósito das demais narrativas estudadas: a apresentação de modelos de ação a serem copiados pelas crianças.

Por essa razão, Clemente Luz detém-se na infância, reproduzindo, nos livros, a faixa etária dos consumidores; e, como o meio onde essas obras circularam era preferencialmente a escola, talvez reproduzisse também a situação econômica e social deles.

O livro mostra que, embora pobre (e preto, já que vários heróis descendem de escravizados), um homem pode vir a tornar-se célebre. Oferece ao leitor humilde uma saída compensatória; e consegue discutir a pobreza, sem criticar a sociedade, pois ela aparece como a condição natural de alguns indivíduos, e não fruto de um desequilíbrio social. A visão do narrador perante as personagens – pequenas e pobres – é paternalista, como se pode examinar no retrato do menino Machado de Assis:

> O menino chamava-se Joaquim Maria. Era feio e doentinho. Sua magreza espantava a todos. Suas constantes crises preocupavam demasiadamente a mãe, a mulata Maria Leopoldina. O pai,

que se chamava Francisco José de Assis, sentia-se triste, quando via no filho aquela fraqueza, aquela doença incurável.[95]

Reduzindo a história nacional às biografias, acaba confundindo-a com indivíduos, e não com grupos sociais ou fatos. Estes transparecem apenas de modo indireto, servindo para comprovar as qualidades que os heróis mostravam desde cedo, na vida e no texto. Isso talvez explique a raridade de livros voltados à narração de eventos posteriores à Independência, sendo um dos poucos exemplos a obra de Francisco Marins, *A aldeia sagrada* (1953), em que é apresentado o episódio de Canudos.

Essa obra se particulariza por outros aspectos: tematiza um acontecimento da então recente história republicana, e não do passado colonial. Mais do que isso: trata de uma revolta popular, desencadeada na Bahia. Todavia, a opção de Marins não é pela ótica dos revoltosos. É certo que o narrador escolhido é um camponês, morador do acampamento comandado por Antônio Conselheiro. Mas o ponto de vista interno é utilizado para que o líder religioso seja criticado e denunciado por um de seus possíveis adeptos. Assim, a revolta qualifica-se como fruto do fanatismo de alguns, aqueles que conduzem a massa ao genocídio enquanto o exército que arrasa Canudos restabelece a ordem e a paz.

Nada mais avesso à perspectiva do grupo que o narrador deveria corporificar. Contudo, por utilizar testemunha interna, narrando o episódio na voz de um camponês, Marins procura tornar sua tese mais verossímil. Fazendo-o, no entanto, ele não concretiza a mudança no modo de narrar a história nacional,

---

95 Luz, *Infância humilde de grandes homens*, p.9.

subversão a que apontavam o tema, a posição do narrador e o ponto de vista adotado.

Se, por um lado, a narrativa da história confinou-se à produção de biografias, de outro, abriu-se à apresentação de assuntos não mais diretamente ligados ao passado brasileiro. A história universal oferecia um material promissor, de que se valeram Virgínia Lefèvre, Francisco Marins e Baltazar Godói Moreira. A primeira escreve sobre Alexandre Magno, em *O príncipe invencível* (1948), cavaleiros medievais, em *Uma aventura na Idade Média*, e Colombo, em *A conquista do mar Oceano*. Marins conta o périplo de Fernão Magalhães, em *Viagem ao mundo desconhecido* (1951). Godói Moreira, em *O castelo dos três pendões*, utiliza, como pano de fundo, as façanhas de Vasco da Gama na África e na Ásia, sob a liderança política de D. Manuel I (1469-1521), em Portugal.

A enumeração dá a perceber a preferência pelos episódios marítimos, por serem os mais aptos à narrativa de aventuras. Quando os heróis não são os descobridores, despontam os conquistadores, como Alexandre Magno. Assim, esses textos localizam, no plano da história universal, a temática predominante nas epopeias bandeirantes. Colombo, Alexandre, Fernão de Magalhães convertem-se na versão internacional dos desbravadores locais, servindo simultaneamente como seus precursores e paradigma.

Também no relato histórico sobejam os heróis que lideram expedições rumo a horizontes desconhecidos, refletindo, ainda uma vez, uma aspiração que transcendia o campo da literatura infantil. Como prevalece uma visão da história segundo a qual os acontecimentos mais importantes decorrem unicamente da decisão de indivíduos de talento, justifica-se a abundância, na época, de biografias.

Literatura infantil brasileira

Deixando de ser uma vertente relevante da literatura infantil do período, o relato histórico reproduz e reforça a inclinação mais geral que o gênero adota, mostrando sua unidade e identidade na utilização de processos literários e valores.

6.8. Observações finais

O processo de modernização da sociedade brasileira que se deu a partir do estímulo ao crescimento industrial e à urbanização beneficiou a cultura brasileira, na medida em que proporcionou condições de produção, circulação e consumo dos bens de que aquela se constituía. A literatura infantil também foi favorecida, já que a indústria de livros se solidificou e a escola, cujo resultado mais imediato é o acesso à leitura, expandiu-se. Quando a concepção de desenvolvimento do Brasil foi condicionada à aceleração do projeto de industrialização, a literatura infantil viu-se envolvida mais diretamente, a ponto de confundir-se com a meta proposta: textos foram escritos segundo o modelo da produção em série, e o escritor foi reduzido à situação de operário, fabricando, disciplinadamente, o objeto segundo as exigências do mercado.

Essas expectativas não eram necessariamente as do consumidor final – o pequeno leitor –, e sim das instâncias que se colocavam como mediadoras entre o livro e a leitura: a família, a escola, o Estado, enfim, o mundo adulto, nas suas diferentes esferas, desde a mais privada até a mais pública. Por sua vez, elas se mostravam harmônicas e integradas, o que lhes permitiu forjar uma imagem de si e do país que figura ainda como uma página importante no capítulo da história das ideologias no Brasil. Pertenceram a essa imagem os traços a seguir discriminados.

O Brasil é considerado país de vocação agrícola, o que resgata, *a posteriori*, o programa de Thales de Andrade e toma, de forma literal, o que Lobato manifestara metaforicamente no sítio do Picapau Amarelo. A vida rural, embora arcaica e decadente, é idealizada, impedindo o questionamento de sua organização e a viabilidade de sua permanência.

Em decorrência, a vida urbana é ignorada; mas também é o local onde moram habitualmente as personagens principais, que se deslocam ao campo ou à selva em busca de emoções ou aventuras. A cidade aparece indiretamente: sua população é constituída pelos protagonistas das histórias, cuja existência cotidiana é prosaica, comprimida entre a casa e a escola. Superior a ambas é o espaço da fazenda, longe dos pais e professores. A alusão à atividade urbana acentua a idealização do campo, alçado à condição de paraíso perdido, mas reencontrado numa situação idílica: férias ou expedições aventureiras.

Essas últimas, todavia, não prescindem do controle do adulto, que retorna na figura dos guias dos pequenos heróis, dos solucionadores de problemas graves ou dos líderes das excursões às regiões mais perigosas. Da trajetória grandiosa dos bandeirantes ao humilde retorno dos animais domésticos ao lar, o acento recai, via de regra, sobre o caráter hierarquicamente superior e moralmente confiável dos mais velhos, a quem os mais moços e frágeis devem submeter-se para o próprio bem.

Portanto, o Brasil histórico e moderno pode não se reconhecer nessa imagem, mas os adultos, sim. A escola e a família podem ser instituições avessas à aventura e à emoção, mas detêm a palavra final, consistindo nos baluartes seguros que garantem aos pequenos protagonistas os requisitos fundamentais para sua sobrevivência. Eis como se restabelece o domínio das pessoas

Literatura infantil brasileira

de mais idade e dos objetos culturais, como os livros, qualificados, todos, como depositários do conhecimento e da sabedoria.

É obliquamente que certos valores afloram: o pedagogismo, resultado da supremacia da personagem mais madura e das entidades através das quais ela se expressa, quais sejam, a escola e a família; e o elitismo burguês. O mundo adulto representado coincide com a situação dos grupos economicamente privilegiados, isto é, os que podem sustentar férias no campo, excursões à floresta virgem, comprar terras no interior e animais de raça.

A maneira indireta com que o mundo histórico é representado define como ele é encarado. Na maior parte das vezes, as obras traduzem a ótica da classe burguesa, enriquecida com a modernização do país, mas identificada com valores tradicionais, quais sejam, o culto à autoridade (legitimado pelo pedagogismo dos textos) e ao passado. Por essa razão, as personagens urbanas, oriundas de um meio rico, convivem harmonicamente com o ambiente rural, no qual se refugiam por um tempo. A aliança entre eles retrata o pacto social, efetuado entre grupos tradicionais e grupos emergentes, assim como as regras que estabelecem entre si.

A literatura infantil não precisou situar a ação no meio urbano, nem atualizar a cena, para esboçar o contorno do Brasil moderno. Para tanto, deu vazão ao modo como era concebida a modernização, que evitava cautelosamente qualquer ruptura entre segmentos social e economicamente dominantes. Os livros jamais interrogam o processo, mas, como se comprometem em excesso com a tradição passadista de uma camada decadente, deixam escapar as rachaduras da ideologia que propagam.

Por esses intervalos uma outra situação emerge, insuficiente, contudo, para iluminar amplamente o quadro histórico e social daquela época.

É porque o moderno aflora à revelia que fica patente a ótica antimodernista, caudatária, no plano literário, do formalismo da geração de 1945 e de seu posicionamento avesso ao experimentalismo. A opção por um padrão culto no que se refere ao emprego da língua portuguesa na narração e nos diálogos, bem como a atitude discriminatória perante a fala regional dos grupos mais humildes, endossam a postura normativa e autoritária, igualmente manifestada pela literatura infantil no plano temático. A recusa à inovação e o recuo perante a oralidade, conquistada por escritores como Graciliano Ramos e Monteiro Lobato nas décadas anteriores, comprometem a literatura com uma perspectiva conservadora que, se está afinada à tônica literária em evidência, representa um retrocesso em relação ao patamar atingido antes pelo gênero.

O antimodernismo da perspectiva literária não destoa da norma dominante em muitos setores da arte brasileira. Além disso, coincide com outra inspiração da época: a rejeição do nacionalismo no que este representou de pesquisa e aproveitamento das raízes brasileiras como motivo para criação. Esse trabalho marcou de modo intenso as décadas anteriores, até tornar-se emblemático delas. Recusá-lo não era apenas recusar esse projeto literário, mas também o que ele significava. Como agora se tratava de civilizar o Brasil primitivo, para integrar suas riquezas naturais ao novo projeto desenvolvimentista, urgia substituir os resíduos daquele por outros fatores, de preferência o apelo aos heróis colonizadores e a negação das figuras originais – como o caboclo ou o indígena – que corporificavam o primitivismo indesejável.

Assim, apesar do ufanismo que comportam, as epopeias bandeirantes ou os livros de história dilapidam o primitivo – vale dizer, aquilo que em outra época encarnara o Brasil.

É notável que possam fazê-lo, conciliando com o elogio ao arcaísmo verificável porque, nesses ambientes, indígenas e caboclos foram previamente exterminados ou submetidos pelos primeiros colonizadores e atuais proprietários.

Também por esse aspecto a literatura infantil se adequa aos ideais civilizadores do período, que buscavam um padrão de qualidade cosmopolita, incompatível com a sobrevivência de marcas da ancestralidade. Trata-se de um nacionalismo desenvolvimentista, peculiar à época, que se abria às influências estrangeiras com a mesma generosidade com que se oferecia, enquanto mercado apetecível, aos investimentos dos capitais internacionais.

É como fruto e motor da ideologia desse período que os textos destinados à infância e juventude podem ser encarados. Por isso, não denunciam uma realidade, mas a encobrem, sem deixar de transmitir ao leitor os valores que endossam. A conduta, por escapista, mostra-se reveladora; contudo, é dela que proveio a eficiência do gênero. Este perdurou e tomou corpo, adquiriu solidez e deu segurança aos investidores, em virtude da utilidade que demonstrou e da obediência com que seguiu as normas vigentes.

Sobrevivendo por se sujeitar a interesses que a razão não pode condenar, a literatura infantil expressou a face material da cultura: as concessões e contradições que a permeiam, enquanto condição de participar da história e atuar na sociedade, o que a faz elemento decisivo do sistema literário no modo como o define Antonio Candido.[96]

---

96 Cf. Candido, Literatura e vida social. In: *Literatura e sociedade*, 2019.

7
Indústria cultural & renovação literária
(1960-1980)

Que coisa é o livro? Que contém na sua
frágil arquitetura aparente?
São palavras, apenas, ou é a nua
exposição de uma alma confidente?
De que lenho brotou? Que nobre instinto
da prensa fez surgir esta obra de arte
que vive junto a nós, sente o que sinto
e vai clareando o mundo em toda parte?

Carlos Drummond de Andrade[97]

Livros são papéis pintados com tinta.

Fernando Pessoa[98]

7.1. Escritores do período

Nos anos 1960, multiplicam-se instituições e programas
voltados para o fomento da leitura e a discussão da literatura

---

97 C. D. Andrade, A José Olympio. In: *Poesia completa e prosa*, p.586.
98 Pessoa, Liberdade. In: *Poesia completa*, p.188.

infantil. É por essa época que nascem instituições como a Fundação do Livro Escolar (FLE, 1966), a Fundação Nacional do Livro Infantil e Juvenil (FNLIJ, 1968), o Centro de Estudos de Literatura Infantil e Juvenil (CELIJU, 1973), as várias Associações de Professores de Língua e Literatura, entre as quais a Associação de Leitura do Brasil (ALB), de 1981, além da Academia Brasileira de Literatura Infantil e Juvenil, criada em São Paulo, em 1979.

Ao longo dos anos 1970, o então ativo Instituto Nacional do Livro (fundado em 1937 e extinto em 1991) editou, a partir de convênios, expressivo número de obras infantis e juvenis, o que representou, do ponto de vista do Estado, um investimento bastante significativo na produção de textos voltados para população escolar, cujo baixo índice de leitura, por essa mesma época, começava a preocupar autoridades educacionais, professores e editores.

A mobilização do Estado, apoiando e agilizando entidades envolvidas com livros e leitura, correspondeu, no plano da iniciativa privada, ao investimento de grandes capitais em literatura infantil, quer inovando sua veiculação (agora também confiada a revistas e livros vendidos em bancas ou diretamente comercializados em colégios), quer aumentando o número e o ritmo de lançamento de títulos novos. Outra forma de adequação a esse mercado ávido, porém desabituado da leitura, foi a inclusão, em livros dirigidos à escola, de instruções e sugestões didáticas: fichas de leitura, questionários, roteiros de compreensão de texto marcaram o destino escolar de grande parte dos livros infantojuvenis a partir de então lançados, quando também se tornaram comuns as visitas de autores a escolas, onde discutiam sua obra com os alunos.

Literatura infantil brasileira

O reflexo da nova situação não se fez esperar: traduziu-se no desenvolvimento de um comércio especializado, incentivando, nos maiores centros, a abertura de livrarias organizadas em função do público infantil e atraiu, para o campo dos livros para crianças, grande número de escritores e artistas gráficos que, com mais rapidez que muitos de seus colegas dedicados exclusivamente ao público não infantil, profissionalizaram-se no ramo.

Muitos autores, inclusive já consagrados, não desprezaram a oportunidade de inserir-se nesse promissor mercado de livros, o que trouxe para as letras infantis o respeito de figuras como Mário Quintana, Cecília Meireles, Vinicius de Moraes e Clarice Lispector.

Assim, não é de se estranhar que, mais do que em qualquer época anterior, a produção literária infantil brasileira tenha passado a contar, a partir da década de 1970, com tantos autores e títulos, que deixam a perder de vista os 605 trabalhos que Lourenço Filho registra no balanço que faz, em 1942, da literatura infantil de seu tempo.

Livros infantis, desde então, constituem um próspero segmento de nossas letras. Cresceu o prestígio do autor nacional, e os títulos brasileiros impuseram-se. Entre 1975 e 1978, por exemplo, de um total de 1.890 títulos, 50,4% corresponderam a traduções (953 títulos), enquanto 46,6% foram textos nacionais.[99] Essas percentagens, comparadas às cifras mencionadas por Lourenço Filho a propósito dos anos 1940, quando o total de traduções ultrapassava 70% do conjunto, parecem indicar que, ao contrário do que sucedia em outras áreas da

---

99 Dados da Fundação Nacional do Livro Infantil e Juvenil.

produção cultural brasileira, no setor de livros destinados à infância o material brasileiro conquistou espaços progressivamente maiores.

A produção maciça de obras para crianças inseriu-se num contexto social, político e econômico que favoreceu um modo de produção bastante moderno e condizente com a etapa do capitalismo que os anos 1960 inauguraram no Brasil. Desde os tempos de Monteiro Lobato, a literatura infantil é pioneira na incorporação do texto literário a instâncias que modernizam sua forma de produção e circulação. A partir de então, ao responder adequadamente ao desafio de atualização da produção cultural, a literatura infantil brasileira assumiu um dos traços mais fortes da herança lobatiana.

O fato de os livros para crianças serem produzidos dentro de um sistema editorial mais moderno implicou regularidade de lançamento no mercado e agenciamento de todos os recursos disponíveis para criação e manutenção de um público fiel. Como consequência, alguns escritores passaram a lançar vários livros por ano, perfazendo dezenas de títulos que, independentemente da qualidade, garantiam seu consumo graças à obrigatoriedade da leitura e à agressividade das editoras.

Ao lado dessas, porém, inspiradas pela necessidade de produção industrial, outras soluções seguiram na esteira lobatiana, tal como o reforço da produção por séries, isto é, grupos de obras que repetem, ao longo de vários títulos, personagens ou cenários. Depois de Lobato, que não abandona o sítio de Dona Benta, nem seus netos e moradores, vários escritores contemporâneos reproduzem figuras e ambientes, fazendo sua obra correr o risco da redundância e aproximar-se da cultura de massa. É o caso (para ficar em exemplos que souberam

Literatura infantil brasileira

evitar a massificação) dos livros de Edy Lima (1924-2021) – *A vaca voadora*, 1972; *A vaca deslumbrada*, 1973; *A vaca na selva*, 1973; *A vaca proibida*, 1975; *A vaca submarina*, 1975; *A vaca invisível*, 1976; *A vaca misteriosa*, 1977 – e de João Carlos Marinho que, a partir de *O gênio do crime* (1969), renova a circulação de sua turma de personagens modelados pela alta classe média paulista em *O caneco de prata* (1971), a que sucederam, até 1990, *Sangue fresco* (1982), *O livro de Berenice* (1984), *Berenice detetive* (1987) e *Berenice contra o maníaco janeloso* (1990).

A literatura infantil brasileira, ao longo do período, reatou pontas com a tradição lobatiana também por outras vias. Por exemplo, pela inversão a que submete os conteúdos mais típicos da literatura infantil. Essa tendência contestadora se manifesta com clareza na ficção que envereda pela temática urbana, focalizando o Brasil contemporâneo, seus impasses e suas crises.

Nesse percurso de urbanização, o sinal de partida é dado por Isa Silveira Leal (1910-1988) e sua série de Glorinhas: *Glorinha* (1958), *Glorinha e o mar* (1962), *Glorinha bandeirante* (1964), *Glorinha e a quermesse* (1965), *Glorinha radioamadora* (1970).

Se o Brasil das Glorinhas já é urbano, só com *Justino, o retirante* (1970), de Odette de Barros Mott (1913-1998), a literatura infantil brasileira passou a apontar crises e problemas da sociedade de seu tempo. A partir dessa obra, a tematização da pobreza, da miséria, da injustiça, da marginalização, do autoritarismo e dos preconceitos torna-se irreversível e progressivamente mais amarga. Na história de Justino em 1970 ainda havia a alternativa da fuga à seca nordestina, porém *A rosa dos ventos* (1972), também de Odette de Barros Mott, é menos otimista: Luís, morador da periferia paulistana, ao contrário das personagens típicas dessa escritora, não é feliz para o resto da vida; na derradeira cena, sua dependência das drogas é a medida de sua derrota.

Incorpora-se progressivamente a crítica mais radical da sociedade brasileira contemporânea, tematizada principalmente através da exposição da miséria e do sofrimento infantil. E exprime-se na representação realista do contexto social, a partir de 1977, com *Pivete*, de Henry Correia de Araújo (1940-1999), muito embora antes e depois dessa obra vários livros aludam à marginalização e pobreza: *A transa amazônica* (1973), de Odette de Barros Mott; *Lando das ruas* (1975), de Carlos de Marigny; *A casa da madrinha* (1978), de Lygia Bojunga Nunes; *Coisas de menino* (1979), de Eliane Ganem; *Os meninos da rua da Praia* (1979), de Sérgio Capparelli.

Pivete fez parte da Coleção do Pinto, lançada em 1975 pela editora Comunicação: parece ter cabido a essa empresa a consolidação (mesmo que ao preço de um certo escândalo) de uma literatura infantil comprometida com a tradução realista e às vezes violenta da vida social brasileira. O resultado foi um esforço programado de abordar temas até então considerados tabus e impróprios para menores. *O menino e o pinto do menino* (1975), de Wander Piroli (1931-2006), inaugura a coleção e a moda, expondo a baixa qualidade de vida num condomínio apertado. No ano seguinte, *Os rios morrem de sede*, também de Piroli, aponta a poluição da natureza como decorrência da urbanização desenfreada. A partir daí, várias obras se ocupam da representação de situações até então evitadas na literatura infantil: *O dia de ver meu pai* (1977), de Vivina de Assis Viana, trata da separação conjugal, e *Cão vivo leão morto* (1980), de Ary Quintella (1933-1999), do extermínio dos índios. Ao abrigo de outras editoras, *Iniciação* (1981) e *Zero zero alpiste* (1978), ambos de Mirna Pinsky, focalizam, respectivamente, o amadurecimento sexual de uma menina e a repressão social ao choro do menino. Por sua vez, *Xixi na cama* (1979), de Drummond Amorim, e *Nó na garganta* (1979), de Mirna Pinsky, abordam o preconceito racial. *Vovô fugiu de casa* (1981), de Sergio Caparelli, trata da marginalização dos idosos. E assim por diante, num rodopio que fez submergir a velha prática de privilegiar nos livros infantis apenas situações não problemáticas. Com isso, submergiu também o compromisso do livro infantil com valores autoritários, conservadores e maniqueístas.

Assim, a imagem exemplar da criança obediente e passiva diante da rotina escolar sai bastante desgastada de *A fada que tinha ideias* (1971), de Fernanda Lopes de Almeida. É o próprio mundo fantástico tradicional que sofre uma revisão drástica em obras como *Soprinho* (1973), igualmente de Fernanda Lopes de Almeida, *A breve história de Asdrúbal, o terrível* (1971), de Elvira Vigna (1947-2017), *A fada desencantada* (1975), de Eliane Ganem, *História meio ao contrário* (1979), de Ana Maria Machado, e *Onde tem bruxa tem fada* (1979), de Bartolomeu Campos Queirós (1944-2012).

A linha social da narrativa infantil dos anos 1970 teve desdobramentos importantes, que a fizeram debruçar-se, por exemplo, sobre a perda de identidade infantil: nos apertos da vida de uma família pobre e impaciente, como a retratada em *A bolsa amarela* (1976), de Lygia Bojunga Nunes, nas perplexidades de um menino a quem a separação dos pais deixa inseguro e dividido, em *O dia de ver meu pai* (1977), de Vivina de Assis Viana, na menina órfã de *Corda bamba* (1979), de Lygia Bojunga Nunes, têm-se histórias que internalizam, na personagem infantil, as várias crises do mundo social.

Em *O reizinho mandão* (1978), de Ruth Rocha, e em *História meio ao contrário* (1979), de Ana Maria Machado, delineavam-

-se as balizas que norteavam uma fração bastante significativa dessa ficção infantil mais renovadora do período. Na irreverência de Ruth Rocha, em suas histórias irônicas que têm o contorno nítido da fábula e da alegoria, estruturas que, de forma menos ou mais ortodoxa, manifestam-se também em *Os colegas* (1972), *Angélica* (1975) e *O sofá estampado* (1980), todos de Lygia Bojunga Nunes, e *Uma estranha aventura em Talalai* (1980), de Joel Rufino dos Santos (1941-2015), estão as marcas de um texto que se quer libertário. E em Ana Maria Machado a proposta explícita de uma história de fadas invertida, onde o príncipe se casa com a pastora e a princesa vai cuidar da sua vida, pode ser considerada o emblema do que pretende essa narrativa infantil moderna.

A industrialização da cultura, além de afetar o modo de produção do livro infantil à época, favoreceu também alguns gêneros e temas, como a ficção científica e o mistério policial. Nessa linha, muitos dos livros integrantes de coleções são histórias de ficção científica ou novelas policiais, como *O gênio do crime*, de João Carlos Marinho, ou *A vaca voadora*, de Edy Lima. Igualmente aventuras de detetives são as obras de Luís de Santiago (pseudônimo de Hélio do Soveral, 1918-2001): *Operação a vaca vai pro brejo*, *Operação a falsa baiana*; ou os de Lino Fortuna (pseudônimo de Carlos Heitor Cony): *Toquinho ataca na televisão*, *Toquinho banca o detetive*, *Toquinho contra o bandido da luz vermelha* ou *Toquinho contra o supergênio*, todos de 1973. Similar enquadramento vale para as criações de Stella Carr (1932-2008): *O caso da estranha fotografia* (1977), *O enigma do autódromo de Interlagos* (1978), *O incrível roubo da loteca* (1978), *O fantástico homem do metrô* (1979), *O caso do saboteador de Angra* (1980).

Os livros infantis desse período manifestavam ainda outro traço de modernidade: a ênfase em aspectos gráficos, não mais

Literatura infantil brasileira

percebidos como subsidiários do texto, e sim como elemento autônomo, praticamente autossuficiente. Isso ocorre em certos momentos de *O caneco de prata* (1971), de João Carlos Marinho, onde letras e palavras, abandonando a linearidade peculiar à linguagem verbal, estruturam-se em grafites e caligramas. Também em *Chapeuzinho Amarelo* (1979), de Chico Buarque com programação visual de Donatella Berlendis (1938-2002), letras e palavras se encorpam e configuram visualmente o significado do texto. Mas é principalmente por meio de obras como *Flicts* (1969), de Ziraldo, *Domingo de manhã* (1976) e *Ida e volta* (1976), de Juarez Machado, *O ponto* (1978), de Ciça e Zélio, *Depois que todo mundo dormiu* (1979), de Eduardo Piochi, e *O menino maluquinho* (1980), de Ziraldo, que os livros infantis brasileiros passaram a ter o visual como centro, e não mais como ilustração ou reforço de significados confiados à linguagem verbal.

Enquanto linhagem literária, no polo oposto do mistério policial e da ficção científica, a poesia para crianças desenvolveu-se consideravelmente no decorrer dos anos 1960-1980. Aparentemente, foi apenas nesse período que ela incorporou as conquistas da poética modernista, a partir de obras como *A televisão da bicharada* (1962) e *A dança dos picapaus* (1976), de Sidônio Muralha (1920-1982), *Ou isto ou aquilo* (1964), de Cecília Meireles, *Pé de Pilão* (1968), de Mário Quintana, *Os bichos no céu* (1973), de Odylo Costa Filho (1914-1979), *O peixe e o pássaro* (1974), de Bartolomeu Campos Queirós, *A arca de Noé* (1974), de Vinicius de Moraes, *Chapeuzinho Amarelo* (1979), de Chico Buarque.

Ao lado e além de todas essas tendências, algumas obras infantis do período apontaram para outros caminhos que sugeriam o esgotamento da representação realista. Os livros de Clarice Lispector *A vida íntima de Laura* (1974), *O mistério do coelho pensante* (1967), *A mulher que matou os peixes* (1968) e *Quase de verdade* (1978) trouxeram para a literatura infantil a perplexidade e a insegurança do narrador moderno. *Uma ideia toda azul* (1979), de Marina Colasanti, revigorou o fantástico com requintes de surrealismo e magia. *O misterioso rapto de Flor--do-Sereno* (1979), de Haroldo Bruno (1922-1982), deu novo sentido à utilização, na literatura infantil, de formas da literatura popular, e João Carlos Marinho, ampliando a violência, chega ao *nonsense* e ao surrealismo. Todos esses autores e obras apontam o encerramento do ciclo em que a literatura infantil pautou-se pela representação desmistificadora do real.

Contextualizando, permeando e muitas vezes explicando essas tendências da nossa literatura infantil, a sociedade brasileira dos anos 1960 e 1970, por meio do golpe civil-militar de 1964, estreitou e atualizou a dependência do país ao mundo ocidental capitalista.

7.2. Tempos de modernização capitalista

> *Porque gado a gente marca*
> *Tange, ferra, engorda e mata*
> *Mas com gente é diferente*
> Geraldo Vandré[100]

No início da década de 1960, parece ocorrer um fracionamento no interior da classe dominante brasileira. À tradicional

---

100 Vandré, Disparada. Disponível em: <https://www.letras.mus.br/geraldo-vandre/46166/>. Acesso em: 10 fev. 2022.

Literatura infantil brasileira

burguesia agrária – tida como conservadora e retrógrada – opunha-se um segmento – a burguesia industrial, tida como progressista e nacionalista. Para esse segmento, diante das novas configurações que assumia o capitalismo internacional, a superação das estruturas arcaicas do país era fundamental para seu fortalecimento, no interior da classe dominante, na luta pelo poder.

Nos tempos da presidência de João Goulart, entre 1961 e 1964, a mobilização popular em torno das palavras de ordem nacionalistas e anti-imperialistas contava com a tolerância desses setores da burguesia nacional, aos quais interessava uma relativa modernização das nossas estruturas sociais.

Foi o que bastou como estímulo político e econômico para que intelectuais e artistas formulassem no pensamento brasileiro, e alargassem essa influência para a arte, uma sustentação cultural ideológica necessária à generalizada mobilização esquerdizante. Esta, no governo de Jango, assustou as parcelas mais conservadoras da sociedade, precipitando uma aliança destas com o imperialismo internacional, sob os aplausos das atemorizadas classes médias.

O projeto mais amplo de reformulação de estruturas sociais foi aos poucos se traduzindo em reivindicações específicas, algumas delas endossadas pelo próprio governo, como as reformas de base, que incluíam a reforma agrária e a limitação da remessa de lucros para fora do país. Como se vê, dois assuntos que interferiam diretamente nos interesses tanto das camadas agrárias quanto do capital estrangeiro aqui investido. A capacidade de mobilização desses dois segmentos, aliados ao Exército e contando com a adesão das classes médias, fez com que um dos últimos atos de Jango fosse a assinatura da lei que limitava a remessa de lucros para o exterior. Em 31 de março de 1964, um golpe de Estado pôs fim ao modelo presidencialista que, constitucionalmente, vinha regendo o país.

É ao Marechal Humberto de Alencar Castelo Branco (1897-1967), inaugurando uma sequência de presidentes militares, que coube a realização de reformas políticas e institucionais que viabilizaram o novo projeto das classes dominantes. Os rumos nacionalistas foram sustados, substituídos por um nítido alinhamento do Brasil com a política norte-americana e sua inclusão no rol das nações periféricas do capitalismo e dele dependentes. Como metas prioritárias, internamente o governo dedicou-se à captação de recursos e, externamente, recorreu a frequentes empréstimos.

Com o objetivo de criar um aparelho político-administrativo mais adequado ao novo perfil pretendido para a sociedade brasileira, em 1966 cassaram-se mandatos de representantes de oposição, decretaram-se eleições indiretas para os governos estaduais e, um ano depois, promulgou-se nova constituição. Todas essas medidas, no entanto, foram tidas como insuficientes para garantir a nova ordem: a resistência organizou-se e manifestou-se por meio de protestos de políticos, que levantaram a voz nos intervalos dos vários recessos parlamentares, e da formação de uma frente ampla que somou, em 1967, as forças dos líderes Juscelino Kubitschek de Oliveira, ex-presidente do país, e Carlos Lacerda (1914-1977), ex-governador do estado da Guanabara. No mesmo sentido, multiplicaram-se passeatas estudantis contra o governo, e alguns partidos de esquerda optaram pela ação armada.

Literatura infantil brasileira

A resposta do governo a protestos e reivindicações foi o endurecimento progressivo, que se valeu de todos os meios: do aprimoramento exaustivo das engrenagens político-administrativas com o qual se legitimava ao fortalecimento ilimitado do aparelho repressor com o qual aniquilava e amedrontava os opositores internos. Com a assinatura do Ato Institucional nº 5, em 1968, o governo fez os últimos ajustes essenciais para a manutenção e o exercício do poder, que se voltava para a consolidação dos interesses da burguesia.

O Brasil ingressa na década de 1970 dando prosseguimento à execução dos acordos firmados com organismos internacionais em nome do desenvolvimento. Uma das áreas mais afetadas por tais acordos é a educacional, para cuja reforma convergem técnicas e verbas norte-americanas. O novo modelo de ensino é burocrático e profissionalizante, enfatizando a formação de técnicos de nível médio e favorecendo, no âmbito superior, a proliferação de escolas particulares que oferecem, por intermédio de uma instrução de baixa qualidade, a ilusão do *status* universitário.

É sob o comando do general Emílio Garrastazu Médici (1905-1985) que se fizeram mais visíveis as alterações em prol das quais ocorreu o movimento militar de 1964. Muito embora prosseguissem a luta armada das oposições, os assaltos a bancos para financiar a luta revolucionária e o sequestro de embaixadores trocados por presos políticos, o Brasil, entre 1970 e 1973, viveu uma fase de modernização capitalista acelerada e irreversível, mediada por intensa repressão policial.

São os anos do "milagre brasileiro", de vultosos empréstimos externos, da expansão da indústria automobilística e da construção civil, de projetos de envergadura da Transamazônica e de Itaipu. Com o crescimento do mercado interno, favorecido por uma política econômica que moderniza o sistema de crédito e estimula as exportações, as ações sobem vertiginosamente na Bolsa. Com isso, certas frações da classe média brasileira desfrutam de um desafogo econômico temporário, ao mesmo tempo que o arrocho salarial aperta as classes mais baixas.

A superficialidade com que o "milagre brasileiro" afetou as condições de vida do país, a parcialidade com que beneficiou apenas e temporariamente uma pequena fração da população brasileira, somadas à emergência de uma crise internacional do capitalismo – tudo isso fez com que não se calassem os protestos contra o governo. Crescia a insatisfação política amparada por uma série de publicações semiclandestinas que veiculavam críticas à orientação política do país que arcava, agora, com o reverso do milagre: o achatamento salarial, a pauperização da classe média, o endividamento externo e uma imagem desgastada do governo.

Do meio para o fim da década de 1970, a morte de vários prisioneiros em dependências policiais, além de movimentos populares contra a carestia e em defesa da anistia contabilizam créditos para a oposição. No mesmo sentido trabalha também a necessidade de o governo apresentar externamente uma imagem mais democrática – essencial para o fortalecimento da posição de exportadores para certos países com partidos liberais no poder.

Somem-se a isso as sucessivas rearticulações do movimento operário e estudantil, além do agravamento da crise econômica mundial, e serão encontrados os elementos que forçaram uma reorganização do regime brasileiro, que se abrandou e fez da abertura e da redemocratização as metas com que se comprometeu o presidente João Baptista Figueiredo (1918-1999), general

Literatura infantil brasileira

que assumiu o poder em 1979, mesmo ano em que começaram a retornar os exilados, em que se decretou a lei da anistia, em que se revogou a intervenção em alguns sindicatos e reformou-se a política partidária, com a extinção do bipartidarismo.

Isso tudo sugeriu que o clima de abertura que se acentuou entre 1974 e 1979, durante o governo do general Ernesto Geisel (1907-1996), representasse o final da instalação de uma nova fase do capitalismo na história brasileira. E que mais uma vez a classe dominante voltasse a buscar respaldo em alianças internas para assegurar sua posição nos delicados e complexos meandros do capitalismo internacional, do qual o Brasil continuava satélite.

7.3. Literatura: artigo de consumo

> *O meio é a mensagem*
> *O meio é a massagem*
> *O meio é a mixagem*
> *O meio é a micagem*
> *A mensagem é o meio*
> *de chegar ao Meio.*
> *O Meio é o ser*
> *em lugar dos seres,*
> *isento de ligar,*
> *dispensando meios*
> *de fluorescer.*
>
> Carlos Drummond de Andrade[101]

---

101 C. D. Andrade, Ao Deus Kom Unik Assão. In: *Obra completa.* 5.ed., p.428.

Os anos 1960 e 1970 revelavam, de um lado, que a literatura brasileira manifestava a influência prolongada de nomes como João Guimarães Rosa, Clarice Lispector, Carlos Drummond de Andrade e João Cabral de Melo Neto, cujas obras constituíam modelos do fazer literário. De outro, o período evidenciava a consolidação da infraestrutura necessária para a modernização de modos de produção e circulação literária que, a partir daí, atingiu maior maturação e eficácia.

Multiplicaram-se, no período, os capitais investidos em cultura, o que criava condições semelhantes às que, a partir dos anos 1950, viabilizaram uma semiprofissionalização do escritor para crianças e que agora começavam a afetar também a esfera da literatura não infantil. A ebulição ideológica e política que permeava a discussão das reformas de base em que se empenhava o governo João Goulart propiciava atmosfera adequada para o estabelecimento de canais que servissem de mediação entre intelectuais e camadas populares. Vários escritores dedicaram-se à produção de textos voltados para esses grupos, tradicionalmente distanciados da arte e da cultura burguesas, em particular da literatura.

Os Centros Populares de Cultura (CPCs) e o Movimento de Cultura Popular (MCP) representaram, entre 1962 e 1964, canais por onde se escoava, para um público reunido em comícios, passeatas e assembleias, a produção musical, teatral e literária, politicamente comprometida com valores e linguagem de esquerda.

O projeto artístico-ideológico trazia para a literatura poemas que denunciavam o latifúndio, a fome e o imperialismo, difundidos nas antologias *Violão de Rua*, livros pequenos e baratos que já indicavam, a partir do título, o desejo de romper

Literatura infantil brasileira

os estreitos canais que, em nossa tradição, obstaram continuamente o consumo popular da literatura. Ao lado da poesia libertária, publicações como os *Cadernos do Povo* discutiam, em linguagem acessível, aspectos teóricos das reivindicações populares, em títulos incisivos como *Que são as Ligas Camponesas?*, de Francisco Julião (1915-1999), ou *Quem é o povo no Brasil*, de Nelson Werneck Sodré (1911-1999).

Porém, a permeabilidade da cultura à temática esquerdizante não se limitou à literatura. Filmes como *Deus e o diabo na terra do sol* (de Glauber Rocha, 1939-1981), *Cinco vezes favela* (CPC), músicas do CPC da União Nacional de Estudantes (UNE), como *Subdesenvolvido* (Carlos Lyra e Chico de Assis) e peças como *Brasil, versão brasileira*, de Millôr Fernandes, faziam com que repercutissem, em outras artes, a temática política e social.

A ingenuidade com que esse projeto transformava o poema, a peça ou a canção em instrumento de pedagogia política é um traço que aproximava essa produção cultural da literatura infantil, presa fácil de variados projetos de indução ideológica.

A adesão a esse projeto de arte política supõe que o artista acredite na neutralidade da linguagem e na transparência do enunciado verbal. Neutralidade e transparência revestidas de retórica, instrumento a que tradicionalmente se costuma recorrer quando o que está em jogo é a adesão dos interlocutores, em particular daqueles poucos familiarizados com tradições culturais mais sofisticadas. O resultado foi o simplismo formal de quase todos esses textos; o abuso da redundância e o reforço de clichês foram os recursos com que se tentava assegurar a legibilidade de tais textos por grandes contingentes populacionais.

Outro, no entanto, é o clima da segunda metade da década de 1960, quando polícia e política suprimiam os canais institucionais que permitiam a circulação de ideias do país, exigindo outras soluções para os artistas que quisessem tematizar o seu presente. Lucros políticos imediatos estavam irremediavelmente comprometidos, muito embora as formas de controle de que se cercou o poder instalado no Brasil a partir de 1964, aplicadas em 1968 pelo quinto Ato Institucional, tivessem sido insuficientes para reprimir o tom esquerdizante de boa parte da produção cultural. É o que observou Roberto Schwarz, quando, fazendo um balanço da cultura brasileira dos anos que se seguem a 1964, constatou que "a presença cultural da esquerda não foi liquidada naquela data e mais, de lá para cá não parou de crescer" e que "apesar da ditadura de direita ha(via) relativa hegemonia cultural da esquerda do país".[102]

O romance *Quarup* (1967), de Antonio Callado, parecia inaugurar novos rumos da ficção brasileira, em sua secular tarefa de retratar o Brasil. De 1967 em diante, avolumaram-se propostas literárias alternativas e experimentais, constituindo seu conjunto a representação possível de um país cuja história política, regularmente sacudida por solavancos como foi o movimento militar de 1964, talvez se deixasse representar melhor como fragmento do que como continuidade.

O novo ciclo aberto por *Quarup* foi marcado pela fragmentação, que se refletiu, por exemplo, na disparidade dos aspectos que, isoladamente ou em conjunto, faziam convergir para a representação literária a multiplicidade de formas sociais em vigência no Brasil. Além disso, foi também a fragmentação da

---

102 Schwarz, *O pai de família e outros estudos*, p.62.

Literatura infantil brasileira

linguagem de que se valeram os escritores para essa representação, na medida em que se apropriaram da multiplicidade de expressões que a produção mais moderna pôs à disposição deles.

A paródia histórica e a retomada da novela arcaica e de cordel fizeram-se presentes em *Galvez, imperador do Acre* (1970),
de Márcio Souza, *A pedra do reino* (1971), de Ariano Suassuna
(1927-2014), *Sargento Getúlio* (1971), de João Ubaldo Ribeiro
(1941-2914), e *O grande mentecapto* (1979), de Fernando
Sabino (1923-2004). O estilhaçamento do texto narrativo
levou a *Avalovara* (1973), de Osman Lins, *Zero* (1975), de
Ignácio Loyola Brandão, *A festa* (1976), de Ivan Ângelo, *Reflexos
do baile* (1976), de Antonio Callado. A apresentação da época
mais recente, por meio da alegoria ou do realismo que não evitava a representação da brutalidade e da violência, ocorreu em
A máquina extraviada (1967), de José J. Veiga, *Incidente em Antares*
(1971), de Erico Verissimo, *Bar D. Juan* (1971), de Antonio
Callado, *As meninas* (1973), de Lygia Fagundes Telles, *Fazenda modelo* (1974), de Chico Buarque, *Feliz ano novo* (1975), de
Rubem Fonseca (1920-2020), *Lúcio Flávio, passageiro da agonia*
(1975), de José Louzeiro (1932-2017). A investigação mi-
nuciosa e precisa de espaços brasileiros até então virgens de
representação literária passou pelos *Contos do mundo operário*
(1967), de Rubem Mauro Machado (1941-2019), *A guerra
conjugal* (1969), de Dalton Trevisan, *Tarde da noite* (1970), de
Luís Vilela, *Maíra* (1976), de Darcy Ribeiro (1922-1997),
Um negro vai à forra (1977), de Edilberto Coutinho (1938-
1995). O filtro do fantástico e o surrealismo de *O pirotécnico
Zacharias* e *O convidado* (reeditados em 1974), de Murilo Rubião
(1916-1991), ou de *A morte de D. J. em Paris* (1975), de Roberto
Drummond (1933-2002), ou ainda a reabilitação da biografia,
foram alternativas que se ofereceram aos ficcionistas.

231

Do ponto de vista das vanguardas e de parcelas da crítica, a literatura CPC costuma ser caraterizada como esteticamente ultrapassada já em seu nascimento. No entanto, por mais que a crítica hesite em atribuir valor literário à arte de protesto, os anos da literatura CPC parecem ter acenado com a possibilidade de subtrair o texto escrito à circulação restrita de um público de iniciados.

Retomando, talvez, essa vocação de democratizar o texto literário, os anos posteriores a 1964 assistiram à circulação de um grande número de obras que, mesmo sem o reconhecimento da crítica, criaram, alimentaram e fortaleceram um público médio, indispensável para que a cultura literária assumisse perfil moderno e sem ranço, quer do mecenato, quer do paternalismo.

Os anos 1970 assistiram também a uma reformulação completa do Instituto Nacional do Livro (INL), que passou a bancar número considerável de coedições. Com isso, a política cultural do Estado afastou-se do anacrônico mecenatismo que fazia de cargos públicos a recompensa do escritor, e do financiamento do livro, um favor pessoal. A partir de então, o Estado deu seu apoio à iniciativa privada, não mais favorecendo autores, mas as grandes editoras, em atitude análoga à que assumiu frente a vários outros ramos da indústria brasileira.

Correlatamente, ocorreu a migração dos escritores do funcionalismo público para o jornalismo e a publicidade, atestando a transformação da sociedade brasileira, agora mais complexa e moderna, que oferecia novas e mais rendosas formas de profissionalização para o homem de letras, que pôs seu *know-how* a serviço de uma forma de produção definitivamente capitalista.

Literatura infantil brasileira

Aqueles vinte anos da literatura brasileira foram marcados por novos estágios da modernização capitalista que, manifestando-se desde as instâncias econômicas e quantitativas da produção de livros, acabou por refletir-se também no perfil propriamente literário – mais característico da segunda metade do século XX.

Data dos anos 1950 o sucesso da crônica, um texto mais ligeiro, de interpretação fácil e que fisga o leitor desacostumado a grandes voos literários: foi através de revistas de grande circulação como *O Cruzeiro* e *Manchete* que, desde então, vários cronistas se tornaram conhecidos.

Da aproximação literatura-jornalismo parece nascer outra das tendências da literatura brasileira dos anos 1970: o traço biográfico – próximo da notícia jornalística – presente no requinte alentado de Pedro Nava (1903-1984), autor de *Baú de ossos* (1972), *Balão cativo* (1973), *Chão de ferro* (1976), *Beira-mar* (1978), *Galo das trevas* (1981), *O círio perfeito* (1983), na ligeireza despojada de Fernando Gabeira, em *O que é isso companheiro?* (1979) e *O crepúsculo do macho* (1980), na polêmica de Paulo Francis (1930-1997), em *Cabeça de papel* (1977) e *Cabeça de negro* (1978) e, já no começo da década de 1980, em *Feliz ano velho* (1982), de Marcelo Paiva.

Reforçando a trajetória do jornalismo para a literatura, os textos de Stanislaw Ponte Preta (pseudônimo de Sérgio Porto, 1923-1968), autor de *Tia Zulmira e eu* (1961), *Primo Altamirando e elas* (1962), *Rosamundo e os outros* (1963), *Garoto linha dura* (1966), *Febeapá 1* (1966), *Febeapá 2* (1968) e *Na terra do crioulo doido* (1968), teceram uma história deliciosa e bem pouco ortodoxa do que foi a vida brasileira em meados da década de 1960.

Marisa Lajolo • Regina Zilberman

Configura-se assim a ironia – mesmo o humor ligeiro nascido na redação de jornal – como forma de resistência bastante entranhada em nossa tradição cultural, extremamente inovadora e criativa, principalmente quando comparada à sisudez da literatura política anterior a 1964, possibilitando também conciliar o projeto de falar a grandes contingentes com o projeto de representação crítica da realidade social brasileira. Isso estabeleceu uma ponte entre essa produção mais ligeira e novelas como *O coronel e o lobisomem* (1964), de José Cândido de Carvalho (1914-1989), ou de *Dona Flor e seus dois maridos* (1967), de Jorge Amado (1912-2001), pois tanto o Vadinho de Jorge Amado como Tia Zulmira e o primo Altamirando, de Stanislaw Ponte Preta, ou Coronel Ponciano, de José Cândido de Carvalho, revelam, no avesso que são, o lado intolerável da estrutura da dominação montada no Brasil dos arredores de 1964.

A partir dos anos 1970 se escreveu muito: entre 1973 e 1979, o número de títulos editados no Brasil saltou de 7.080 para 13.228, e o número de exemplares, de 166 milhões para 249 milhões, acompanhando, progressivamente, a expansão do ensino médio e superior, onde se encontravam e de onde provinham os consumidores de tantos livros.

Assim, não foi apenas a literatura infantil que teve sua circulação e recepção marcadas pela instituição escolar. Também a literatura não infantil, por meio da doação de livros a escolas, visitas de autores e organizações de feiras e semanas do livro, beneficiou-se muito da vertiginosa expansão de cursos universitários que, a partir de 1970, proliferaram nas cidades médias e grandes.

Se Carlos Drummond de Andrade e João Cabral de Melo Neto cruzaram firmes os anos 1960, adentraram e encerraram os anos 1970 com seu prestígio de poetas maiores intocado, a década de 1980 assistiu a uma reviravolta: o surgimento da poesia marginal.

Muitas vezes mal impressa, quase sempre curtíssima e de comunicação imediata com seu leitor, tematizando velhas perplexidades existenciais, vários poetas reuniram-se em grupos de nomes tão sugestivos como Sanguinovo, Poetasia ou Nuvem Cigana. E foram esses grupos que, assumindo e controlando todas as etapas da produção literária, estiveram presentes desde a escrita do texto (muitas vezes coletiva) até sua produção gráfica e venda de leitores.

Das vanguardas dos anos 1950, em particular da poesia concreta e de suas dissidências, essa poesia retomou o enxugamento do texto, despido de qualquer retórica verbal. E, ainda em relação aos concretos, essa geração levou um passo adiante a reflexão e a prática de sua produção poética: enquanto o Concretismo advogava inclusão, no texto poético, da concretude gráfica do texto impresso e, de modo geral, a absorção pela poesia de uma técnica verbal aprendida na imprensa e nos meios gráficos, esses poetas marginais (enquanto marginais, isto é, enquanto não absorvidos pela indústria editorial) procuraram caminhos alternativos para a circulação de seu texto, o que apontou para a onipresença da indústria editorial.

Numa outra forma de recusa ao convencionalismo do livro, a poesia migrou para música, transformando-se em letras de canção, com a benção de um poeta do porte de Vinicius de Moraes. E nisso recuperou tanto a vocação coletiva tão desejada pelos poetas do *Violão de Rua*, como uma linhagem mais ilustre, a dos poetas antigos que faziam da praça grega e do adro medieval das igrejas o ponto de encontro do poeta com seu povo.

Marisa Lajolo • Regina Zilberman

7.4. A narrativa infantil em tom de protesto

> *A rua envelhece muito os seus meninos. Não lhes permite a crença em contos de fadas e da vida. Ensina-os só a acreditar no conto do vigário. E assim mesmo para evitá-lo.*
>
> Carlos de Marigny[103]

Até os anos 1950, o elogio do Brasil rural marcava nitidamente a maioria das histórias destinadas à infância. A década seguinte mostra a contrapartida: a emergência do Brasil urbano. No final do livro *Aventuras do escoteiro Bila* (1964), de Odette de Barros Mott, o protagonista transfere-se com a família para a cidade. Nessa migração, ele parece compartilhar do destino das mais significativas personagens dos livros infantis dessa época.

Se a trajetória de Bila reproduz o percurso da narrativa infantil, Isa Silveira Leal, desde o começo da década de 1960, com sua série de Glorinhas, incorporou a vida urbana aos livros para o público jovem.

No entanto, a cidade dos livros de Isa é tão idílica e idealizada quanto a imagem da vida rural nos livros anteriores. Glorinha e as demais personagens dessa autora (exceção feita aos protagonistas de *O menino de Palmares*, de 1968) vivem uma versão otimista da sociedade brasileira. Participam do padrão de vida e dos mitos que, a partir dos anos 1950, norteavam o sonho das classes médias brasileiras: nenhuma crítica, nenhuma frincha na ensolarada paisagem social brasileira urbana que a autora tece.

---

103 Marigny, *Lando das ruas*, p.15.

Literatura infantil brasileira

A ruptura começa a esboçar-se em 1964, com *Aventuras do escoteiro Bila*. Apesar do sotaque bilaquiano que o elogio do escotismo traz para o livro, o desejo de migração para a cidade e as dificuldades por que passam os pequenos sitiantes apontam, se bem que de forma ainda tímida, para a ruptura de uma imagem otimista da sociedade brasileira. Bila muda-se para a cidade, onde frequentará uma escola. Mas isso só ocorre graças à ajuda que seu padrinho, gerente de banco, promete à família:

— Sabe, nhá Tonica, o compadre me disse, enquanto os meninos estavam no túnel, que Bila é muito esperto. O chefe dos escoteiros, Flávio, foi quem lhe falou de nosso filho. O compadre acha que ele deve ir para cidade e estudar. Falei-lhe de nossa ideia de comprar uma granja, à entrada da cidade. Ele achou a ideia ótima. Disse que nos faria um empréstimo através do banco.[104]

Em 1970, com a publicação de *Justino, o retirante*, da mesma autora, a crise social é documentada com maior rigor, na história do menino de doze anos que, perdendo pai e mãe, decide largar a terra em que vivia, reclamada pelo patrão. Em seu itinerário de retirante, abandona o sertão e chega a Canindé, cidade maior, onde fará o ginásio. Embora seus problemas só se resolvam graças à generosidade de Dona Severina, o texto é suficientemente complexo para registrar transformações profundas trazidas pela modernização econômica da sociedade brasileira. A viagem de Justino não é só geográfica: ela migra também de uma economia de trocas para uma economia mais

---

104 Mott, *Aventuras do escoteiro Bila*, p.74.

sofisticada, correspondente a uma vida onde as relações sociais são multifacetadas.

A cena em que "Dona Severina aproxima-se dos vendedores, olha a mercadoria, examina-a, escolhe, pergunta o preço, pechincha", como descreve o narrador, é totalmente "desconhecida do menino", pois ele

> Nunca vira ninguém negociar assim. O pai plantava, colhia e dava dois terços para o patrão. O pouco que sobrava era deles. Com isso e mais uns peixinhos do rio, quando havia água, viviam. A mãe tecia a rede num rústico tear manual, depois cortava calças para o menininho, e as costurava na sua máquina também manual.[105]

Adiante, as mesmas figuras se deparam com a vida urbana, que lhes causa pasmo: "Canindé de São Francisco foi uma surpresa, tanto para o menino, como para Dona Severina". Acostumados como estavam "à vida simples", na fazenda "onde todos se conheciam", "não podiam imaginar tanta gente a caminhar, a passar uma pela outra, estranhos e indiferentes":[106]

> O movimento do trânsito, carrocinhas cheias de verduras, jegues com caçuás transbordantes de mangas, de cajus, de mandiocas, mesmo em tempo de seca. Que milagre seria esse? Abrir as torneiras e fazer jorrar água, que ia espirrar, fria a agradável? Tocar um botão e a escuridão se ir, a luz iluminar tudo, como dia claro?[107]

---

105 Mott, *Justino, o retirante*, p.39.
106 Ibid., p.77.
107 Ibid.

Literatura infantil brasileira

Nesses dois livros de Odette, a realidade urbana constitui um mito, seja porque o livro se encerra antes de Bila mudar-se para a cidade, seja pela dimensão acanhada da cidade para onde Justino emigra. O registro de uma realidade urbana mais degradada só vai ocorrer em outro livro da mesma autora: *A rosa dos ventos*, de 1972.

Ao contrário das anteriores, essa história se passa em São Paulo, e é protagonizada por um grupo de jovens que mora na periferia paulistana e trabalha no centro da cidade. Vivem todos com famílias desfeitas, são pobres, têm de enfrentar o humor oscilante do patrão. As várias situações do enredo fazem o livro avançar um passo em relação aos anteriores, na medida em que o povo pobre e sofrido participa da história:

O bairro é de operários. Mais ônibus do que carros param em todos os pontos, despejando homens, mulheres, jovens, que parecem rolar pelas portas escancaradas. São iguais na simplicidade do trajar e no cansaço estampado no rosto. Ninguém sente ânimo para conversar. Após horas e horas de trabalho, a fome aperta seus estômagos vazios. Têm vontade de chegar, de se atirarem na cama...[108]

Dona Noêmia, a vizinha, lava o coador, dona Míriam despeja o penico bem na porta, a porca, por que não faz o serviço em outro lugar, em particular? A porta é sua, mas o pequeno quintal pertence aos quatro moradores que ali defrontam. No espelhinho colocado sobre o tanque de sua casa, composta de quarto

---

108 Idem, *A rosa dos ventos*, p.6.

e cozinha, sala e banheiro fora, comum a todos [...] penteia seu cabelo cortado rente, última moda...[109]

A par de um retrato quase sem retoques da realidade urbana e da marginalização econômica até hoje vivida por crianças e jovens, o livro tematiza ainda o uso de drogas, carência afetiva, tendências homossexuais. Se a última questão se resolve ao fim da história, quando Tico reencontra sua masculinidade através de Marta, outra personagem, Luís, envolve-se irremediavelmente com traficantes e vicia-se em maconha.

Confirma-se, assim, que a vida urbana representada em *A rosa dos ventos* é mais isenta da idealização que presidia a representação da distante cidade que alimentava planos e sonhos de Bila e Justino. Esse livro, no entanto, não chega aos últimos desdobramentos da crise que documenta e acaba endossando a tese ingênua de que a sociedade moderna oferece, aos que se esforçam, oportunidade de ascensão social, a partir de personagens como Marta ou Maria e José, que prosseguem os estudos e progridem no emprego.

A partir desse livro, o submundo urbano de menores abandonados se faz presente em muitas obras: na dicção coloquial carioca de *Lando das ruas* (1975), de Carlos de Marigny, no registro rápido e nervoso do dia a dia de meninos de rua em *Pivete* (1977), de Henry Correia de Araújo, no menino do morro que procura simbolicamente *A casa da madrinha* (1978), de Lygia Bojunga Nunes, na história do menor abandonado de *Coisas de menino* (1979), de Eliane Ganem, ou no lirismo de *Os meninos da rua da Praia* (1979), de Sérgio Capparelli.

---

109 Ibid., p.49.

Literatura infantil brasileira

Em 1977, *Pivete*, de Henry Correia de Araújo, radicaliza a representação da vida de crianças pobres em uma cidade grande. O livro é amargo e não tem *happy end*. Enfatiza a ausência de nomes próprios das personagens, referidas apenas por apelidos, como o da personagem que intitula o livro. O processo de despersonificação é assumido e apontado pelo narrador: "Pivete não era Pivete. Foi batizado Francisco Arruda. Mas no morro o chamavam Chiquinho Capeta. Ficou sendo Pivete porque era menor de todos e porque na cidade acabou sendo Pivete mesmo".[110] Igualmente direta e crua é a descrição do espaço urbano onde transcorre a história: "No morro do Acaba--Mundo não tinha água, não tinha luz, não tinha escola. No morro só tinha barracos feitos com tábuas de caixotes e muita pobreza".[111] A inscrição é incisiva e redundante, nivelando em frases rápidas e coloquiais a degradação do ambiente físico, das relações familiares e da aparência das personagens:

Minhoca era uma minhoca. Muito alto, muito magro, muito pálido. Não escutava nada com o ouvido esquerdo e tinha uma cicatriz na perna direita. Quando era pequeno, vivia comendo terra. No Acaba-Mundo disseram pra mãe dele que o Minhoca comia terra porque devia ter muito bicho na barriga. A mãe deu lombrigueiro pra ele e o bicho não saiu. Então ela desistiu.[112]

Mais do que a história de um pivete, o livro é a história de pivetes: Paulão, Chico Manco, Rabo de Arraia e Disparada são

110 H. C. Araújo, *Pivete*, p.11.
111 Ibid., p.6.
112 Ibid., p.10.

menores abandonados que, no dia a dia de uma cidade grande, vivem como podem. Por mais que a vida marginal os tenha marcado, no entanto, a história preserva alguns traços de ingenuidade infantil perante a engrenagem social, à qual os meninos atribuem uma espécie de vocação assistencialista: "eu quero que o Disparada seja preso porque os guardas vão ver que ele está muito doente. Aí eles não levam ele para a cadeia. Levam para o hospital. Dão injeção, dão remédio e depois soltam".[113]

O choque, no entanto, entre essa ingênua idealização de um Estado humanitário e a brutal realidade do quase linchamento de Disparada é inevitável, e aproxima *Pivete* de obras não infantis dos anos 1970, como as de Rubem Fonseca, Ignácio de Loyola Brandão e Renato Tapajós, que mergulham fundo na violência urbana.

Com essas narrativas que tematizam pobreza, miséria, injustiça e marginalidade, o cenário urbano passa a ocupar o lugar central da narrativa infantil dos anos 1960-1970. E, na desmistificação da cidade, perdem também a aura as cidadezinhas interioranas e os espaços rurais: *Uma cidade fora do mapa* (1976), de Eliane Ganem, e *Cão vivo leão morto* (1980), de Ary Quintella, parecem ilustrar a impossibilidade de os textos infantis alimentarem qualquer ilusão do paraíso. Tanto a cidadezinha que Mariana e todos os habitantes querem que "entre no mapa" quanto a vida em contato com a natureza, que termina com a morte do índio Juan abatido como bicho, parecem sugerir o compromisso dessa vertente da narrativa infantil com a denúncia de uma organização social que tem, nas concentrações urbanas, um de seus sintomas mais visíveis.

---

113 Ibid., p.41.

Literatura infantil brasileira

7.5. A literatura infantil em ritmo de suspense

Falar de aventuras de detetives para um menino da idade e da saúde de Edmundo é uma ideia sedutora.

João Carlos Marinho[114]

O aumento do mercado jovem, a bem-sucedida importação de produtos da indústria cultural norte-americana, mais o relativo abrandamento da atitude escolar frente a livros não imediatamente formativos nem edificantes, permitiram um considerável fortalecimento tanto da história policial quanto da ficção científica destinadas ao público jovem.

O florescimento da ficção científica e do mistério policial na literatura infantil brasileira dos anos 1970 não tem similar na literatura não infantil, de tradição bastante pobre nessa área. A prioridade do cultivo de ambos os gêneros cabe à literatura infantil que, com eles, trabalhou estruturas e conteúdos bastante adequados ao modo de produção industrial característico do gênero nas últimas décadas do século XX.

O que identifica certos livros policiais e de ficção científica como infantis é a presença de crianças como detetives ou beneficiários dos poderes agenciados pela ciência. Além disso, a imaturidade do público a que se destinam tais obras costuma excluir delas o ambiente de violência generalizada e corrupção em que certos livros congêneres não infantis costumam mergulhar seus leitores. Diluem-se igualmente a fundamentação científica e a digressão filosófica que permeia os melhores ro-

---

114 Marinho, *O gênio do crime*, p.25.

Marisa Lajolo • Regina Zilberman

mances não infantis de ficção científica, confinando o projeto para jovens no arremedo do discurso científico, permeado de estereótipos veiculados pela indústria cultural, como o pesquisador maluco, os viajantes extraterrestres etc.

Nesse sentido, o primeiro livro de Edy Lima, *A vaca voadora* (1972), é ao mesmo tempo exemplar e excepcional: a vaca, que pode voar graças à fórmula de levitação inventada por tia Quiquinha, assemelha-se mais a um elemento de fantástico e de magia do que de ficção científica. Paralelamente, o humor e a ironia da autora evitam os clichês da cultura de massa nos quais, via de regra, alguns autores para crianças buscam seus modelos.

Ironia e *nonsense* são igualmente responsáveis pela inovação da história policial: *O gênio do crime* (1969), de João Carlos Marinho, incorpora e parodia os elementos mais tradicionais do gênero, a começar pela natureza do crime, que envolve o universo infantil de álbuns e figurinhas. Prossegue a sátira na caricatura do detetive norte-americano, invicto até que se defronta com a argúcia do Gordo e seus amigos. Também em *O caneco de prata* (1971), o mistério afeta o mundo das crianças: um campeonato estudantil de futebol cujo prêmio, um caneco de prata, leva o técnico de um dos times a lançar mão de todos os recursos para garantir a vitória de seus jogadores. Publicado um ano depois da conquista brasileira do tricampeonato mundial de futebol, esse livro, de recorte modernista e oswaldiano, convida a uma leitura alegórica: na vertigem e *nonsense* de sua narração fragmentada, onde se cruzam várias histórias, pode residir uma imagem do Brasil dos tempos do presidente Emílio Garrastazu Médici.

No livro policial infantil, o papel de vilão é sempre reservado a adultos. Assim, o desvendamento do mistério por um protagonista jovem representa uma espécie de confronto entre

Literatura infantil brasileira

o universo adulto e o infantil; e a vitória da criança sublinha sua argúcia diante do mundo dos grandes, o que sem dúvida é gratificante para os leitores que se identificam com os heróis dessas narrativas.

Em *O gênio do crime*, João Carlos Marinho põe em cena a turma de crianças que ressurgirá dois anos depois em *O caneco de prata* e, mais tarde, em *Sangue fresco*. Pituca, Edmundo, Godofredo e Berenice são alguns dos heróis constantes dos livros, e gravitam em torno do Gordo, protagonista de todas as histórias.

As crianças levam sempre o melhor sobre os adultos: desbaratam a quadrilha de falsificadores em *O gênio do crime*, neutralizam a guerra bacteriológica em *O caneco de prata* e vencem os bandidos que contrabandeiam sangue de crianças brasileiras em *Sangue fresco*. A arma principal do Gordo, nas estratégias que tornam invencíveis a ele e sua turma, é a inteligência, assim como uma absoluta ausência de preconceitos no que tange aos métodos empregados. Ao contrário de livros mais tradicionais, onde as aventuras se confinam ao tempo de férias e a um espaço quase mítico, as aventuras narradas nessas histórias colam-se à vida cotidiana de suas personagens, crianças de classe média paulistana, que vão à escola, namoram, enganam os pais, ostentando, pois, comportamentos que têm vários pontos de contato com a vivência dos leitores.

A adoção de um posicionamento narrativo que adere à ausência de preconceitos e à falta de cerimônia de suas personagens é responsável pelo caráter inovador da obra de João Carlos Marinho. Sua crítica a uma realidade social como a brasileira, pautada pelo consumo e pela violência, não se faz nem pelo discurso condenatório, nem pela inclusão, no texto, dos despossuídos, cuja miséria e pobreza constituem denúncia da desigualdade e da injustiça social. A forma pela qual o texto daquele autor enve-

245

reda por uma representação crítica do real é muito sutil e rigorosamente literária: por via da redundância vertiginosa e agressiva dos detalhes da violência ou, paradoxalmente, na naturalidade de registro de ações e instrumentos mirabolantes, ou ainda na sucessão de apelos a recursos sofisticados da tecnologia, seus livros ferem a nota crítica.

Ao contrário de *O caneco de prata*, *O gênio do crime* e *Sangue fresco* têm uma estrutura narrativa bastante convencional, na qual os episódios se sucedem uns aos outros. Mas, desde a primeira obra, o estilo de João Carlos Marinho se define pelo acúmulo de detalhes de que o autor se vale, numa espécie de estética da redundância, responsável tanto pela violência das histórias quanto pela inserção dessa violência num discurso crítico que se perfaz pela ironia.

Na cena a seguir, o narrador apresenta uma cena de luta física entre uma das personagens positivas, Edmundo, e um dos bandidos, valendo-se com familiaridade do vocabulário próprio ao grupo social a que pertence o adversário do garoto:

> Edmundo se aproveitou de que o cambista se distraiu um pouco na falação e deu-lhe um trança-pé de judoca; o cambista pranchou o chão mas não largou a camisa do menino e os dois se embolaram levantando muita areia da construção. O cambista trouxe a outra mão para segurar mais Edmundo e levou uma joelhada na boca do estômago e aí gritou ai. Porém o homem era forte e conseguiu espaço para armar um rojão de soco na cara do Edmundo e depois mais outro que jogou o menino a 5 metros botando sangue no rosto todo.[115]

---

115 Ibid., p.49.

Em outras oportunidades, o autor avança na perspectiva humorística, ao parodiar o falar arrevesado do detetive importado do Exterior:

> Nessa altura [o helicóptero] parou e Míster John puxou um canudo do painel:
> — Olhar neste lente.
> — Bárbaro! Parece que estou a um metro do chão, enxergo tudo melhor que estivesse lá.
> — Mim seguir a cambista do céu com esses superlentes que as russas e americanas usar para fotografar o lua.[116]

Em *O caneco de prata*, o jargão pseudocientífico é igualmente responsável por conferir comicidade ao andamento das ações. A naturalidade com que a narração menciona artefatos como "partículas radioativas" que – na época da publicação do livro (1971) – compareciam às empolgantes notícias sobre a corrida espacial, ao lado de arquibancadas e bolas de futebol, mergulham a narrativa em registro irônico:

> — Olha, Gordo, você pega uma partícula radioativa gama-59 e bota dentro da câmara da bola do jogo. Depois você senta na numerada e arranja um transmissor de controle remoto de partícula radioativa. Daí você dirige a bola pronde quererá.[117]

A espontaneidade com que narrador e personagens enunciam os exageros de violência e referem-se aos mais sofisticados arte-

---

116 Ibid., p.96.
117 Idem, *O caneco de prata*.

fatos da tecnologia soma-se ao *nonsense* com que certas sequências se engastam umas nas outras, o que confere ao texto de João Carlos traço de modernidade e lhe permite inovar esteticamente num gênero de perfil tão marcado quanto o livro policial.

Ainda na linha policial, destacam-se os livros de Stella Carr. À semelhança de João Carlos Marinho, vários de seus livros são protagonizados por um conjunto fixo de personagens. *O caso da estranha fotografia* (1977), *O enigma do autódromo de Interlagos* (1978), *O incrível roubo da loteca* (1978), *O fantástico homem do metrô* (1979), *O caso do sabotador de Angra* (1980) têm os irmãos Encrenca – Marcos, Eloís e Isabel – na posição de heróis.

Também nessas obras, as personagens mais novas levam a melhor sobre os adultos; e é, igualmente, do mundo dos adultos que vêm os vilões, muito embora o risco do maniqueísmo se atenue pela presença de adultos bons na função de coadjuvantes dos jovens detetives.

É na lição do *best-seller* de seu tempo que Stella busca os elementos responsáveis pela extraordinária comunicabilidade de seus livros. A partir dos títulos, suas obras contêm o apelo forte de lugares conhecidos e populares, a promessa de tematizar espaços e instituições tão marcados como o metrô de São Paulo, o autódromo de Interlagos, a loteria esportiva. Como manchetes de jornal, seus títulos incluem sempre palavras que reforçam a excepcionalidade da história, gerando suspense: *estranha* fotografia, *enigma* do autódromo, *incrível* roubo.

A apropriação de elementos da realidade não se limita ao título de seus livros: as histórias mesclam enredos policiais com dados jornalísticos e históricos que, com sua carga de verdade, contagiam de verossimilhança mesmo os episódios mais rocambolescos. Idêntica função cumpre a presença de personagens

Literatura infantil brasileira

reais, como o jornalista Álvaro Alves de Faria, a escritora Ruth Rocha, o professor Paulo Duarte (1899-1984) e o publicitário Carlito Maia (1924-2002), personagens de *O fantástico homem do metrô*. Com a participação assídua na mídia da época do lançamento do livro, eles dão fiança de realidade às personagens de ficção.

Os livros de Stella não hesitam em incorporar cenas violentas que, somadas ao *timing* de uma narrativa que se torna cada vez mais complexa pela incorporação progressiva de novas personagens, propiciam aos leitores o envolvimento esperado de um livro policial.

São, assim, bastante modernos os recursos de que essa autora lança mão com vistas a prender seu público. O narrador de *O caso da estranha fotografia*, por exemplo, parece abdicar de sua personalidade ficcional, confessando pontos de semelhança com o leitor comum, o que, por tabela, permite que este se alce à condição de personagem:

> Só nas histórias de Agatha Christie os cadáveres são limpinhos e arrumados, como se fossem de papelão. Morre, morre gente, e não se sente nada. Só suspense. Isabel tremia como geleia. —"Quem fica valente numa hora dessas? Só herói de histórias em quadrinhos!" – Ela estava arrasada, como qualquer um de nós, meninos comuns, se de repente topasse com um corpo. E morrendo de medo. A gente é menino comum, ora.[118]

Em outra perspectiva, as personagens centrais dos livros de Stella manifestam comportamentos que os aproximam tanto de detetives mais tradicionais da literatura policial quanto de

---

118 Carr, *O caso da estranha fotografia*, p.25.

heróis de livros infantis de aventuras. No primeiro caso está a rígida distribuição de papéis, que não se altera ao longo dos livros: Marcos é sempre o narrador, enquanto Eloís é quem tem mais familiaridade com as várias habilidades e conhecimentos agenciados na resolução do problema. Essa sua, por assim dizer, vocação intelectual, secundada pelos conhecimentos de biologia de Isabel, fundamenta deduções e raciocínios, e abre caminho para longos textos informativos sobre as algas marinhas, reatores atômicos ou mesmo expressões menos corriqueiras da língua portuguesa, o que aproxima esses textos do livro juvenil mais tradicional, que não resiste à tentação didática.

Do mesmo modo que suas histórias incorporam informações sobre os mais variados assuntos, há também uma preocupação constante com a preservação da natureza, que se manifesta tanto em observações das personagens,

> — Isto aqui é demais! Tomara que não deixem nunca estragar esta natureza toda.
> — Qual! O Homem vem vindo firme. E onde ele pisa vai plantando cimento e poluição. Não demora muito para isto aqui ir de embrulho também.[119]

quanto na estrutura do enredo: em *O fantástico homem do metrô*, o desequilíbrio ecológico acaba por gerar espécies mutantes que invadem São Paulo.

Nas entrelinhas da narração policial, quer nas preocupações ecológicas de Stella Carr, quer nas problematizações mais existenciais de João Carlos Marinho, ressurgem traços do Brasil contemporâneo do lançamento dos livros, focalizado agora a

---

119 Ibid., p.4.

partir de textos cujo primeiro plano é ocupado por aventuras só aparentemente inconsequentes.

7.6. A ruptura com a poética tradicional

Aprendi com meu filho de 10 anos
Que a poesia é descoberta
Das coisas que eu nunca vi.

Oswald de Andrade[120]

A produção poética para a infância solidificou-se nas décadas de 1960 e 1970, não só em termos de quantidade (proporcionalmente aos outros períodos) e diversidade, mas também em termos de qualidade, desvencilhando-se do recorte didático e pedagógico. Nesse amadurecimento, a poesia infantil aproxima-se da não infantil do mesmo período, igualmente fértil em experiências poéticas que englobam tanto o engajamento do *Violão de Rua* quanto a migração para a música e a ruptura da poesia marginal.

A primeira marca dessa poesia infantil é o abandono da tradição didática que, por um largo tempo, transformou o poema para crianças em veículo privilegiado de conselhos, ensinamentos e normas. Ao menos os poetas maiores que lançaram obras no período – Sidônio Muralha, Cecília Meireles e Vinicius de Moraes – parecem ter varrido do horizonte qualquer compromisso antigo com a pedagogia de valores tradicionais.

O rompimento com o universo ideológico em que se movia a poesia de tradição bilaquiana – variações em torno do ama-

---

120 O. Andrade, 3 de maio. In: *Poesias reunidas*, p.42. (Obras completas, v. VII).

-com-café-e-orgulho-a-terra-em-que-nasceste – deflagra uma reviravolta formal. O que diz a nova poesia dos anos 1960-1980 e como o diz, mergulha-a na poética da modernidade, na qual já se move a poesia não infantil desde os anos 1920.

Até a década de 1960, a poesia infantil brasileira guardava resquícios parnasianos, quer pelo conservadorismo formal, quer pelo seu compromisso com a pedagogia. A crença no poder comunicativo dos versos é tão forte, que, ao longo da tradição da poesia infantil brasileira, valores ideológicos emergentes foram sempre confiados à força persuasória de poemas. Foi o que sucedeu com Olavo Bilac e Francisca Júlia, contemporâneos do esforço de preservação do acervo folclórico mais tradicional (submetido embora a adaptações pedagógicas) empreendido por Alexina de Magalhães Pinto.

A rigidez de valores permanece, por exemplo, em Guilherme de Almeida, poeta ligado ao grupo de escritores modernistas e que, não obstante isso, ao publicar *O sonho de Marina* (1941) dá livre curso a uma caracterização convencional da criança, descrita no poema como sendo "muito boa menina", embora não pareça, porque é "um pouquinho travessa".

Na sequência do poema, o convencionalismo da representação da infância feminina é reforçado:

Estudiosa, comportada,
anda sempre muito asseada,
ouve a mamãe, não reclama,
vai cedinho para a cama. [121]

---

121 G. Almeida, *O sonho de Marina*, p.1.

Literatura infantil brasileira

Já em 1940, ao publicar *A estrela azul*, Murilo Araújo, em alguns poemas, atenua a presença de valores mais tradicionais pela força de um lirismo que se inspira em paisagens e elementos da natureza, mergulhados em misticismo e sonoridade. Em "Vem brincar, Lua", ele associa as estrofes a cantigas de roda, valendo-se da repetição de um refrão após cada um dos sextetos do poema. Assim, após convocar o leitor a que "cantemos rindo [...] canções douradas", porque o luar é "lindo", ele propõe – repetindo, nesta convocação ao leitor, o procedimento sintático que, no título do poema, torna a "lua" interlocutora do poeta – brincadeiras:

Rodem as rondas
com as mãos dadas!
Rodem as rondas
com ligeireza
Rodem as rondas
Dance com os pajens
os camaradas
Dona Princesa![122]

O convite à dança unifica as estrofes, compondo o clima mágico dos versos, intensificado pela alusão a figuras dos contos de fadas, também convidadas, por intermédio de nova invocação:

Dance na festa,
Senhoras Fadas,

---

122 M. Araújo, *A estrela azul*, p.23.

Senhora Lua!
Vamos dançar!
Pelas estradas
iluminadas...
Vamos dançar, dançar...
dançar!...[123]

Em outros poemas do mesmo livro – principalmente os últimos, dedicados a crianças maiores – ressurgem os temas patrióticos. Embora tenham muitas vezes uma configuração estrófica mais moderna, tais textos recaem no tom e na exortação grandiloquente da tradição bilaquiana, como em "Ladainha do Brasil", que supõe declamação por crianças, provavelmente em atividades festivas na escola.

Numa espécie de marcação teatral, ou de montagem de um jogral, o texto distribui as estrofes do poema por várias crianças. Compete à primeira exaltar a magnitude da natureza do país, numa linguagem bastante afastada da defendida pelo Modernismo:

Brasil-Luz
Brasil-Beleza
coroa da natureza
com florões adamantinos...
tesouro verde,
vergel de pontos divinos![124]

---

123 Ibid., p.4.
124 Ibid., p.81.

Literatura infantil brasileira

Complementa a exaltação patriótica a segunda criança, evocando a natureza brasileira através de expressões de similar teor:

> Oh Brasil de régios rios
> e de ribeiros galantes
> e de veios correntios
> em murmúrios
> constantes...[125]

Cabe ainda uma outra voz ("Outra criança") reiterar a enumeração eufórica das belezas da pátria, agora dimensionando em proporções imensas o cenário brasileiro:

> Oh Brasil de grotões fundos
> e altos montes —
> montes que parecem mundos
> sustentando os horizontes.[126]

É de 1943 e de Henriqueta Lisboa a experiência de poesia infantil mais importante do período. Com *O menino poeta*, ela incorpora o experimentalismo da poética modernista, valendo-se tanto de recursos mais tradicionais, quanto do verso branco e da livre estrofação. Ao lado dos assuntos da natureza, religião e animais, seus poemas abrem espaço para a tematização do cotidiano da criança. Não obstante sua obra ter como referência um sistema de valores convencionais, tradicionalmente

---

125 Ibid.
126 Ibid., p.82.

presentes em obras destinadas à infância, ao transferir a voz ao sujeito lírico que traduz o leitor, a poeta minimiza ou mesmo rompe com as expectativas pedagógicas.

Como se vê, após reproduzir, na voz de uma criança, o discurso educativo mais tradicional,

> Hoje completei sete anos.
> Mamãe disse que eu já tenho consciência
> Disse que se eu pregar mentira,
> não for domingo à Missa por preguiça,
> ou bater no irmãozinho pequeno,
> eu faço pecado.[127]

na sequência dos versos, a réplica, introduzida pela conjunção "mas", ao evidenciar o desejo de transgressão, atenua o conservadorismo:

> Fazer pecado é feio.
> Não quero fazer pecado, juro.
> Mas se eu quiser, eu faço.[128]

É, assim, bastante lenta a independência da poesia infantil em relação ao papel pedagógico que lhe é tradicionalmente conferido. Só muito paulatinamente ela abandona a perspectiva tradicional que tematiza bichos, paisagens, vultos familiares e patrióticos de um ponto de vista exemplar e educativo.

A partir dos anos 1960, e crescentemente nas décadas seguintes, quando poetas e crianças se encontram por meio de um

---

127 Lisboa, *O menino poeta*, p.63.
128 Ibid.

Literatura infantil brasileira

poema, a mediação entre ambos não parece ser igual à da poesia tradicional, exceto no que respeita à utilização de certos recursos formais como a redondilha, o paralelismo, o dístico e a rima fácil, presentes, por exemplo, em *Pé de Pilão* (1968), de Mário Quintana, e em grande parte dos poemas de *A arca de Noé* (1974), de Vinicius de Moraes. O ponto de encontro entre o poeta e a criança, na poesia infantil do período, ocorre ou pela representação do cotidiano infantil ou pela adoção, por parte do autor, de um ponto de vista que compartilha com seus pequenos leitores a anticonvencionalidade, quer da linguagem, quer do recorte de realidade, como sucede, por exemplo, em "A casa", de Vinicius, que foge à tradução mimética do real, criando um universo fantástico e quase surrealista.

Assim, "A casa" oferecida ao leitor mostra-se "muito engraçada", porque "não tinha teto", "não tinha nada", portanto, nela, "ninguém podia entrar". Além disso, "não tinha chão", nem se "podia dormir na rede",

> Porque na casa
> Não tinha parede[129]

De todo modo, a casa

> [...] era feita
> Com muito esmero
> Na Rua dos Bobos
> Número Zero.[130]

---

129 Morais, *A arca de Noé*, p.74.
130 Ibid.

São muitos os textos que elegem como tema o cotidiano infantil, focalizando situações individuais ou familiares. O texto fala de crianças, faz-se aliado delas, dá-lhes a palavra muitas vezes, e sublinha a fragilidade perante as normas do mundo, ao mesmo tempo que salienta sua capacidade de rebeldia, criação e independência.

Outras vezes, o poema enfatiza a relação criança/natureza, interagindo ambas de forma livre, sem o pragmatismo que costuma presidir a apropriação da natureza pelo adulto. Nesse caso, as configurações plásticas absorvem todas as outras, mergulhando crianças e paisagem num mundo de cores, sensações, sinestesias. Em "Colar de Carolina", Cecília Meireles joga, inicialmente, com a similaridade fônica entre os vocábulos, aproximando-os do trava-língua; ao mesmo tempo, estabelece uma atmosfera onírica, ao atribuir à menina do título a habilidade de correr "entre as colunas da colina".[131]

A segunda estrofe reitera a vocalização, alternando consoantes oclusivas surdas e laterais sonoras:

O colar de Carolina
colore o colo de cal
torna corada a menina.[132]

O fechamento introduz nova personagem, o "sol", que intensifica o teor mágico do ambiente que circunda Carolina, sem abrir mão do emprego fônico do trava-língua:

---

131 Meireles, *Ou isto ou aquilo*. Poemas infantis. In: *Poesia completa*, p.803.
132 Ibid.

Literatura infantil brasileira

E o sol, vendo aquela cor
do colar de Carolina
põe coroas de coral
nas colunas da colina.[133]

Integrando-se também ao projeto de incorporação do cotidiano infantil, ganha espaço e relevo a recuperação de modinhas infantis, canções de ninar e brincadeiras de roda que, submetidas ao processo de colagem ou enumeração, caros à poesia moderna, estabelecem com o destinatário infantil a cumplicidade de linguagem e repertório cultural. É o que sucede, por exemplo, com o livro *Pé de pilão*, de Mário Quintana, cujo título é tomado a uma brincadeira infantil. É igualmente o que ocorre em poemas de Cecília Meireles que recuperam, entre versos originais da autora, segmentos de outras poesias infantis: "Corrente de formiguinhas", "Ciranda de mariposas", "Giroflê, giroflá", "Maninha" são exemplos de poemas que se valem desse procedimento.

Além da recuperação fragmentária desse repertório poético infantil tradicional, a poesia para crianças potencializa ao máximo aliterações, onomatopeias, rimas internas. Essa concreção da sonoridade da palavra que, espessando-se, chama atenção para si mesma não é privilégio do poema para crianças. Mas parece coincidir com algumas práticas de linguagem infantis, quando a linguagem configura uma massa sonora a ser explorada, de onde emergem significados.

No poema a seguir, igualmente de Cecília Meireles, reaparece o ambiente onírico de "O colar de Carolina", associado agora aos efeitos pictóricos propiciados pela luz emanada da

---

133 Ibid.

Lua: "Luar do ar / Azul". Na estrofe seguinte, o formato esférico do astro – "a roda da lua" – transfigura-se "no aro da roda / na tua rua, / Raul".[134]

Introduzida a figura humana, cujo nome – Raul – é anagrama do título do poema – Luar, o sujeito lírico delineia uma cena em que os elementos se mesclam numa paisagem surrealista. O luar confunde-se com o aro da roda do menino, tornando-o senhor da circunstância descrita:

> Roda o aro da lua.
> Raul,
> a lua é tua,
> a lua é de tua rua!
> A lua do aro azul.[135]

O trabalho com a sonoridade em *As asas azuis da andorinha preta* (1978), de Beré Lucas, alia-se à concisão, o que torna esse livro muito raro, aproximando-o da prática poética herdeira das vanguardas dos anos 1950, como se constata em "Menino bobo":

> este menino
> inhec inhec
> só sabe
> mascar chiclete

[136]

---
134 Ibid., p.810-1.
135 Ibid., p.811.
136 Lucas, *As asas azuis da andorinha preta*, p.12-3.

Literatura infantil brasileira

Em outra perspectiva, a poesia infantil brasileira desde então compartilha com seus destinatários o olhar *naïve* desarmado perante o mundo. Esse desejo de naturalidade e ingenuidade descomprometidas com a civilização parece exprimir-se frequentemente através de animais.

Na adoção desse recurso, a poesia retoma um procedimento bastante antigo, que remonta tanto às fábulas de Esopo quanto aos poetas brasileiros do começo do século.

Atribuindo aos animais o dom da palavra (conferir a clássica abertura de histórias mais tradicionais, como "no tempo em que os animais falavam...") ou fazendo-os personificar vícios e virtudes humanos, a antropomorfização está presente em grande número de textos de origem folclórica e popular, inspiradores de poemas infantis, tanto de recorte tradicional quanto de feitio mais moderno, como *A TV da bicharada* (1962) e *A dança dos picapaus* (1976), de Sidônio Muralha, *Os bichos no céu* (1972), de Odylo Costa Filho, e *A arca de Noé* (1974), de Vinicius de Moraes.

Os animais evocados nos melhores textos escapam do contexto conservador, em que a humanização dos bichos sublinha comportamentos quase sempre conformistas e estereotipados. Sidônio e Vinicius, em seus versos, apresentam animais que fogem à conduta do cão fiel ou do pássaro cativo. Em seus textos, os bichos protagonizam situações que se afastam do convencional e, com isso, mergulham a poesia infantil em clima insólito e de estranhamento, caros à modernidade.

Algumas vezes, poemas extremamente inovadores são construídos a partir das onomatopeias que recuperam a antiga tradição dos poemas sobre "vozes dos animais". Noutras, a imagem física do animal ou a exploração sonora da palavra que o nomeia traz para o poema infantil o sentido lúdico, o *nonsense*.

Não é, entretanto, por inspirar-se no cotidiano nem por assumir a ingenuidade do olhar infantil perante o mundo que a poesia brasileira para crianças do período renuncia à complexidade. Nesse sentido, ela incorpora outra lição modernista: a de que o lirismo mais profundo pode ser trabalhado a partir dos temas mais prosaicos e cotidianos.

Exemplo perfeito da fusão lirismo-criança-cotidiano é Cecília Meireles, cujo vigor poético presente em seus poemas infantis mantém intocada a profunda efusão lírica daqueles não infantis, de que é exemplo "Sonhos de menina".

O ponto de partida é a pergunta do observador, responsável pela enunciação:

> A flor com que a menina sonha
> está no sonho?
> Ou na fronha?[137]
> A questão é respondida em dois versos:
> Sonho
> risonho.[138]

As estrofes seguintes sumariam as hipóteses do eu lírico relativamente ao conteúdo latente daquele "sonho/risonho". Será "o vento sozinho/no seu carrinho"? Ou o "tamanho" do

---

137 Ibid., p.811.
138 Ibid.

Literatura infantil brasileira

"rebanho?".[139] Sempre banhadas de musicalidade, as alternativas seguintes devolvem o poema para o ambiente mágico desenhado em outros poemas da autora:

A vizinha
apanha
a sombrinha
de teia de aranha...[140]

A estrofe final não abre mão do contexto surreal dos versos anteriores, apresentando-se, mais uma vez, como uma pergunta:

A lua com que a menina sonha
é o linho do sonho
ou é a lua da fronha?[141]

Trata-se, aqui, da imersão do universo infantil tanto no contexto plástico quanto no contexto metafísico para o qual a poesia sempre apontou. Entre o sonho e a realidade, puxando fios de ambos, a poesia infantil tece seu espaço ao dar configuração verbal às perplexidades e impasses da condição humana, historicamente confinada – principalmente na sua representação infantil – a subir aos ares ou ficar no chão, como tão bem dizem os versos do poema de Cecília Meireles que dá nome a seu livro: *Ou isto ou aquilo*.

---

139 Ibid..
140 Ibid.
141 Ibid., p.812.

7.7. Em busca de novas linguagens

A não ser que imprestáveis fossem também o sonho,
a fantasia, a música e tudo que serve ao coração.

Haroldo Bruno[142]

As reflexões até agora sugeridas pela literatura infantil do período apontam para a consolidação do gênero: bem visível na perspectiva concreta da produção e consumo das obras para crianças, manifesta-se também no plano interno, isto é, nas formas e conteúdos destes livros. No entanto, nem a documentação crítica da realidade contemporânea brasileira, nem a absorção muitas vezes criativa de elementos da cultura de massa, nem mesmo o esforço de renovação poética dão conta de todas as faces assumidas pela produção literária infantil brasileira dos anos 1960-1980.

Marca bastante típica dos livros infantis desse tempo é a incorporação da oralidade, tanto na narrativa quanto na poesia. A tentativa de fazer uso de uma linguagem mais coloquial é outra forma de a literatura para crianças aproximar-se tanto das propostas literárias assumidas pelos modernistas de 1922 quanto da herança lobatiana.

A oralização do discurso nos textos para crianças torna-se bastante coerente com o projeto de trazer para as histórias infantis o heterogêneo universo de crianças marginalizadas, de pobres, de indígenas. Da mesma forma que personagens e enredos deixaram de ser exemplares do ponto de vista dos valores dominantes, também a linguagem distanciou-se do padrão

---

142 Bruno, *O misterioso rapto de Flor-do-Sereno*, p.101.

formal culto, buscando na gíria de rua, em falares regionais e em dialetos sociais a dicção adequada aos novos conteúdos.

Em *Apenas um curumim* (1979), de Werner Zotz, e em *O curumim que virou gigante* (1980), de Joel Rufino dos Santos, a sintaxe coordenada, os paralelismos e os desbastamentos sintéticos são tentativas de aproximação de uma linguagem sem adornos:

> Belo dia, Tarumã foi pescar mais os outros.
> Cada um flechou um peixe. Tarumã que flechou dois.
> – Pra quem é esse peixe? – Perguntaram a ele.
> – É pra minha maninha – Tarumã respondeu.
> Ninguém sabia que tinha nascido irmã de Tarumã.[143]

Em obras de ambiência urbana, a incorporação de modos de fala distantes da norma foi paulatina e, em alguns casos, deixou à mostra cicatrizes: é o caso de certos usos anacrônicos e descontextualizados de expressões de gíria e da superposição não significativa de diferentes registros linguísticos. No entanto, com *Lando das ruas* (1975), de Carlos de Marigny, e com *Pivete* (1977), de Henry Correia de Araújo, o uso literário de diferentes dialetos sociais pareceu atingir a maturidade e, a partir daí, a aparecer maciçamente em vários livros e autores.

Porém, nem todos os traços que permearam a linguagem da literatura infantil foram nítidos. Alguns não chegaram a configurar uma tendência: deixaram-se apenas entrever, despontando-se esparsamente em certos momentos de algumas obras, ou em obras isoladas dentro do conjunto de títulos de um autor.

Um deles foi o considerável espessamento que o texto infantil sofreu enquanto discurso literário, o que lhe abriu a pos-

---

143 Santos, *O curumim que virou gigante*, p.7.

Marisa Lajolo • Regina Zilberman

sibilidade de autodiferenciar-se, quer incluindo procedimentos metalinguísticos, quer recorrendo à intertextualidade; ou seja: às vezes o texto representou o próprio processo de escrita e produção, às vezes fez referência a outras obras, instaurando uma espécie de diálogo entre textos.

Analisadas superficialmente, metalinguagem e intertextualidade parecem aproximar a literatura infantil de obras não infantis, que encontram na metalinguagem a exposição de sua modernidade. Diante das transformações que a modernização capitalista trouxe para seu ofício, o escritor encena, perante os leitores, suas perplexidades e inseguranças diante da linguagem de que dispõe.

Na literatura infantil, porém, perplexidades e desconfianças são raras. Quem escreve para crianças parece acreditar na docilidade e transparência da linguagem enquanto instrumento, o que confina o questionamento do discurso a poucas obras e o torna, mesmo nestas, pouco radical.

Talvez o escritor para crianças que primeiro e com mais empenho trouxe para a narrativa infantil os dilemas do narrador moderno tenha sido Clarice Lispector. Suas obras destinadas àquela faixa etária renunciaram à onisciência, ponto de vista tradicional da história infantil. Esse abandono permitiu o afloramento no texto das hesitações do narrador e, como recurso narrativo, pôde atenuar a assimetria que preside a emissão adulta e a recepção infantil de um livro para crianças:

> Não tenho coragem ainda de contar agora mesmo como aconteceu. Mas prometo que no fim deste livro, contarei e vocês, que vão ler esta história triste, me perdoarão ou não.
>
> Vocês hão de perguntar: por que só no fim do livro? E eu respondo:

Literatura infantil brasileira

– É porque no começo e no meio vou contar algumas histórias de bichos que eu tive, só para vocês verem que eu só poderia ter matado os peixinhos sem querer.[144]

Nesse projeto, além da marca inconfundível de Clarice, pode-se também reconhecer um procedimento nitidamente moderno: a fragmentação e a diluição da narrativa, sempre postergada, o que exige ostensivamente a participação do leitor a quem o narrador se dirige com frequência, explicando o que relata e fazendo perguntas.

Também *O caneco de prata* (1971), de João Carlos Marinho, aspira à modernidade narrativa, mas como que se arrepende no fim do caminho. O último fragmento da história explica pela loucura o que parecia ter se desenrolado como aventura de linguagem: "Mas o dono do hospício veio dançando pelo corredor e depois pegou no meu livro e escreveu fim".[145]

Contextualizar no hospício uma narrativa que começa com discos voadores, crianças e marcianos comendo morango com chantili no pico do Jaraguá e que, no seu desenvolvimento, incorpora grafites, cartas sem pé nem cabeça, um leopardo verde e um esquadrão da morte, tem consequências sérias: acarreta a diluição do *nonsense* e do surrealismo, bem como enfraquece o projeto de desmontagem e fragmentação da narrativa, de indisfarçável figurino oswaldiano.

Marcelo marmelo martelo (1976), de Ruth Rocha, é outro livro que mergulha seus leitores na aventura da linguagem. Tematiza a arbitrariedade do signo linguístico, vivenciada comicamente

---

144 Lispector, *A mulher que matou os peixes*.
145 Marinho, *O caneco de prata*, op. cit.

pelo protagonista, um menino entretido em explorar a elasticidade sonora e semântica das palavras.

Ao chamar seu cão de *Latildo*, travesseiro de *orelheiro* e pegar fogo de *embrasar-se*, Marcelo vive, através de suas experiências linguísticas, a aventura de nomear e significar. Na medida em que os novos nomes que ele atribui às coisas fazem-no viver situações problemáticas, a história incorpora a ambiguidade do compromisso entre, de um lado, os usos sociais da linguagem e, de outro, os limites que tal uso impõe às interferências do falante no sistema linguístico.

Se nesse livro o questionamento da linguagem se faz sobre o componente lexical, um livro posterior da mesma autora leva adiante a reflexão, fazendo-a incidir sobre a prática da palavra. Trata-se de *O reizinho mandão* (1978), que conta a história de um povo reduzido ao silêncio por um governante despótico e que tem sua voz e sua fala restauradas por uma criança que enuncia as palavras mágicas: *"cala a boca já morreu: quem manda na minha boca sou eu"*.[146]

Na tradição das fórmulas de encantamento e desencantamento, a frase que opera o milagre é ritmada e rimada. E, além disso, nela, enunciado e enunciação coincidem, isto é, ela constitui um ato de fala (condição de desencantamento), que proclama o direito individual à palavra. Trata-se, ainda, de um provérbio, cuja origem popular reforça a noção de um uso libertador da linguagem, não mais um instrumento de comunicação, mas forma de atuação na realidade.

Chapeuzinho Amarelo (1979), de Chico Buarque, é outra obra em que o poder emancipador da palavra constitui a espinha

---

146 Rocha, *O reizinho mandão*, p.24.

dorsal do texto. De concepção bastante sofisticada, a história retoma e reescreve alguns elementos da velha e popular história do *Chapeuzinho Vermelho*. Na reescrita, o lobo passa a simbolizar uma espécie de arquétipo dos medos infantis, inventariados num texto de muita musicalidade.

A protagonista, que dá título ao livro, "amarelada de medo, / tinha medo de tudo".

> Ouvia conto de fada
> e estremecia.
> Não brincava mais de nada,
> nem de amarelinha.[147]

Acaba por descobrir um modo de enfrentar seus temores, reiventando as palavras, ao alterar a ordem das sílabas que as compõem. Assim, "inventa uma brincadeira", em que "transforma em companheiro / cada medo que [...] tinha". Por intermédio dessa operação, "lobo" converte-se em "bolo" e, nessa metamorfose, anulam-se seus traços amedrontadores e instaura-se uma relação invertida, em que ele é que fica à mercê da criança:

> o raio virou orrái,
> barata é tabará,
> a bruxa virou xabru
> e o diabo é bodiá.[148]

---

147 C. Buarque, *Chapeuzinho Amarelo*.
148 Ibid.

Chapeuzinho Amarelo é um texto que traduz a relação da palavra com as coisas e que sugere o poder da linguagem enquanto agente da transformação da realidade.

De raízes antigas e da linhagem dos contos de fadas mais tradicionais são os textos com os quais dialoga a *História meio ao contrário* (1979), de Ana Maria Machado, que recupera, discute e inverte diametralmente situações e valores correntes nas histórias infantis. A troca repercute no andamento da narrativa, que se abre pela fórmula que tradicionalmente encerra o conto de fadas: "e então eles se casaram, tiveram uma filha linda como um raio de sol e viveram felizes para sempre...".[149]

Logo no início do texto, o narrador manifesta consciência da substituição sistemática a que submete os constituintes tradicionais do gênero e do reflexo disso no modo de narrar: "Tem muita história que acaba assim. Mas este é o começo da nossa. Quer dizer, se a gente tem que começar em algum lugar, pode muito bem ser por aí".[150]

O diálogo narrador-leitor, em que o primeiro reproduz seu fazer literário, é constante na literatura não infantil e um dos modos de expressão do encorpamento do texto infantil enquanto discurso literário. Nesse livro, que a partir do título coloca-se sob o signo da inversão, a revisão de conceitos é total: o rei não é todo-poderoso, o príncipe casa-se com a pastora, e o povo é quem resolve seus problemas. Além dos conteúdos fantásticos que esse livro reescreve, ele parodia também elementos de outra fonte, como a figura do gigante, cuja apresentação se inspira em versos do hino nacional:

---

149 Machado, *História meio ao contrário*, p.4.
150 Ibid.

Literatura infantil brasileira

— Mas alguém já viu o Gigante acordado? Ele passa o tempo todo deitado, esse gigante adormecido.

— É mesmo... Deitado eternamente...[151]

Colocando lado a lado elementos de origem tão díspar como os contos de fadas e o hinário pátrio, e submetendo ambos ao mesmo procedimento de reescrita paródica, *História meio ao contrário* explicita outra forma de diálogo entre a literatura infantil e suas fontes mais remotas.

Se a encenação da linguagem e a recuperação paródica do discurso tradicional são formas de a literatura infantil inserir-se no presente, outras modalidades dessa inserção parecem ser as estruturas alegóricas que sustentam várias histórias para crianças.

Parentes longínquos das fábulas, mas recusando os valores tradicionais que elas difundiam, todos os livros de Lygia Bojunga Nunes publicados na década de 1970 (*Os colegas*, 1972, *Angélica*, 1975, *A bolsa amarela*, 1976, *A casa da madrinha*, 1978, *Corda bamba,* 1979, e *O sofá estampado,* 1980) expressam, nas histórias que contam, desajustes, frustrações, marginalização social e familiar.

Mais do que a representação de situações sociais tensas, Lygia Bojunga Nunes traz para seus enredos a interiorização das tensões pela personagem infantil, muitas vezes sintetizadas por animais.

As personagens dessa autora vivem, no limite, crises de identidade: divididas entre a imagem que os outros têm delas e a autoimagem que irrompe de seu interior, manifestando-se

---

151 Ibid., p.26.

por intermédio de desejos, sonhos e viagens, os livros de Lygia registram o percurso dos protagonistas em direção à posse plena de sua individualidade. Em *A bolsa amarela*, é a própria personagem, em primeira pessoa, que expressa seus desajustes:

> Eu tenho que achar um lugar pra esconder as minhas vontades. Não digo vontade magra, pequenininha, que nem tomar sorvete a toda hora, dar sumiço da aula de matemática, comprar um sapato novo que eu não aguento mais o meu. Vontade assim todo mundo pode ver, não tô ligando a mínima. Mas as outras – as três que de repente vão crescendo e engordando toda a vida – ah, essas eu não quero mais mostrar. De jeito nenhum.[152]

Na sequência, Raquel, a protagonista, explicita suas vontades mais íntimas:

> Não sei qual das três me enrola mais. Às vezes acho que é a vontade de crescer de uma vez e deixar de ser criança. Outra hora acho que é a vontade de ter nascido garoto em vez de menina. Mas hoje tô achando que é a vontade de escrever.[153]

Sua narrativa flui num ritmo vagaroso, atento à minúcia de comportamento e de ambiente que às vezes se aproxima do fluxo de consciência. O resultado é uma narrativa original que, além de romper com a linearidade, parece ter a intenção de colar-se ao modo infantil de perceber e dar significado ao mundo.

---

152 L. B. Nunes, *A bolsa amarela*, p.11.
153 Ibid.

Literatura infantil brasileira

Outras obras e outros autores renunciaram definitivamente à representação do real e à pedagogia, mesmo que seja a pedagogia do avesso, que os anos 1970 pareceram decretar. Abandono bem-vindo, na medida em que parecem esgotadas — por terem chegado ao seu limite — as tendências aberta ou alegoricamente contestadoras que marcaram a literatura infantil na década final do período.

Marina Colasanti, em *Uma ideia toda azul* (1979), fez reingressar na literatura infantil toda a população de reis, fadas, princesas e rainhas que costumavam povoar os contos tradicionais. O reingresso coincide com o aparecimento de muitas obras cujo projeto consistia na desmistificação das criaturas do reino das fadas.

Nos textos da tradição de Charles Perrault e dos irmãos Grimm (Jacob e Wilhelm), os elementos fantásticos, em constante intercâmbio com o real, acabaram servindo a interpretações que os viam como metáforas de situações sociais e psicológicas muito marcadas. É, de certa forma, contra o maniqueísmo dessas interpretações que *A fada que tinha ideias* e *Soprinho*, de Fernanda Lopes de Almeida, *A fada desencantada*, de Eliane Ganem, *História meio ao contrário*, de Ana Maria Machado, e *Onde tem bruxa tem fada*, de Bartolomeu Campos Queirós, se insurgiram.

A ressurreição do fantástico operada por Marina Colasanti dialoga, então, não só com as fontes originais do conto de fadas, como também com a contestação desse acervo. E, por esse caminho, seu projeto encontra eco em textos não infantis, como os de Murilo Rubião, igualmente mergulhados no imaginário.

As personagens dos contos de *Uma ideia toda azul* e de *Doze reis e a moça do labirinto do vento* (1983) são todas de estirpe simbólica: tecelãs, princesas, fadas, sereias, corças e unicórnios, em palácios, espelhos, florestas e torres, não têm nenhum compromisso com a realidade imediata. Participam de enredos cuja fabulação é simples e linear, dos quais emergem significados para a vivência da solidão, da morte, do tempo, do amor. O clima dos textos aponta para o insólito, e o envolvimento do leitor se acentua através do trabalho artesanal da linguagem, extremamente melodiosa e sugestiva:

> Sem saber o que fazer, a princesa pegou o alaúde e a noite inteira cantou sua tristeza. A lua apagou-se. O sol mais uma vez encheu de luz as corolas. E como no primeiro dia em que se haviam encontrado, a princesa aproximou-se do unicórnio. E como no segundo dia, olhou-o procurando o fundo de seus olhos. E como no terceiro dia segurou-lhe a cabeça com as mãos. E nesse último dia aproximou a cabeça de seu peito, com suave força, com força de amor empurrando, cravando o espinho de marfim no coração, enfim florido.[154]

Em direção semelhante aponta *O misterioso rapto de Flor-de-Sereno* (1979), de Haroldo Bruno. Trata-se de uma história narrada numa linguagem popular e oral, que lembra tanto a novela arcaica quanto o romance de cordel. Os capítulos têm títulos longos que inventariam e resumem o conteúdo narrativo:

> O rapto da meiga e branca Flor-de-Sereno, com a casa sendo violentamente atirada nos ares e outras desordens do natural.[155]

---

154 Colasanti, *Uma ideia toda azul*, p.28.
155 Bruno, *O misterioso rapto de Flor-de-Sereno*, op. cit., p.13.

Literatura infantil brasileira

De como o mágico Segismundo-corre-mundo sabe do endereço do monstro Sazafrás pela inscrição de fogo que se abre num céu de estrelas e relâmpagos.[156]

A história é longa, incorpora vários elementos da cultura pernambucana, e é composta de episódios que se superpõem sem necessariamente se interpenetrarem. O livro conta a história de Zé Grande em busca de sua mulher, Flor-de-Sereno, raptada pelo gigante Sazafrás "de antiga e negra memória". Na oralidade de sua narração, no diálogo constante com o leitor, são apontadas as conotações simbólicas da narrativa que, em última análise, é a história de um herói popular para quem a missão libertadora não exclui a dimensão amorosa.

A fusão entre o social e o individual, entre universal e regional, também presente em Guimarães Rosa, sugere o acerto do caminho trilhado por Haroldo Bruno. Sintetiza uma forma moderna de aproveitamento do material folclórico, sempre reivindicado como fonte desejável de literatura infantil, desde os tempos de Figueiredo Pimentel e Alexina de Magalhães Pinto.

7.8. Balanço geral

Os anos 1960 e 1970 assistiram à implantação de uma nova etapa da sociedade brasileira em direção a um modelo capitalista mais avançado, o que implicou a inversão maior de recursos na produção cultural, bem como o aprimoramento de instituições às quais competia a execução de políticas do Estado para aquela área.

---

156 Ibid., p.69.

Marisa Lajolo • Regina Zilberman

Imersa em tal contexto que favorecia um modo industrial de produção de cultura, a literatura infantil, na fragilidade de sua ainda recente e irregular tradição, expôs traços tanto da manutenção de velhas tendências, quanto de um esforço renovador.

No primeiro caso, a cristalização e a ampliação de um mercado rendoso e pouco exigente, sensível a expedientes de divulgação que exploram a dependência entre a literatura infantil e a escola, favoreceram a repetição de velhas fórmulas e exigiram do escritor uma periodicidade de lançamentos que talvez fosse incompatível com a criação artística, nos moldes em que ela é concebida na literatura não infantil. Em consequência, apareceram os livros em série, bem como a insistência em velhos enredos tomados à tradição fantástica, ao folclore e à novela de aventuras. Foram os recursos de que escritores e editores lançaram mão para preencher a cota de livros que o mercado era capaz de absorver.

Quanto à renovação, a literatura infantil dos anos 1960 e 1970 assumiu traços que a aproximavam tanto de uma certa produção literária não infantil coetânea sua, quanto a fizeram recuperar o atraso, incorporando conquistas já presentes na literatura não infantil desde o Modernismo de 1922.

Em comum com certas vertentes da narrativa do período, empenhada na representação da realidade brasileira, a narrativa infantil mais significativa aderiu à temática urbana, fazendo-se porta-voz de denúncias da crise social brasileira. Investindo-se de uma missão tão pedagogicamente regeneradora quanto fora, a seu tempo, regenerador o projeto de literatura infantil de Olavo Bilac ou Thales de Andrade, a literatura infantil fez da inversão de valores ideológicos seu compromisso com a modernidade.

Literatura infantil brasileira

Assim, se aparentemente desapareceu desses livros infantis o compromisso com a história oficial, com os heróis pátrios e com os conteúdos escolares mais ortodoxos, um exame mais atento daquela produção revela a permanência da preocupação educativa, engajada agora com outros valores, menos tradicionais e – acredita-se – libertadores.

Originada da cultura de massa, uma outra vertente da literatura infantil aderiu a gêneros e temas até então só esporadicamente cultivados nos livros para crianças, como a história policial e a ficção científica. Os elementos constituintes de obras dessa vertente voltam a indicar – agora indiretamente – o caráter urbano dos livros para crianças: mistérios a serem resolvidos e a manipulação de engenhos e fórmulas são atributos do indivíduo cosmopolita, mesmo quando criança. É o bulício das metrópoles que engendra tanto a infração e a restauração do equilíbrio social (com o desvendamento do crime e a exposição do culpado), quanto o cotidiano da experiência científica, de onde se originam grandes inventos e superpoderes.

Ao lado da crescente presença de elementos da realidade urbana em livros infantis, os vinte anos desse período assinalaram o fortalecimento e a renovação da poesia infantil, rompendo com a tradição escolar e tornando-se predominantemente lúdica e especulativa.

Paralelo a esse surto poético e com similar sentimento de renúncia à pedagogia, mesmo que seja uma pedagogia ao contrário, as histórias fundadas no imaginário reencontraram seu espaço, quer por meio do recurso ao fantástico encontrável em diferentes partes do mundo, quer com o reaproveitamento inovador de elementos de lendas brasileiras e assuntos regionais.

São, assim, muitas as formas pelas quais o texto infantil buscou romper com a esclerose a que o percurso escolar e os laços com uma pedagogia conservadora parecia ter confinado o gênero. A ruptura acarretou ainda a escrita de textos autoconscientes, isto é, de textos que explicitavam e assumiam sua natureza de produto verbal, cultural e ideológico. Reside aí o ponto de radicalidade mais extrema a que chegou o texto infantil dessas duas décadas.

Com isso, após ter conquistado a duras penas o direito de falar com realismo e sem retoques da realidade histórica, ao mesmo tempo que redescobriu as fontes do fantástico e o imaginário, a literatura infantil contemplou-se a si mesma em seus textos. E, enquanto modalidade literária, passou a constituir-se em objeto de estudos acadêmicos, teses, congressos e livros, inclusive este.

Se o novo *status* favoreceu sua decisão de manter-se distanciada da tentação pedagógica conservadora, ele foi impotente para resolver outros impasses antigos em que se debatiam os livros para crianças: sua circulação permaneceu dependendo do aparelho escolar e, com mais nitidez do que em outros gêneros, os livros infantis mostraram-se um produto em torno do qual giram sólidos capitais.

A esses impasses somou-se outro, decorrente agora de seu novo *status*: uma vez reconhecidos como literatura, os livros para crianças passaram a prestar contas à série literária. E, em relação a ela, o modo de produção do livro infantil podia consistir um obstáculo intransponível para que o diálogo se desenvolvesse em pé de igualdade. Mas, dialeticamente, foi isso também que permitiu que a inclusão da literatura infantil nas reflexões sobre a história e a teoria da literatura de um povo iluminasse zonas de penumbra que a circulação restrita da produção literária não infantil impedia que fossem observadas.

8

Entrou por uma porta e saiu por outra

Por que dar fim a histórias?

Carlos Drummond de Andrade[157]

Quando a primeira edição deste livro foi publicada, em 1984 – e, sobretudo, ao longo da elaboração dele –, a sociedade brasileira ainda vivia à sombra do último governo militar do ciclo iniciado com o golpe de 1964. A redemocratização veio aos poucos – como se dizia na época, foi "lenta e gradual" –, afirmando-se com a promulgação da Constituição de 1988 e, em 1990, com a eleição direta de um presidente civil. A mudança política alterou consideravelmente o cenário educacional, o que beneficiou produtores e consumidores de literatura para crianças.

Metáforas e alegorias à ditadura, como as que se identificam em muitas obras dos anos 1970, puderam ser abandonadas, substituídas por uma fala cristalina relativa a valores democráti-

---

157 C. D. Andrade, Fim. In: *Boitempo. Poesia completa*, p.989.

cos reivindicados e reimplantados. Entre estes, a defesa da autonomia da criança e do jovem, reivindicação já presente tanto nos textos de autores que, naquela década, iniciaram seu itinerário artístico, como Joel Rufino dos Santos, João Carlos Marinho, Lygia Bojunga Nunes, Marina Colasanti, Ana Maria Machado e Ruth Rocha, como nos que estrearam depois daquela data, como Angela Lago, Daniel Munduruku, Ilan Brenman, Luciana Sandroni, Marilda Castanha, Nelson Cruz, Pedro Bandeira, Ricardo Azevedo e Roger Mello, entre muitos outros.

As considerações com que se encerra o capítulo anterior apontaram o ritmo industrial da produção da literatura infantil, a considerável ampliação de seu público, ao lado do refinamento da tecnologia digital com impacto direto na produção de livros. Sobretudo a feição que os livros brasileiros para crianças e jovens vão assumindo nas décadas finais do século XX confirma a maturidade e a importância do gênero, tanto estética quanto socialmente. O que diz que, nos cem anos recobertos pela história e histórias que este livro conta, a literatura infantil tornou-se adulta: consolidou-se como gênero extremamente variado que, em num certo sentido, antecipou-se a traços modernizantes da literatura *tout court*.

Esta grande viagem que configura o horizonte da produção cultural para crianças e jovens, desde suas manifestações no Brasil do final dos Oitocentos às últimas décadas do século passado, torna extremamente instigantes reflexões sobre o "dia seguinte", isto é, sobre o que poderá vir a seguir.

Como toda produção cultural, a literatura infantil está em constante diálogo com o mundo social e seus valores. Assim como os antigos livros para crianças incorporavam e difundiam preceitos patrióticos, além de valorizar a passividade infantil, o fortalecimento posterior de movimentos sociais extremamente ativos reflete-se em obras mais atuais. Ao lado de um aumento significativo de mulheres na posição de autoras, diversifica-se igualmente a identidade de heróis e heroínas. Ao mesmo tempo, a pluralidade disponível de linguagens, ao lado da crescente ênfase na importância da leitura e no papel da literatura infantil para seu incentivo, que já despontavam desde a metade do século passado, multiplicou-se, ainda no final do século XX, a re-escritura de histórias de circulação originalmente oral.

Primeiro no mundo do livro impresso e posteriormente quadrinizada e digitalizada, a literatura infantil que circula no período aqui estudado deu nova vida à tradição do gênero. Também sinais da maturidade do gênero são a metalinguagem e a intertextualidade, apontadas em alguns textos aqui discutidos. Esta – por assim dizer – "automemória" do gênero articula-se bem com o já mencionado aumento do público disponível para ele, para o qual também são adaptadas obras literárias originalmente destinadas ao público adulto.

A transição de um gênero a outro – por exemplo, livros para adultos reescritos para jovens – não se manifesta apenas de forma textual. Manifesta-se também no universo autoral, representado pelo bem-vindo trânsito de escritores tidos como voltados para o público adulto para criações para a infância, como se comentou a propósito de, entre outros, Cecília Meireles e Vinicius de Moraes.

A extraordinária multiplicação de exemplares e de títulos (brasileiros e estrangeiros) que circulam no Brasil a partir dos anos finais do último século articula-se com uma significativa ampliação das redes de ensino que passam a acolher número consideravelmente mais alto de estudantes. Simultaneamente, o sucesso de políticas educacionais voltadas para a leitura trouxe amplos investimentos públicos em literatura infantojuvenil, com o objetivo de aprimorar o acervo de bibliotecas escolares e mesmo de doar livros de literatura a alunos.

Muito embora, neste início da segunda década do século XXI, quando relemos a história que escrevemos há quarenta anos, cresçam dúvidas se tais políticas serão mantidas, algumas observações das relações da literatura infantil brasileira com o mundo da produção precisam ser levadas em conta nas reflexões sobre o tema.

A partir dos anos 70 do século XX, o aparelho escolar consolidou-se como mediador essencial – e quase absoluto – entre a literatura infantojuvenil e seu público. Se, por um lado, tal aliança não ocorre apenas no Brasil, tampouco tenha sido invenção da modernidade, e se ela assegura o consumo intenso e regular da mercadoria que toma a forma de livro, ela corre o risco de "escolarizar" quase definitivamente o gênero, situação que vimos discutindo a propósito de alguns textos.

Monteiro Lobato – menção constante ao longo deste livro – já tinha olhos na sala de aula, escrevendo, traduzindo e adaptando obras que trabalhavam conteúdos escolares. No caso do criador do Sítio do Picapau Amarelo, tais conteúdos ganhavam quase sempre uma perspectiva lúdica, ora na voz de Dona Benta, ora na maneira pela qual os conteúdos eram acessados. Essa arriscada tendência à escolarização do gênero parece manifestar-se e mesmo cruzar o século, na materialidade de alguns títulos mais contemporâneos e sobretudo em paratextos (vocabulário, rodapés e suplementos de leitura, por exemplo).

Literatura infantil brasileira

Se foi no último período aqui estudado que diferentes identidades que constituem a população brasileira são destacadas, rompendo uma tradição de heróis brancos, é de se esperar que, na esteira do fortalecimento de movimentos sociais, bem como de legislação relativa ao perfil de livros contemplados candidatos a financiamento de estado, indivíduos de outros grupos sociais passem a desempenhar maior protagonismo na literatura voltada para crianças e jovens.

Passados mais de trinta anos de nosso trabalho com a literatura infantojuvenil brasileira do século XX, as questões da história e das histórias que contamos tornaram-se mais insistentes e desafiadoras. Foi no encalço de responder a elas – ou ao menos, de formulá-las de forma mais abrangente – que, em 2017, lançamos o livro *Uma nova outra história*.

Por que o título?

Nova, porque trata de décadas posteriores a este livro que agora relançamos; e também pelo surgimento de novos temas, autores e formatos. E *outra* porque a pesquisa da qual resultou o novo título – revelando a incompatibilidade entre o modelo cronológico e a identidade da produção mais recente – pedia uma formatação distinta, o que acatamos. E *outra*, também, porque o novo estatuto que assume a literatura infantil e juvenil a partir de seu ingresso no mundo acadêmico deixava espaço para reflexões sobre história e teoria literária a partir de histórias para crianças.

Mas, como sempre, fica para os leitores conferirem...

9
Cronologia histórico-literária

1880 – Fundação da Associação Industrial
Fortalecimento do abolicionismo
Fagundes Varella: *Diário de Lázaro*
Luís Guimarães Jr.: *Sonetos e rimas*
Machado de Assis: *Memórias Póstumas de Brás Cubas*

1881 – Fundação da Sociedade Central de Imigração
Aluísio Azevedo: *O mulato*

1882 – Borracha: terceiro produto brasileiro na pauta de
exportações
Carlos Jansen (tradutor): *Contos seletos das mil e uma noites*
Hilário Ribeiro: *Segundo livro de leitura*
Machado de Assis: *Papéis avulsos*
Teófilo Dias: *Fanfarras*

1883 – Organização da Confederação Abolicionista
Início da questão militar
Castro Alves: *Os escravos*

Raimundo Correia: *Sinfonias*
Barão de Paranapiacaba: *O primeiro livro das fábulas*

1884 – Extinção do escravismo no Ceará e Amazonas
Alberto de Oliveira: *Meridionais*
Aluísio Azevedo: *Casa de pensão*

1885 – Aprovação da Lei Saraiva-Cotegipe (dos
      Sexagenários)
Alberto de Oliveira: *Sonetos e poemas*
Augusto Emílio Zaluar: *Livro da infância*
Carlos Jansen (tradutor): *Robinson Crusoé*

1886 – Fundação da Sociedade Promotora da Imigração
Barão da Paranapiacaba: *Camoniana brasileira*
Júlia Lopes de Almeida e Adelina Lopes Vieira: *Contos infantis*

1887 – Manifestação da Igreja favoravelmente à abolição
Recusa do Exército a perseguir escravos fugidos
Aluísio Azevedo: *O homem*
Raimundo Correia: *Versos e versões*

1888 – Assinatura da Lei Áurea
José Veríssimo: *Cenas da vida amazônica*
Júlio Ribeiro: *A carne*
Olavo Bilac: *Poesias*
Raul Pompeia: *O Ateneu*
Carlos Jansen (tradutor): *Viagens de Gulliver*

1889 – Proclamação da República
Aluísio Azevedo: *O coruja*
Machado de Assis: *Páginas recolhidas*

Literatura infantil brasileira

1890 – Crise financeira do Encilhamento
Convocação da Constituinte
Aluísio Azevedo: *O cortiço*
Rodolfo Teófilo: *A fome*
Sílvio Romero: *História do Brasil ensinada pela biografia de seus heróis*

1891 – Promulgação da Constituição
Eleição de Deodoro da Fonseca e Floriano Peixoto
Fechamento do Congresso Nacional por Deodoro da Fonseca
Renúncia do presidente e posse de Floriano
Machado de Assis: *Quincas Borba*
Carlos Jansen (tradutor): *As aventuras do celebérrimo Barão de Münchhausen*
João Ribeiro (tradutor): *Coração*

1892 – Greve ferroviária na Central do Brasil
Adolfo Caminha: *A normalista*

1893 – Revolta da Armada, no Rio de Janeiro, liderada por Custódio de Melo
Revolução Federalista no Sul
Cruz e Sousa: *Missal*; *Broquéis*
Rodrigo Otávio: *Festas nacionais*
Zalina Rolim: *Coração* (contendo poemas infantis)

1894 – Capitulação dos rebeldes
Eleição e posse de Prudente de Morais
Júlia Lopes de Almeida: *A família Medeiros*
Machado de Assis: *Histórias sem data*
Figueiredo Pimentel: *Contos da Carochinha*
Gabriela França: *Contos brasileiros*

1895 – Primeiras expedições contra os revoltosos de
      Canudos
Adolfo Caminha: *O bom crioulo*
Francisca Júlia: *Mármores*
Rodolfo Teófilo: *Os brilhantes*
Fausto Barreto e Carlos de Laet: *Antologia nacional*

1896 – Novas expedições contra os revoltosos de Canudos
Machado de Assis: *Várias histórias*
Figueiredo Pimentel: *Contos de fadas; Histórias da avozinha; Histórias da baratinha*

1897 – Vitória das forças federais sobre os revoltosos de
      Canudos
Fundação da Academia Brasileira de Letras
Coelho Neto: *Inverno em flor*
Figueiredo Pimentel: *Álbum das crianças; A queda de um anjo; Teatrinho infantil*
Sílvio Romero: *Contos populares do Brasil*
Zalina Rolim: *Livro das crianças*

1898 – Eleição de Campos Sales para a presidência
Afonso Arinos: *Pelo sertão*
Raimundo Correia: *Poesias*
Figueiredo Pimentel: *O livro das crianças*

1899 – Alphonsus de Guimaraens: *Dona Mística; Setenário das Dores de Nossa Senhora*
Coelho Neto: *A conquista*
Gonzaga Duque: *Mocidade morta*
João Vieira de Almeida: *Pátria*

Literatura infantil brasileira

1900 – Em vigor, a política dos governadores (aliança entre
o poder central e o poder dos vários Estados)
Cruz e Sousa: *Faróis*
Machado de Assis: *D. Casmurro*

1901 – Cisão do Partido Republicano Paulista
Coelho Neto: *Tormenta*
Afonso Celso: *Por que me ufano de meu país*
Carlos Jansen (tradutor): *D. Quixote de la Mancha*

1902 – Eleição de Rodrigues Alves para a presidência
Projeto de Saneamento e remodelação do Rio de Janeiro
Euclides da Cunha: *Os sertões*
Graça Aranha: *Canaã*

1903 – Epidemia de febre amarela
Atuação de Osvaldo Cruz como Diretor Geral da Saúde Pú-
blica do Rio de Janeiro
Greve geral no Rio de Janeiro
Domingos Olímpio: *Luzia-Homem*
Francisca Júlia: *Esfinges*

1904 – Revoltas populares contra as medidas sanitárias
decretadas por Osvaldo Cruz e contra o "bota-
-abaixo"(demolição da parte central do Rio de
Janeiro)
Machado de Assis: *Esaú e Jacó*
Rui Barbosa: *Réplica às defesas da redação do Código Civil*
Olavo Bilac: *Poesias infantis*
Olavo Bilac e Coelho Neto: *Contos pátrios*

1905 – Combate à febre amarela no Rio de Janeiro
Fundação da revista infantil *O Tico-Tico*
Cruz e Sousa: *Últimos sonetos*
Olavo Bilac e Guimarães Passos: *Tratado de versificação*
Olavo Bilac e Coelho Neto: *Teatro infantil*

1906 – Estabelecimento de medidas de proteção ao café
Greves por melhores salários e condições de trabalho
Posse de Afonso Pena na presidência da República
Coelho Neto: *Turbilhão*; *Esfinge*
Machado de Assis: *Relíquias de casa velha*

1907 – Política econômica de proteção ao café
Greves operárias reivindicando jornadas de oito horas de trabalho
Euclides da Cunha: *Peru "versus" Bolívia*
Alexina de Magalhães Pinto: *As nossas histórias*
Júlia Lopes de Almeida: *Histórias da nossa terra*

1908 – Política financeira de apoio ao café
Greves em todo o país
Aprovação da Lei do Serviço Militar Obrigatório
Júlia Lopes de Almeida: *A intrusa*
Viriato Correia e João do Rio: *Era uma vez*

1909 – Campanha civilista, liderada por Rui Barbosa,
       disputando a presidência com Hermes da Fonseca
Euclides da Cunha: *À margem da história*
Júlia Lopes de Almeida: *A herança*
Lima Barreto: *Recordações do escrivão Isaías Caminha*
Alexina de Magalhães Pinto: *Os nossos brinquedos*
Lindolfo Rocha: *O pequeno lavrador* (leitura escolar)

Literatura infantil brasileira

1910 – Vitória de Hermes da Fonseca nas eleições
         presidenciais
João do Rio: *Dentro da noite*
Júlia Lopes de Almeida: *Eles e elas*
Lindolfo Rocha: *Maria Dusá*
Simões Lopes Neto: *Cancioneiro guasca*
Arnaldo Barreto, Ramon Roca e Teodoro de Morais: *Festa das aves*
Domício da Gama: *Histórias curtas*
João Köpke: *Fábulas*
Olavo Bilac e Manuel Bonfim: *Através do Brasil*
Olavo Bilac (tradutor): *Juca e Chico* (W. Bush)

1911 – Greves em todo o Brasil por aumento salarial e
         redução da jornada de trabalho
Afrânio Peixoto: *A esfinge*
Graça Aranha: *Malasarte*

1912 – Greves operárias paralisam 10 mil trabalhadores em
         São Paulo
Augusto dos Anjos: *Eu*
Simões Lopes Neto: *Contos gauchescos*
Alcindo Guanabara: *Contos para crianças*
Francisca Júlia e Júlio da Silva: *Alma infantil*
Francisco Viana: *Leituras infantis*

1913 – Comícios e manifestações operárias em vários
         Estados
Crescimento da liderança do Padre Cícero no Nordeste
Ronald de Carvalho: *Luz gloriosa*
Simões Lopes Neto: *Lendas do Sul*
Rita de Macedo Barreto: *Coração de crianças*

1914 – Eleição e posse de Venceslau Brás na presidência da
República
Afrânio Peixoto: *Maria Bonita*
Alberto de Oliveira: *Céu, terra, mar* (antologia)
Coelho Neto: *O rei negro*
Masson de Azevedo: *Passatempo infantil*
Presciliana Duarte de Almeida: *Livro das aves*
Suzana Cornas: *As crianças e os animais; Novos amigos*

1915 – Protestos operários contra a guerra na Europa
Cassiano Ricardo: *Dentro da noite*
Lima Barreto: *O triste fim de Policarpo Quaresma*
Arnaldo de Oliveira Barreto: *O patinho feio* (Biblioteca Infantil
Melhoramentos)

1916 – Criação da Liga de Defesa Nacional
José Veríssimo: *História da literatura brasileira*
Alexina de Magalhães Pinto: *Cantigas das crianças e do povo e Dan-*
ças populares
Júlia Lopes de Almeida e Adelina Lopes Vieira: *A árvore*

1917 – Greve geral operária
Queima do café para garantia de preço
Cassiano Ricardo: *Evangelho de Pã*
Guilherme de Almeida: *Nós*
Hugo de Carvalho Ramos: *Tropas e boiadas*
Manuel Bandeira: *A cinza das horas*
Menotti del Picchia: *Juca Mulato*
Alexina de Magalhães Pinto: *Provérbios populares, máximas*
e observações usuais (com um "Esboço provisório de uma
biblioteca infantil")

Literatura infantil brasileira

Júlia Lopes de Almeida: *Era uma vez; Jardim florido*
O. L. Brisola: *Poesias escolares*

1918 – Eleição de Rodrigues Alves para a presidência da
República
Monteiro Lobato: *Urupês*

1919 – Morte de Rodrigues Alves
Eleição de Epitácio Pessoa para a presidência da República
Cecília Meireles: *Espectros*
Lima Barreto: *Vida e morte de M. J. Gonzaga de Sá*
Monteiro Lobato: *Cidades mortas*
Thales de Andrade: *Saudade; A filha da floresta*

1920 – Intervenção federal na Bahia
Guilherme de Almeida: *Livro de horas de Sóror Dolores*
Monteiro Lobato: *Negrinha*
Valdomiro Silveira: *Os caboclos*
Júlia Lopes de Almeida: *Jornadas no meu país*

1921 – Novas greves no Rio de Janeiro e São Paulo
Graça Aranha: *Estética da vida*
Max Yantok: *Aventuras de Kaximbown*
Monteiro Lobato: *Narizinho Arrebitado* (Segundo livro de leitu-
ra para uso das escolas primárias); *O saci; Fábulas de Narizinho*

1922 – Realização da Semana de Arte Moderna, em São
Paulo
Fundação do Partido Comunista Brasileiro, no Rio de Janeiro
Motim no forte de Copacabana

Primeira transmissão de rádio no Brasil
Posse de Arthur Bernardes na presidência da República
Mário de Andrade: *Pauliceia desvairada*
Oswald de Andrade: *Alma* (1º volume de *Os condenados*)
Monteiro Lobato: *Fábulas*; *O Marquês de Rabicó*
Thales de Andrade: *El-rei D. Sapo*

1923 – Revolução Libertadora no Rio Grande do Sul
Monteiro Lobato: *Mundo da lua*; *O macaco que se fez homem*
Thales de Andrade: *Bem-te-vi feiticeiro*

1924 – Revolução tenentista em São Paulo
Formação da Coluna Prestes-Miguel Costa, até 1926
Manifesto da Poesia Pau-Brasil
Conferência de Graça Aranha sobre "O espírito moderno", na
Academia Brasileira de Letras
Oswald de Andrade: *Memórias sentimentais de João Miramar*
Monteiro Lobato: *A caçada da onça*; *O garimpeiro do rio das Garças*
Thales de Andrade: *Dona Içá Rainha*

1925 – Marcha da Coluna Prestes-Miguel Costa pelo Brasil
Gastão Cruls: *A Amazônia misteriosa*
Mário de Andrade: *A escrava que não é Isaura*
Oswald de Andrade: *Poesias reunidas de Oswald de Andrade* (Pau-
-Brasil)
Bastos Tigre: *Brinquedo de Natal*; *Poemas da primeira infância*

1926 – Fundação do Partido Democrático, em São Paulo
Posse de Washington Luís na presidência de República
Cassiano Ricardo: *Vamos caçar papagaios*

Literatura infantil brasileira

Mário de Andrade: *Losango cáqui*; *Primeiro andar*
Monteiro Lobato: *O presidente negro*
Gondim da Fonseca: *O reino das maravilhas*
Thales de Andrade: *Bela, a verdureira*

1927 – Fundação da Confederação Geral do Trabalho (CGT)
Alcântara Machado: *Brás, Bexiga e Barra Funda*
Mário de Andrade: *Amar, verbo intransitivo*; *Clã do Jaboti*
Oswald de Andrade: *Primeiro caderno do aluno de poesia Oswald de Andrade*; *A estrela de absinto* (2º volume de *Os condenados*)
Monteiro Lobato: *Aventuras do príncipe*; *O cara de coruja*; *O irmão de Pinóquio*; *O gato Félix*; *O noivado de Narizinho*; *O circo de escavalinho*; *Hans Staden*

1928 – Eleição de Getúlio Vargas a governador do Rio
        Grande do Sul
Cassiano Ricardo: *Martim-Cererê*
José Américo de Almeida: *A bagaceira*
Mário de Andrade: *Macunaíma*
Oswald de Andrade: *Manifesto Antropófago*
Paulo Prado: *Retrato do Brasil*
Malba Tahan: *Céu de Allah*
Thales de Andrade: *O pequeno mágico*
Viriato Correia: *A varinha de condão*

1929 – Formação da Aliança Liberal
Candidatura situacionista de Júlio Prestes e oposicionista de Getúlio Vargas à presidência da República
Queda do preço do café em decorrência do *crash* da Bolsa de Valores de Nova York

295

Guilherme de Almeida: *Simplicidade*
Thales de Andrade: *Totó judeu*

1930 – Vitória de Júlio Prestes nas eleições presidenciais
Assassinato de João Pessoa e revolução liderada por Getúlio Vargas
Dissolução do Congresso Nacional
Carlos Drummond de Andrade: *Alguma poesia*
Manuel Bandeira: *Libertinagem*
Rachel de Queiroz: *O quinze*
Malba Tahan: *Lendas do deserto*
Monteiro Lobato: *Peter Pan*; *A pena de papagaio*; *O pó de pirlimpimpim*
Thales de Andrade: *Árvores milagrosas*
Viriato Correia: *A arca de Noé*

1931 – Queima de estoques de café para manutenção do preço
Revoltas e greves no Rio de Janeiro e São Paulo
Jorge Amado: *O país do Carnaval*
Raul Bopp: *Cobra Norato*
Henrique Pongetti: *História de Carlitos*
Malba Tahan: *Mil histórias sem fim*
Max Yantok: *Novas aventuras de Kaximbown*
Menotti del Picchia: *Viagens de João Peralta e Pé-de-Moleque*
Monteiro Lobato: *Reinações de Narizinho*
Viriato Correia: *A macacada*; *No reino da bicharada*

1932 – Promulgação de leis trabalhistas pelo governo.
Revolução constitucionalista em São Paulo
Joraci Camargo: *Deus lhe pague*

José Lins do Rego: *Menino do engenho*
Gondim da Fonseca: *Contos do país das fadas*
Max Yantok: *Os sete serões de Nemayda*
Menotti del Picchia: *No país das formigas*
Monteiro Lobato: *Novas aventuras de Narizinho*; *Viagem ao céu*
Orígenes Lessa: *Aventuras e desventuras de um cavalo de pau*
Thales de Andrade: *A fonte maravilhosa*

1933 – Atuação da Assembleia Constituinte
Caio Prado Júnior: *Evolução política do Brasil*
Gilberto Freyre: *Casa-grande e senzala*
Erico Verissimo: *Clarissa*
Graciliano Ramos: *Caetés*
Oswald de Andrade: *Serafim Ponte Grande*
Max Yantok: *O pequeno comandante*
Monteiro Lobato: *História do mundo para crianças*; *Caçadas de Pedrinho*
Osvaldo Orico: *Histórias do pai João*
Viriato Correia: *Bichos e bichinhos*

1934 – Promulgação da nova Constituição
Eleição, pela Assembleia Constituinte, de Getúlio Vargas para presidente
Carlos Drummond de Andrade: *Brejo das almas*
Graciliano Ramos: *São Bernardo*
Monteiro Lobato: *Emília no país da gramática*
Orígenes Lessa: *O sonho de Prequeté*
Thales de Andrade: *Praga e feitiço*
Viriato Correia: *História do Brasil para crianças*

1935 – Criação da Aliança Nacional Libertadora (ANL)
Aprovação da Lei de Segurança Nacional; prisão dos membros
da ANL
Insurreição comunista em Natal e Recife; prisão dos militares
revoltosos
Estado de sítio aprovado pelo Congresso
Cornélio Pena: *Fronteira*
Jorge Amado: *Jubiabá*
Murilo Mendes: *Tempo e eternidade*
Malba Tahan: *Maktub*; *Lendas do céu e da terra*
Max Yantok: *Um passeio em Petizópolis*
Monteiro Lobato: *História das invenções*; *Aritmética da Emília*; *Geografia de Dona Benta*
Viriato Correia: *Meu torrão*

1936 – Novas prisões dos membros da ANL
Criação do Tribunal de Segurança Nacional
Sérgio Buarque de Holanda: *Raízes do Brasil*
Ciro dos Anjos: *O amanuense Belmiro*
Graciliano Ramos: *Angústia*
Erico Verissimo: *As aventuras do avião vermelho*; *Os três porquinhos pobres*; *Meu ABC*; *Rosamaria no castelo encantado*
Frei Ildefonso: *Contos*
Gustavo Barroso: *Quando Nosso Senhor andou no mundo*
José Lins do Rego: *Histórias da velha Totônia*
Menotti del Picchia: *Kalum*
Monteiro Lobato: *O escândalo do petróleo*; *Memórias de Emília*; *Don Quixote das crianças*

Literatura infantil brasileira

1937 – Campanha eleitoral para a presidência da República
Golpe de Getúlio Vargas: implantação do Estado Novo e outorga de nova Constituição
Octávio de Faria: *Mundo mortos*
Roberto Simonsen: *História econômica do Brasil*
Cecília Meireles: *A festa das letras*
Erico Verissimo: *As aventuras de Tibicuera*
Jerônimo Monteiro: *O ouro de Manoa* (O irmão do diabo)
Jorge de Lima: *História da Terra e da Humanidade para escolares*
Monteiro Lobato: *Serões de Dona Benta*; *Histórias de Tia Nastácia*; *O poço do Visconde*
Paulo Guanabara: *A evolução da humanidade*
Pepita de Leão: *Carlos Magno e seus cavaleiros*

1938 – Tentativa de golpe integralista
Graciliano Ramos: *Vidas secas*
Alaíde Lisboa de Oliveira: *A bonequinha preta*; *O bonequinho doce*
Cecília Meireles: *Rute e Alberto resolveram ser turistas*
Erico Verissimo: *O urso-com-música-na-barriga*
Francisco Acquarone: *Os grandes benfeitores da humanidade*
Henrique Pongetti e Joraci Camargo: *Teatro da criança*
Malba Tahan: *O homem que calculava*
Ofélia e Narbal Fontes: *Precisa-se de um rei*
Thales de Andrade: *O gigante das ondas*
Tycho Brahe: *Histórias brasileiras*
Vicente Guimarães: *O pequeno pedestre*
Viriato Correia: *Cazuza*

1939 – Acordos econômicos do governo com os EUA e a
          Alemanha
Belmonte: *A cidade do ouro*

299

Cecília Meireles: *Viagem*
Erico Verissimo: *A vida do elefante Basílio*; *Outra vez os três porquinhos*; *Viagem à aurora do mundo*; *Aventuras no mundo da higiene*
Graciliano Ramos: *A terra dos meninos pelados*
Lúcia Miguel Pereira: *Fada menina*
Lúcio Cardoso: *Histórias da Lagoa Grande*
Marques Rebelo e Arnaldo Tabaiá: *A casa das três rolinhas*
Monteiro Lobato: *O Picapau Amarelo*; *O minotauro*
Nina Salvi: *Dingo e Tucha*
Ofélia e Narbal Fontes: *Companheiros: história de uma cooperativa escolar*
Tycho Brahe: *A árvore de Natal*
Viriato Correia: *História de Caramuru*

1940 – Encampação, até 1945, do jornal *O Estado de S. Paulo*, pelo governo
Instituição do salário mínimo
Empréstimo norte-americano para a construção da Usina de Volta Redonda
Encampação da Rádio Nacional
Carlos Drummond de Andrade: *Sentimento do mundo*
Mário Quintana: *A rua dos cataventos*
Murilo Araújo: *A estrela azul*
Alaíde Lisboa de Oliveira: *Cirandinha*
Luís Jardim: *O boi aruá*; *O tatu e o macaco*
Maria José Dupré: *A mina de ouro*; *O cachorrinho Samba na Bahia*
Viriato Correia: *A descoberta do Brasil*

1941 – Fundação da Companhia Siderúrgica Brasileira
Erico Verissimo: *O resto é silêncio*

Literatura infantil brasileira

Cid Franco: *Histórias brasileiras para a juventude*
Guilherme de Almeida: *O sonho de Marina*; *João Pestana*
Kurt Gregorius: *Aventuras de Duca e João*
Mary Buarque: *O bonequinho de massa*; *Rei Oscar e o pernilongo*
Monteiro Lobato: *O espanto das gentes*; *A reforma da natureza*
Nina Salvi: *Tico e Teco*; *Ana Lúcia no país das fadas*
Ofélia e Narbal Fontes: *O gigante de botas*
Thales de Andrade: *A estrela mágica*
Vicente Guimarães: *Os bichos eram diferentes*

1942 – Ruptura de relações diplomáticas com a Alemanha e Itália
Declaração de guerra ao Eixo (Alemanha, Itália e Japão)
Cecília Meireles: *Vaga música*
Dyonélio Machado: *O louco do Cati*
João Cabral de Melo Neto: *Pedra do sono*
Antônio Carlos de Oliveira Mafra: *Episódios da história do Brasil em versos e legendas para crianças*
Lourenço Filho: *Totó*; *Baianinha*
Marques Rebelo e Arnaldo Tabaiá: *Pequena história de amor*; *Aventuras de barrigudinho*
Monteiro Lobato: *A chave do tamanho*
Raimundo Magalhães Júnior: *Chico Vira-Bicho e outras histórias*

1943 – Visita de Franklin Delano Roosevelt ao Brasil
Instituição da Consolidação das Leis do Trabalho (CLT)
Estreia de *Vestido de noiva*, de Nelson Rodrigues
Clarice Lispector: *Perto do coração selvagem*
José Lins do Rego: *Fogo morto*
Frei Ildefonso: *Novos contos*

Henriqueta Lisboa: *O menino poeta*
Jerônimo Monteiro: *O homem da perna só*
Jorge de Lima: *Vida de São Francisco de Assis*
Lúcia Machado de Almeida: *No fundo do mar; O mistério do polo*
Lúcia Miguel Pereira: *A filha do rio verde; Maria e seus bonecos; A floresta mágica*
Lourenço Filho: *Papagaio real; Tão pequenino*
Maria José Dupré: *Éramos seis*
Vicente Guimarães: *João Bolinha virou gente*

1944 – Participação da Força Expedicionária Brasileira (FEB) na guerra europeia
Bernardo Élis: *Ermos e gerais*
Josué Montello: *O tesouro de D. José*
Belmonte: *Brasil de outrora*
Carlos Manhães: *No mundo dos bichos*
Graciliano Ramos: *Alexandre e outros heróis*
Humberto de Campos: *História maravilhosas*
Lourenço Filho: *Saci Pererê; O indiozinho*
Monteiro Lobato: *Os doze trabalhos de Hércules*
Nina Salvi: *Os anões encantados*
Thales de Andrade: *Como nasceu a cidade maravilhosa*

1945 – Fundação dos partidos políticos nacionais
Deposição de Getúlio Vargas pelos militares
Eleição de Eurico Gaspar Dutra à presidência da República
Carlos Drummond de Andrade: *A rosa do povo*
Josué de Castro: *Geografia da fome*
Edy Lima: *A moedinha amassada*
Elos Sand: *A estrela e o pântano*

Literatura infantil brasileira

Francisco Marins: *Nas terras do rei Café*
Gondim da Fonseca: *Histórias de João Mindinho*
Lúcia Machado de Almeida: *Na região dos peixes fosforescentes*
Luiz Gonzaga de Camargo Fleury: *Araci e Moacir; O curumim do Araguaia; O palácio de cristal*
Maria Lúcia Amaral: *O caranguejo bola*
Mary Buarque: *O pracinha José; Rosinha chinesa*
Max Yantok: *Contos mágicos*
Renato Sêneca Fleury: *O pajem que se tornou rei*
Viriato Correia: *A bandeira das esmeraldas*

1946 – Posse do novo presidente da República
Instalação da Assembleia Constituinte
Promulgação da nova Constituição
Adonias Filho: *Os servos da morte*
Guimarães Rosa: *Sagarana*
Jorge Amado: *Seara vermelha*
Judas Isgorogota: *O bandeirante Fernão*
Lourenço Filho: *A irmã do indiozinho; Gauchita; No circo*
Luiz Gonzaga de Camargo Fleury: *A cidade maravilhosa; A lágrima do príncipe*
Maria José Dupré: *A ilha perdida*
Murilo Araújo: *O palhacinho quebrado*
Ofélia e Narbal Fontes: *O espírito do sol; A gigantinha*
Renato Sêneca Fleury: *História do corcundinha*

1947 – Eleições estaduais em todo o país
Proibição do PCB e fechamento da CGT
Ruptura de relações diplomáticas com a União Soviética
Reabertura do Museu de Arte de São Paulo

Murilo Araújo: *O ex-mágico*
Francisco Marins: *Os segredos de Taquara-Poca*; *O Coleira-Preta*;
Gafanhotos em Taquara-Poca
Jerônimo Monteiro: *Três meses no século 81*
Jorge de Lima: *Vida de Santo Antônio*
Mário Donato: *Espertezas do jaboti*
Monteiro Lobato: *Uma fada moderna*; *A lampreia*; *No tempo de Nero*;
A casa de Emília; *O centaurinho* (em Buenos Aires)
Renato Sêneca Fleury: *O Duque de Caxias*
Virgínia Lefèvre: *A lagostinha encantada*

1948 – Cassação dos mandatos dos parlamentares eleitos
         pelo PCB
Criação da Escola Superior de Guerra (ESG)
Inauguração do Museu de Arte Moderna, em São Paulo
Mário Quintana: *Sapato florido*; *O batalhão das letras*
Vitor Nunes Leal: *Coronelismo, enxada e voto*
Baltazar de Godói Moreira: *Eu, Serafim e Zeca*
Edy Lima: *O macaco e o confeito*
Godofredo Rangel: *Passeio à casa de Papai Noel*
Jerônimo Monteiro: *A cidade perdida*
Lúcia Machado de Almeida: *Viagens maravilhosas de Marco Polo*
Maria José Dupré: *A montanha encantada*; *Aventuras de Vera Lúcia,
Pingo e Pipoca*
Virgínia Lefèvre: *O príncipe invencível*
Viriato Correia: *As belas histórias da história do Brasil*

1949 – Candidatura de Getúlio Vargas à presidência
Erico Verissimo: *O continente*
Alfredo Mesquita: *Sílvia Pélica na Liberdade*

Clemente Luz: *Aventuras da bicharada*

Elos Sand: *O patinho teimoso*

Hernâni Donato: *Novas aventuras de Pedro Malasartes*

Jerônimo Monteiro: *Viagem ao país do sonho; Traição e castigo do gato espichado*

Lúcia Machado de Almeida: *Lendas da terra do ouro*

Maria Heloísa Penteado: *A menina que o vento levou; Lúcia-já-vou-indo*

Maria José Dupré: *O cachorrinho Samba*

Maria Lúcia Amaral: *A estrela de ouro*

1950 – Eleição de Getúlio à presidência da República

Inauguração da TV Tupi em São Paulo

João Cabral de Melo Neto: *Cão sem plumas*

Mário Quintana: *Aprendiz de feiticeiro*

Ivan Engler de Almeida: *A abelhinha feliz*

Leonardo Arroyo: *História do galo; Você já foi à Bahia?*

Lúcia Machado de Almeida: *Atíria, a borboleta*

1951 – Posse de Getúlio Vargas

Inauguração da I Bienal Internacional de Artes Plásticas, em São Paulo

Carlos Drummond de Andrade: *Claro enigma*

Gilberto Freyre: *Sobrados e mocambos*

Dinah Silveira de Queirós: *Aventuras do homem vegetal*

Francisco Barros Júnior: *Três garotos em férias no rio Tietê*

Francisco Marins: *Viagem ao mundo desconhecido*

Hernâni Donato: *Histórias do meninos índios; Os apuros do macaco Piuim*

Ivan Engler de Almeida: *... E a Malhada falou; O telefone do João-de-barro*

Lourenço Filho: *Maria do céu; E eu também*
Ofélia e Narbal Fontes: *Coração de onça*
Renato Sêneca Fleury: *Pedro Américo; Santos Dumont; Gusmão, o padre voador*

1952 – Criação do Banco Nacional de Desenvolvimento Econômico (BNDE)
Autran Dourado: *Tempo de amar*
Jorge de Lima: *Invenção de Orfeu*
Edy Lima: *Pau-Brasil: uma aventura pela história do Brasil*
Francisco Marins: *Expedição aos Martírios*
Gilda de Abreu: *Eu sou Nanico; Nanico auxilia Papai Noel; Nanico e o helicóptero de ouro; Nanico descobre o Brasil*
Gilda Helena: *Lendas de nossa terra*
Olegário Mariano: *Tangará conta histórias*

1953 – Criação da Petrobras
Premiação de *O cangaceiro*, no Festival de Cinema em Cannes
Cecília Meireles: *Romanceiro da Inconfidência*
Graciliano Ramos: *Memórias do cárcere*
Francisco Marins: *A aldeia sagrada*
Ofélia e Narbal Fontes: *O bom gigante*
Osvaldo Storni: *A medalha*

1954 – Atentado a Carlos Lacerda na Rua Toneleros (RJ)
Suicídio de Getúlio Vargas
Posse de Café Filho na presidência
Ferreira Gullar: *A luta corporal*
Lígia Fagundes Telles: *Ciranda de pedra*
Murilo Mendes: *Contemplação de Ouro Preto*

Literatura infantil brasileira

Elos Sand: *A oncinha ambiciosa*
Francisco Marins: *Território de bravos*
Ivan Engler de Almeida: *Histórias da mata virgem*
Renato Sêneca Fleury: *Comadre onça*

1955 – Eleição de Juscelino Kubitschek de Oliveira à
        presidência da República
Impeachment de Café Filho e, depois, de Carlos Luz durante o
exercício da presidência
Golpe legalista do general Henrique Teixeira Lott
Posse de Nereu Ramos na presidência
Osman Lins: *O visitante*
Jerônimo Monteiro: *Bumba, o boneco que quis virar gente*
Lúcia Machado de Almeida: *O escaravelho do diabo*
Osvaldo Storni: *O caipirinha Mané Quixi*
Renato Sêneca Fleury: *O príncipe dos pés pequenos*
Teobaldo Miranda Santos: *As mais belas poesias infantis*; *Contos cívicos do Brasil*

1956 – Posse de Juscelino Kubitschek
Exposição Nacional de Arte Concreta, no Rio de Janeiro
Bernardo Élis: *O tronco*
Fernando Sabino: *O encontro marcado*
Geraldo Ferraz: *Doramundo*
Guimarães Rosa: *Grande sertão: veredas*; *Corpo de baile*
Mário Palmério: *Vila dos confins*
Clemente Luz: *O caçador de mosquitos*; *Bilino e Jaca*
Elos Sand: *O ladrão de Bagdá*
Francisco Barros Júnior: *Três garotas em férias no rio Paraná*
Francisco Marins: *Volta à serra misteriosa*

Godofredo Rangel: *A banda de música da onça*
Jannart Moutinho Ribeiro: *A pata da onça*
Jerônimo Monteiro: *Corumi, o menino selvagem*
Thales de Andrade: *Itaí, o menino selvagem*

1957 – Início da construção de Brasília
Golbery do Couto e Silva: *Aspectos geopolíticos do Brasil*
Clemente Luz: *Infância humilde de grandes homens*
Lúcia Machado de Almeida: *Aventuras de Xisto*
Vicente Guimarães: *Tesouro da montanha*

1958 – Surgimento da Bossa Nova
Gianfrancesco Guarnieri: *Eles não usam "black-tie"*
Jorge Amado: *Gabriela, cravo e canela*
Raimundo Faoro: *Os donos do poder*
Francisco Marins: *O Bugre-do-chapéu-de-anta*
Gilda Helena: *No reino da Carochinha*
Isa Silveira Leal: *Glorinha*
Teobaldo Miranda Santos: *Mitos e lendas do Brasil*

1959 – Candidaturas de Henrique Lott e Jânio Quadros à
        presidência
Criação da superintendência do Desenvolvimento do Nordes-
te (SUDENE)
Celso Furtado: *Formação econômica do Brasil*
Dalton Trevisan: *Novelas nada exemplares*
Lúcio Cardoso: *Crônica da casa assassinada*
José J. Veiga: *Os cavalinhos de Platiplanto*
Jannart Moutinho Ribeiro: *O fazedor de gaiolas*
Osvaldo Storni: *O indiozinho herói*

Literatura infantil brasileira

1960 – Inauguração de Brasília
Eleição de Jânio Quadros à presidência da República
Clarice Lispector: *Laços de família*
Rubem Fonseca: *Os prisioneiros*
Camila Cerqueira César: *Tonzeca, o calhambeque*
Francisco Barros Júnior: *Três escoteiros em férias no rio Paraguai*

1961 – Posse de Jânio Quadros
Renúncia de Jânio Quadros
Instituição do regime parlamentar e posse de João Goulart na
presidência da República
Autran Dourado: *A barca dos homens*
Clarice Lispector: *A maçã do escuro*
Osman Lins: *O fiel e a pedra*
Jannart Moutinho Ribeiro: *O circo*

1962 – Eleições estaduais no país
Prêmio do Festival de Cinema em Cannes para *O pagador de
promessas*
Criação dos Centros Populares de Cultura (CPC) e o apare-
cimento do Cinema Novo
Carlos Drummond de Andrade: *Lição de coisas*
Guimarães Rosa: *Primeiras estórias*
Isa Silveira Leal: *Glorinha e o mar*
Ivan Engler de Almeida: *Na fazenda do Ipê-Amarelo*

1963 – Retorno ao presidencialismo após plebiscito
nacional
João Antônio: *Malagueta, Perus e Bacanaço*
Lígia Fagundes Telles: *Verão no aquário*

309

Jannart Moutinho Ribeiro: *O indiozinho Amazonas*; *O pequeno bandeirante*
Maria Heloísa Penteado: *Marcus Robô*

1964 – Comício, no Rio de Janeiro, pelas reformas de base
Golpe de Estado em 31 de março
Nascimento e morte do jornal humorístico *O pif paf*
Autran Dourado: *Uma vida em segredo*
Cassiano Ricardo: *Jeremias sem chorar*
Clarice Lispector: *A paixão segundo G.H.*; *A legião estrangeira*
José Cândido de Carvalho: *O coronel e o lobisomem*
Stanislaw Ponte Preta: *Garoto linha dura*
Isa Silveira Leal: *Glorinha bandeirante*
Maria José Dupré: *O cachorrinho Samba na Rússia*
Odette de Barros Mott: *Aventuras do escoteiro Bila*

1965 – Grandes empréstimos e ampliação de créditos ao
        Brasil
Promulgação do AI-2
Extinção dos partidos políticos
Adonias Filho: *O forte*
Affonso Romano de Sant'Anna: *Canto e palavra*
Dalton Trevisan: *O vampiro de Curitiba*
Mário Palmério: *Chapadão do Bugre*
Gilda Padilha: *Estrelinhas*
Isa Silveira Leal: *Glorinha e a quermesse*
Odette de Barros Mott: *A montanha partida*

1966 – Indicação de Costa e Silva para a presidência
Recesso do Congresso e cassação de mandatos políticos
João Cabral de Melo Neto: *A educação pela pedra*

Literatura infantil brasileira

José J. Veiga: *A hora dos ruminantes*
Osman Lins: *Nove, novena*
Geraldo Casé: *O dragão e a menina*
Maria Mazzetti: *O coração mágico*

1967 — Promulgação de nova Constituição
Frente Ampla das oposições
Lançamento do Tropicalismo
Antonio Callado: *Quarup*
Guimarães Rosa: *Tutameia*
Jorge Amado: *Dona Flor e seus dois maridos*
Luiz Vilela: *Temor de terra*
Clarice Lispector: *O mistério do coelho pensante*

1968 — Greves operárias e manifestações estudantis de
        protesto em todo o país: passeata dos cem mil
Assinatura do AI-5
Criação da Fundação Nacional do Livro Infantil e Juvenil
(FNLIJ) e do Centro de Estudos de Literatura Infantil e
Juvenil
Carlos Drummond de Andrade: *Boitempo*
Dalton Trevisan: *Desastres do amor*
Ignácio de Loyola Brandão: *Bebel que a cidade comeu*
Clarice Lispector: *A mulher que matou os peixes*
Guilherme Figueiredo: *Pedrinho e Teteca*
Isa Silveira Leal e Alberto Leal: *O menino de Palmares*
Jannart Moutinho Ribeiro: *Aventuras de Dito Carreiro*
Maria Mazzetti: *Coisa de lata com choro de prata*
Mário Quintana: *Pé de pilão*
Ruth Bueno: *As fadas da árvore iluminada*
Vicente Guimarães: *Última aventura dos Sete de Ouros*

1969 – Sequestros de embaixadores que são trocados por
presos políticos
Prosseguimento da ação armada guerrilheira
Surgimento de *O Pasquim*
Afastamento de Costa e Silva da presidência da República
Posse de Emílio G. Médici
Promulgação da nova Lei de Segurança Nacional
Clarice Lispector: *Uma aprendizagem ou O livro dos prazeres*
Dalton Trevisan: *A guerra conjugal*
Nélida Piñon: *O fundador*
Haroldo Miramontes: *O medalhão de ouro*
João Carlos Marinho: *O gênio do crime*
Lenita Miranda de Figueiredo: *História da Tia Lenita*
Lúcia Pimentel de Sampaio Goes: *Reinações de Michi e Lucita*
Maria Clara Machado: *O cavalinho azul*
Maria Mazzetti: *Rente que nem pão quente*; *Chuva que não acaba mais*
Rachel de Queiroz: *O menino mágico*
Regina Yolanda: *O siri patola*

1970 – Novos sequestros de diplomatas e assaltos a bancos
Instituição da censura prévia a livros e revistas
Autran Dourado: *O risco do bordado*
Guimarães Rosa: *Ave, palavra*
Luiz Vilela: *Tarde da noite*
Célio Barroso: *História do morcego sem dentes*
Herberto Sales: *O sobradinho dos pardais*
Isa Silveira Leal: *Glorinha radioamadora*
Margarida Ottoni: *A caminho do espaço*
Odette de Barros Mott: *Justino, o retirante*

Orígenes Lessa: *O 13º trabalho de Hércules*; *Memórias de um cabo de vassoura*
Walmir Ayala: *Histórias dos índios do Brasil*

1971 – Recorde no movimento da Bolsa de Valores
O "milagre brasileiro"
Prosseguimento da ação armada e da repressão política
Antonio Callado: *Bar D. Juan*
Ariano Suassuna: *A pedra do reino*
Clarice Lispector: *Felicidade clandestina*
Erico Verissimo: *Incidente em Antares*
João Ubaldo Ribeiro: *Sargento Getúlio*
Célio Barroso: *Turrum, bicho do mato*
Elvira Vigna: *A breve história de Asdrúbal, o terrível*
Fernanda Lopes de Almeida: *A fada que tinha ideias*
João Carlos Marinho: *O caneco de prata*
Maria Mazzetti: *Entrou por uma porta e saiu pela outra*
Odette de Barros Mott: *Marco e os índios do Araguaia*
Oranice Franco: *Amazonas, o rio mar*; *São Francisco, o rio rico*
Vera Pacheco Jordão: *Uma noite no jardim zoológico*

1972 – Surgimento da imprensa alternativa e de oposição
Prosseguimento da ação armada e da repressão
José J. Veiga: *Sombras de reis barbudos*
Josué Guimarães: *A ferro e fogo*
Moacyr Scliar: *A guerra do Bom Fim*
Pedro Nava: *Baú de ossos*
Edy Lima: *A vaca voadora*
Guilherme Figueiredo e Luis Carlos Figueiredo: *Histórias da arca de Noé*

José Marcos de Vasconcelos: *O palácio japonês*
Lygia Bojunga Nunes: *Os colegas*
Odette de Barros Mott: *A rosa dos ventos*
Odylio Costa Filho: *Os bichos no céu*
Orígenes Lessa: *A escada de nuvens*; *Os homens de cavanhaque de fogo*; *Aventuras do moleque jabuti*
Stella Leonardos: *Contos da granja*

1973 – Indicação de Ernesto Geisel para a presidência da República
Sanção do novo código civil
Clarice Lispector: *Água viva*
Lígia Fagundes Telles: *As meninas*
Osman Lins: *Avalovara*
Sérgio Sant'Anna: *Notas de Manfredo Rangel, repórter*
Bárbara Vasconcelos de Carvalho: *A casinha-nuvem*
Edy Lima: *A vaca deslumbrada*; *A vaca na selva*
Elza Bebiano: *Coisas de criança*
Homero Homem: *Cabra das rocas*
Lino Fortuna: *Toquinho ataca na televisão*; *Toquinho banca o detetive*; *Toquinho contra o bandido da luz vermelha*; *Toquinho contra o supergênio*
Margarida Ottoni: *Dois meninos na Transamazônica*
Odette de Barros Mott: *No roteiro da coragem*; *A transa amazônica*
Oranice Franco: *O touro valentão*
Orígenes Lessa: *A floresta azul*
Walmir Ayala: *A toca da coruja*

1974 – Posse de Ernesto Geisel na presidência
Vitória do MDB nas eleições parlamentares
Autran Dourado: *Os sinos da agonia*

Chico Buarque de Holanda: *Fazenda modelo*
Nélida Piñon: *Tebas do meu coração*
André Carvalho: *Jusuca e Laurinha nas terras do índio Peri*
Bartolomeu Campos Queirós: *O peixe e o pássaro*
Clarice Lispector: *A vida íntima de Laura*
Eliardo França: *O rei de quase tudo*
Esdras do Nascimento: *Quatro num Fusca*
Ganymedes José: *Os homens de papel*; *A noite dos perdidos*; *A viagem da canção mágica*
José Hamilton Ribeiro: *Pantanal Amor Baguá*
Luís de Santiago: *Operação Curió na gaiola*; *Operação Fla-Flu*
Luís Raul Machado: *João Teimoso*
Margarida Ottoni *Dois peraltas em um disco voador*
Maria Dinorah Luz do Prado: *O catavento e outras histórias*
Maria Magdalena Gastelois: *Sapo cururinho da beira do rio*; *Viramundo vai à França*
Odette de Barros Mott: *E agora?*
Orígenes Lessa: *Juca Jabuti, dona Leôncia e a Super Onça*; *As letras falantes*
Vinicius de Moraes: *A arca de Noé*
Walmir Ayala: *A pomba da paz*

1975 – Política de distenção: a abertura
Multiplicação da imprensa alternativa
Assinatura do acordo nuclear entre o Brasil e a Alemanha
Adonias Filho: *As velhas*
Ignácio de Loyola Brandão: *Zero*
José Antônio: *Leão de chácara*; *Malhação do Judas carioca*
Josué Guimarães: *Os tambores silenciosos*
Raduan Nassar: *Lavoura arcaica*

Rubem Fonseca: *Feliz ano novo*
Carlos de Marigny: *Lando das ruas*
Danúsia Bárbara: *A borrachinha que queria ser lápis*
Edy Lima: *A vaca proibida*
Eliane Ganem: *Sigismundo no mundo amarelo; A fada desencantada*
Herberto Sales: *A vaquinha sabida*
Lygia Bojunga Nunes: *Angélica*
Odette de Barros Mott: *A caminho do sul*
Wander Piroli: *O menino e o pinto do menino*

1976 – Novas eleições com vitória da oposição
Antonio Callado: *Reflexos do baile*
Darci Ribeiro: *Maíra*
Ivan Ângelo: *A festa*
José J. Veiga: *Os pecados da tribo*
José Louzeiro: *Aracelli meu amor*
Antonieta Dias de Morais: *A varinha da caapora*
Carlos de Marigny: *Detetives por acaso; Os fantasmas da casa mal-assombrada*
Edy Lima: *A vaca invisível*
Joel Rufino dos Santos: *Marinho, o marinheiro, e outras histórias*
Juarez Machado: *Ida e volta; Domingo de manhã*
Lygia Bojunga Nunes: *A bolsa amarela*
Ruth Rocha: *Marcelo marmelo martelo; Palavras muitas palavras*
Sidônio Muralha: *A dança dos picapaus*
Wander Piroli: *Os rios morrem de sede*

1977 – Recesso parlamentar decretado pelo Executivo
Movimentos populares pela anistia e pela restauração das liberdades democráticas

Literatura infantil brasileira

Clarice Lispector: *A hora da estrela*
Dalton Trevisan: *A trombeta do anjo vingador*
Domingos Pellegrini: *Os meninos*
Lígia Fagundes Telles: *Seminário dos ratos*
Nélida Piñon: *A força do destino*
Paulo Francis: *Cabeça de papel*
Ana Maria Machado: *Bento-que-bento é o frade*; *Severino faz chover*;
Camilão, o comilão; *Currupaco papaco*
Carlos da Cunha: *A guerra de mentirinha*
Gilberto Mansur: *Asa curta*
Giselda L. Nicolelis: *A prefeitura é nossa*
Henry Correia de Araújo: *Pivete*
Homero Homem: *Menino de asas*
Isa Silveira Leal: *Sem cachimbo sem boné*
Odette de Barros Mott: *O segredo de Lenita*
Osman Lins: *O diabo na noite de Natal*
Ruth Rocha: *Pedrinho pintor e outras histórias*; *Nicolau tinha uma ideia*;
Romeu e Julieta e outras histórias
Stella Carr: *O caso da estranha fotografia*
Vivina de Assis Viana: *O rei dos cacos*; *O dia de ver meu pai*

1978 – Greves operárias em São Paulo
Movimentos populares pela anistia e pela abertura política
Indicação de João Baptista Figueiredo à presidência da
República
Eleições em todo o país
Clarice Lispector: *Um sopro de vida*
Deonísio da Silva: *A mesa dos inocentes*
Pedro Nava: *Beira-mar*
Raduan Nassar: *Um copo de cólera*

Camila Cerqueira César: *Olaf, o esquilo do norte*
Ciça e Zélio: *O ponto*
Clarice Lispector: *Quase de verdade*
Fernanda Lopes de Almeida: *A curiosidade premiada*; *Gato que pulava em sapato*
Ganymedes José: *O ônibus musical*
Jandira Mansur: *O jogo do contrário*
Joel Rufino dos Santos: *Uma estranha aventura em Talalai*
Jorge Medauar: *O dia em que os peixes pescaram os homens*
Lúcia Miners: *Aninha e João*
Lygia Bojunga Nunes: *A casa da madrinha*
Milton Camargo: *O veterinário maluco*; *A centopeia e seus sapatinhos*
Mirna Pinsky: *Zero zero alpiste*
Ruth Rocha: *O reizinho mandão*
Stella Carr: *O enigma do autódromo de Interlagos*; *O incrível roubo da loteca*

1979 – Posse de João Baptista Figueiredo na presidência da República
Assinatura do decreto de anistia
Reforma partidária
Fundação da Academia Brasileira de Literatura Infantil e Juvenil
Antônio Torres: *Carta ao bispo*
Fernando Gabeira: *O que é isso, companheiro?*
Fernando Sabino: *O grande mentecapto*
Márcio Souza: *Operação silêncio*
Rubem Fonseca: *O cobrador*
Ana Maria Machado: *O elefantinho malcriado*; *História meio ao contrário*; *O menino Pedro e seu boi voador*; *Do outro lado tem segredo*; *Raul da ferrugem azul*

Literatura infantil brasileira

Bartolomeu Campos Queirós: *Onde tem bruxa tem fada*
Chico Buarque: *Chapeuzinho Amarelo*
Eduardo Piochi: *Depois que todo mundo dormiu*
Edy Lima: *O poder do super bicho*
Eliane Ganem: *Coisas de menino*
Elvira Vigna: *Viviam como gato e cachorro*
Ganymedes José: *A galinha Nanduca em São Paulo*
Haroldo Bruno: *O misterioso rapto de Flor-de-Sereno*
Jandira Mansur: *O frio pode ser quente*
Lúcia Machado de Almeida: *Spharion*
Lúcia Pimentel Sampaio Goes: *Bip*
Lucília Junqueira de Almeida Prado: *Um certo dia de março*
Lygia Bojunga Nunes: *Corda bamba*
Maria Dinorah Luz do Prado: *Verde mar azul*
Marina Colasanti: *Uma ideia toda azul*
Ruth Rocha: *O rei que não sabia de nada*
Sérgio Capparelli: *Os meninos da rua da Praia*
Stella Carr: *O fantástico homem do metrô*
Teresa Noronha: *Meu nome é Matilde*
Werner Zotz: *Apenas um curumim*

1980 – Criação de novos partidos políticos
Novas greves operárias
Restabelecimento das eleições diretas para governadores dos
Estados
Alfredo Sirkis: *Os carbonários*
Affonso Romano de Sant'Anna: *Que país é este? E outros poemas*
Fernando Gabeira: *O crepúsculo do macho*
Márcio Souza: *Mad Maria*
Moacyr Scliar: *O centauro do jardim*

Ana Maria Machado: *Bem do seu tamanho; Do outro lado tem segredos*
Angela Lago: *Sangue de barata*
Fernanda Lopes de Almeida: *O equilibrista; A margarida friorenta; Pinote o fracote e Janjão o fortão*
Herberto Sales: *O burrinho que queria ser gente*
Joel Rufino dos Santos: *A pirilampeia e os dois meninos de Tatipirum; O curumim que virou gigante; O soldado que não era*
Luís Camargo: *Maneco caneco chapéu de funil; Os pregadores do rei João; Panela de arroz*
Lygia Bojunga Nunes: *O sofá estampado*
Milton Camargo: *O passarinho vermelho*
Mirna Pinsky: *Nó na garganta*
Odette de Barros Mott: *Mistério? Misterioso amor*
Stella Carr: *O caso do sabotador de Angra; A porta do vento*
Walmir Ayala: *Guita no jardim; Festa na floresta*
Ziraldo: *O menino maluquinho*

1981 – Retração da economia brasileira
Atentado do Riocentro, promovido por dois militares brasileiros
Ignácio de Loyola Brandão: *Não verás país nenhum*
João Gilberto Noll: *A fúria do corpo*
Luis Fernando Verissimo: *O analista de Bagé*
Pedro Nava: *Galo das trevas*
Silviano Santiago: *Em liberdade*
Ana Maria Machado: *De olho nas penas*
Sérgio Capparelli: *Boi da cara preta*

1982 – Eleições diretas para governador
Inauguração da usina de Itaipu

Literatura infantil brasileira

Outorga do Prêmio Hans Christian Andersen a Lygia Bojunga Nunes

Ana Cristina Cesar: *A teus pés*

Antônio Callado: *A expedição Montaigne*

Caio Fernando Abreu: *Morangos mofados*

Frei Betto: *Batismo de sangue*

Marcelo Rubens Paiva: *Feliz ano velho*

Sérgio Sant'Anna: *O concerto de João Gilberto no Rio de Janeiro*

Ana Maria Machado: *Bisa Bia bisa Bel*

Angela Lago: *Uni Duni e Te*

Eva Furnari: *A bruxinha atrapalhada*

Marina Colasanti: *Doze reis e a moça no labirinto do vento*

Ricardo Azevedo: *Um homem no sótão*

Silvia Orthof: *Maria-vai-com-as-outras*; *A vaca Mimosa e a mosca Zenilda*

Ziraldo: *O bichinho da maçã*

1983 – Aprovação, pelo Congresso, de nova versão da Lei de Segurança Nacional

Lançamento da campanha pelas eleições diretas para presidência da Repúlica

Ana Maria Machado: *Alice e Ulisses*

Orides Fontela: *Alba*

Pedro Nava: *O círio perfeito*

Rubem Fonseca: *A grande arte*

João Ubaldo Ribeiro: *Vida e paixão de Pandomar, o cruel*

Pedro Bandeira: *O dinossauro que fazia au-au*

1984 – Intensificação da campanha das Diretas para a presidência da República. Rejeição da Emenda

Dante de Oliveira em prol das Diretas Já pelo parlamento brasileiro

João Ubaldo Ribeiro: *Viva o povo brasileiro*

Jorge Amado: *Tocaia grande*

Nélida Piñon: *A república dos sonhos*

Zélia Gattai: *Senhora dona do baile*

Ana Maria Machado: *O menino que espiava pra dentro*

Angela Lago: *Outra vez*

José Paulo Paes: *É isso ali*

Lygia Bojunga Nunes: *Tchau*

Pedro Bandeira: *A droga da obediência*

Silvia Orthof: *Se as coisas fossem mães*

1985 – Eleição indireta de Tancredo Neves para a presidência da República. Morte de Tancredo Neves e posse de José Sarney na presidência

Eleições diretas para as prefeituras de cidades brasileira

Lançamento do livro *Projeto Brasil: Nunca Mais*

Criação do Programa Nacional do Livro Didático (PNLD)

Dalton Trevisan: *A polaquinha*

Fernando Morais: *Olga*

Ignácio de Loyola Brandão: *O beijo não vem da boca*

José Clemente Pozenato: *O quatrilho*

Rubem Fonseca: *Bufo & Spallanzani*

Joel Rufino dos Santos: *Zumbi*

Tatiana Belinky: *A operação Tio Onofre; Medroso! Medroso!*

1986 – Plano Cruzado

Fracasso das iniciativas de controle da inflação

José Paulo Paes: *Um por todos*

Literatura infantil brasileira

Moacyr Scliar: *O olho enigmático*
Angela Lago: *Chiquita Bacana & as outras pequetitas*
Pedro Bandeira: *O fantástico mistério de Feiurinha*
Tatiana Belinky: *Limeriques*

1987 – Recrudescimento da inflação
Suspensão do pagamento dos juros da dívida externa
(moratória)
Instalação do Congresso Constituinte
Adélia Prado: *Pelicano*
Paulo Coelho: *O diário de um mago*
Lygia Bojunga Nunes: *O meu amigo pintor; Nós três*
Pedro Bandeira: *Pântano de sangue*

1988 – Promulgação da nova Constituição Federal
Prorrogação do mandato presidencial para cinco anos
Ana Maria Machado: *Tropical sol da liberdade*
Caio Fernando Abreu: *Os dragões não conhecem o paraíso*
João Cabral de Melo Neto: *Crime na calle Relator*
Jorge Amado: *O sumiço da santa*
Paulo Coelho: *O alquimista*
Pedro Bandeira: *Anjo da morte*
Ruth Rocha: *Declaração universal dos direitos humanos para crianças*
Joel Rufino dos Santos: *Gosto de África*

1989 – Eleição direta para a presidência da República
Vitória de Fernando Collor de Mello
Inflação recorde no Brasil
Ana Miranda: *Boca do Inferno*
Lygia Fagundes Telles: *As horas nuas*

Manuel de Barros: *O guardador das águas*
Milton Hatoum: *Relato de um certo oriente*
Ciça Fittipaldi: *O tucunaré*
José Paulo Paes: *Olha o bicho*
Ruth Rocha: *Uma história de rabos presos*

1990 – Posse de Fernando Collor de Melo na presidência da
República
Plano Collor para controle da inflação
Recessão econômica
Instituição do Estatuto da Criança e do Adolescente (ECA)
Affonso Ávila: *O visto e o imaginado*
Caio Fernando Abreu: *Onde andará Dulce Veiga?*
Rubens Fonseca: *Agosto*
José Paulo Paes: *Poemas para brincar*
Tatiana Belinky: *Bidínsula e outros retalhos*; *Transplante de Menina*:
Da Rua dos Navios à Rua Jaguaribe

1991 – Intensificação da inflação
Criação do Conselho Nacional de Defesa dos Direitos da
Criança e do Adolescente
Ana Miranda: *O retrato do rei*
Chico Buarque: *Estorvo*
Roberto Drummond: *Hilda Furacão*
Lygia Bojunga Nunes: *Fazendo Ana Paz*
Silvia Orthof: *Pomba Colomba*

1992 – *Impeachment* de Fernando Collor de Mello; posse de
Itamar Franco na presidência da República
Arnaldo Antunes: *As coisas*

Carlos Drummond de Andrade: *O amor natural*
Rachel de Queiroz: *Memorial de Maria Moura*
José Paulo Paes: *Uma letra puxa a outra*
Marina Colasanti: *Entre a espada e a rosa*
Roger Mello: *Fita verde no cabelo*

1993 – Inflação atinge recordes históricos; retração da
economia
João Gilberto Noll: *Harmada*
Manuel de Barros: *O livro das ignorãças*
Jorge Miguel Marinho: *Te dou a lua amanhã*
Luiz Antonio Aguiar: *Confidências de um pai pedindo arrego*
Marina Colasanti: *Ana Z. aonde vai você?*

1994 – Plano Real e controle da inflação no Brasil
Eleição de Fernando Henrique Cardoso para a presidência da
República
Fernando Bonassi: *Subúrbio*
João Anzanello Carrascoza: *Hotel Solidão*
João Silvério Trevisan: *Ana em Veneza*
José Roberto Torero: *O Chalaça*
Angela Lago: *Cena de rua*
Pedro Bandeira: *A droga do amor*
Rui de Oliveira: *A bela e a fera*

1995 – Posse de Fernando Henrique Cardoso na presidência
da República
Ana Maria Machado: *O mar nunca transborda*
Carlos Heitor Cony: *Quase memória*
Jô Soares: *O xangô de Baker Street*

Patrícia Melo: *O matador*
Ricardo Azevedo: *O leão da noite estrelada*
Ziraldo: *Uma professora muito maluquinha*

1996 – Promulgação da Lei de Diretrizes e Bases da
  Educação
Ana Miranda: *Desmundo*
Carlos Heitor Cony: *O piano e a orquestra*
Luiz Alfredo Garcia-Roza: *O silêncio da chuva*
Paulo Coelho: *O monte cinco*
Ana Maria Machado: *Amigos secretos*
Daniel Munduruku: *Histórias de índio*
José Paulo Paes: *Um passarinho me contou*
Ricardo Azevedo: *Histórias folclóricas de medo e de quebranto*

1997 – Aprovação de emenda que permite a reeleição para
  cargos majoritários
Criação do Programa Nacional Biblioteca da Escola (PNBE)

Moacyr Scliar: *A majestade do Xingu*
Paulo Lins: *Cidade de Deus*
Leo Cunha: *Joselito e seu esporte favorito*
Luciana Sandroni: *Minhas memórias de Lobato*
Ricardo Azevedo: *Meu livro de folclore*
Ziraldo: *Chapeuzinho Amarelo*

1998 – Reeleição de Fernando Henrique Cardoso para
  presidente da República
Haroldo de Campos: *Crisantempo*
Modesto Carone: *Resumo de Ana*

Literatura infantil brasileira

Patrícia Melo: *O elogio da mentira*
Salgado Maranhão: *Mural de ventos*
Lourenço Cazarré: *Nadando contra a morte*
Ricardo Azevedo: *O leão Adamastor*

1999 – Posse de Fernando Henrique Cardoso na presidência
da República
Ana Maria Machado: *A audácia desta mulher*
Drauzio Varella: *Estação Carandiru*
Ferreira Gullar: *Muitas vozes*
Melanton Braff: *À sombra do cipreste*
Moacyr Scliar: *A mulher que escreveu a Bíblia*
José Paulo Paes: *A revolta das palavras*
Luciana Sandroni: *Ludi na Revolta da Vacina: uma odisseia no Rio
antigo*
Marilda Castanha: *Pindorama: terra das palmeiras*

2000 – Comemorações dos quinhentos anos da chegada dos
portugueses ao Brasil
Outorga do Prêmio Hans Christian Andersen a Ana Maria
Machado
Milton Hatoum: *Dois irmãos*
Patrícia Melo: *Inferno*
Daniel Munduruku: *Coisas de índio*
Ferreira Gullar: *Um gato chamado Gatinho*
Marcia Kupstas: *Clube do beijo*

2001 – Criação da Comissão de Anistia
Adriana Lisboa: *Sinfonia em branco*
Ferréz: *Capão pecado*

Luiz Ruffato: *Eles eram muitos cavalos*
Manoel de Barros: *O fazedor de amanhecer*
Roger Mello: *Meninos do Mangue*
Sérgio Capparelli: *Poesia visual*

2002 – Eleição de Luiz Inácio Lula da Silva à presidência da
República
Ana Miranda: *Dias e Dias*
Bernardo Carvalho: *Nove noites*
Lourenço Mutarelli: *O cheiro do ralo*
Odilon Moraes: *A princesinha medrosa*
Olívio Jekupé: *Xerekó Arandu, a morte de Kretã*

2003 – Posse de Luiz Inácio Lula da Silva na presidência da
República
Bernardo de Carvalho: *Mongólia*
Chico Buarque: *Budapeste*
Conceição Evaristo: *Ponciá Vicêncio*
Patrícia Melo: *Valsa negra*
Sérgio Sant'Anna: *O voo da madrugada*
Daniel Munduruku: *O sinal do pajé*
Marina Colasanti: *A moça tecelã*
Ricardo Azevedo: *Contos de enganar a morte*

2004 – Criação da rede social Facebook e do *site* de
compartilhamento de vídeos em formato digital
YouTube
Outorga do Prêmio Memorial Adtrid Linggren (ALMA) a
Lygia Bojunga Nunes
Edgar Telles Ribeiro: *Histórias mirabolantes de amores clandestinos*

Nélida Piñon: *Vozes do deserto*
Sérgio Capparelli: *O duelo do Batman contra a MTV*
Bartolomeu Campos Queirós: *O olho de vidro do meu avô*
Odilon Moraes: *Pedro e Lua*
Roger Mello: *Nau Catarineta*
Thalita Rebouças: *Fala sério, mãe!*

2005 – Crise política com a denúncia do "mensalão"
Affonso Romano de Sant'Anna: *Vestígios*
Alberto Martins: *A história dos ossos*
Ana Maria Machado: *Palavra de honra*; *Procura-se lobo*
Milton Hatoum: *Cinzas do Norte*
Ricardo Lísias: *Duas praças*
Eva Furnari: *Cacoete*
Jorge Miguel Marinho: *Lis no peito: um livro pede perdão*
Marina Colasanti: *O homem que não parava em crescer*
Pedro Bandeira: *Papo de sapato*
Roseana Murray: *Rios de alegria*
Rui de Oliveira: *Cartas lunares*

2006 – Reeleição de Luiz Inácio Lula da Silva à presidência
          da República
Criação do Plano Nacional do Livro e Leitura (PNLL)
Ana Maria Gonçalves: *Um defeito de cor*
Conceição Evaristo: *Becos da memória*
Ferréz: *Ninguém é inocente em São Paulo*
Michel Laub: *O segundo tempo*
Caio Riter: *O rapaz que não era de Liverpool*
Eva Furnari: *Felpo Filva*

2007 – Posse de Luiz Inácio Lula da Silva na presidência da
República
Beatriz Bracher: *Antônio*
Cristóvao Tezza: *O filho eterno*
Luiz Ruffato: *De mim já nem se lembra*
Nelson de Oliveira: *Babel Babilônia*
Bartolomeu Campos Queirós: *Sei por ouvir dizer*
Caulos: *O segredo de Magritte*
Eduardo Spohr: *A batalha do apocalipse*
Leo Cunha: *Perdido no ciberespaço*
Michele Iacocca: *O mágico, o rei e o futuro do rei*
Mirna Pinsky: *Cacarecos*
Roger Mello: *Zubair e os labirintos*

2008 – Crise econômica internacional
Eucanaã Ferraz: *Cinemateca*; *Bicho de sete cabeças e outros seres*
fantásticos
João Gilberto Noll: *Acenos e afagos*
Lourenço Mutarelli: *A arte de produzir efeito sem causa*
Maria Esther Maciel: *O livro dos nomes*
Flávio Carneiro: *A distância das coisas*
Rodrigo Lacerda: *O fazedor de velhos*

2009 – Entrada em vigor da reforma ortográfica da Língua
Portuguesa
Chico Buarque: *Leite derramado*
Edney Silvestre: *Se eu fechar os olhos agora*
Marina Colasanti: *Passageira em trânsito*
Ricardo Lísias: *O livro dos mandarins*

Literatura infantil brasileira

Rodrigo Lacerda: *Outra vida*
Ana Maria Machado: *Sinais do mar*
Roger Mello: *Carvoeirinhos*

2010 – Eleição de Dilma Rousseff para a presidência da
        República
Elvira Vigna: *Nada a dizer*
João Almino: *Cidade Livre*
José Castello: *Ribamar*
Miguel Sanches Neto: *Chá das cinco com o vampiro*
Rubens Figueiredo: *Passageiro do fim do dia*
Angela Lago: *Psiquê*
Eucanaã Ferraz: *Palhaço, macaco, passarinho*
Ilan Brenman; Renato Moriconi: *Telefone sem fio*
Roger Mello: *Selvagem*
Sérgio Capparelli: *A lua dentro do coco*

2011 – Posse de Dilma Rousseff na presidência da
        República
Ana Maria Machado: *Infâmia*
Bartolomeu Campos de Queirós: *Vermelho amargo*
Bernardo Kucinski: *K: relato de uma busca*
Michel Laub: *Diário da queda*
Luciana Sandroni: *Ludi e os fantasmas da Biblioteca Nacional*
Manu Maltez: *Meu tio lobisomem: uma história verídica*
Nelson Cruz: *Alice no telhado*
Olívio Jekupé: *A mulher que virou Urutau*
Roger Mello: *Carvoeirinhos; Nau Catarineta*
Rui Oliveira: *Três anjos mulatos do Brasil; África eterna*

2012 – Sancionada a lei das cotas nas universidades
federais, segundo a qual até 2016 50% das vagas
serão reservadas para alunos de escola pública
João Gilberto Noll: *Solidão continental*
Noemi Jaffe: *O que os cegos estão sonhando?*
André Neves: *Tom*
Elvira Vigna: *Primeira palavra*
Nelson Cruz: A *máquina do poeta*

2013 – Manifestações contra o aumento das tarefas de
transporte público derivam em passeatas de protesto
em todo o país
Adriana Lisboa: *Hanói*
Marcelino Freire: *Nossos ossos*
Ricardo Lísias: *Divórcio*
Sérgio Rodrigues: *O drible*
Ferreira Gullar: *Bichos do lixo*
Marina Colasanti: *Breve história de um pequeno amor*
Stella Maris Rezende: *As gêmeas da família*

2014 – Reeleição de Dilma Rousseff à presidência da
República
Outorga do Prêmio Internacional Hans Christian Andersen,
categoria Ilustrador, a Roger Mello
Conceição Evaristo: *Olhos d'água*
Luiz Ruffato: *Flores artificiais*
Maria Valéria Rezende: *Quarenta dias*
Ignácio de Loyola Brandão: *Os olhos cegos dos cavalos loucos*
Joel Rufino dos Santos: *A menina que descobriu o segredo da Bahia*
Ricardo Azevedo: *Meu aplicativo de folclore*

Literatura infantil brasileira

2015 – Rompimento de barragem junto ao município de
Mariana (Minas Gerais), ocasionando mortes e o
maior desastre ambiental do país
Eucanaã Ferraz: *Escuta*
Julián Fuks: *A resistência*
Luis S. Kraus: *Bazar Paraná*
Rodrigo Lacerda: *Hamlet ou Amleto? Shakespeare para jovens curiosos e adultos preguiçosos*
Ricardo Azevedo: *O moço que carregou o morto nas costas e outros contos populares*

2016 – *Impeachment* da presidente Dilma Rousseff; posse de
Michel Temer na presidência da República
Cristóvão Tezza: *A tradutora*
Miguel Sanches Neto: *A bíblia do Che*
Silviano Santiago: *Machado*
Daniel Munduruku: *Memórias de índio: uma quase autobiografia*
Luciana Sandroni: *Ludi na Floresta da Tijuca*

2017 – Greve geral no país
João Silvério Trevisan: *Pai, pai*
Maria Lúcia Dal Farra: *Terceto para o fim dos tempos*
Nuno Ramos: *Adeus, cavalo*
Sérgio Sant'Anna: *Anjo noturno*
João Anzanello Carrascoza: *Catálogo de perdas*
Marilda Castanha: *A quatro mãos*
Odilon Moraes: *Rosa*

2018 – Eleição de Jair Messias Bolsonaro à presidência da
República
Eliane Alves Cruz: *O crime do Cais do Valongo*

333

Luiz Ruffato: *A cidade dorme*
Nei Lopes: *O preto que falava iídiche*
Alexandre Rampazo: *Se eu abrir esta porta agora...*
Lucia Hiratsuka: *Chão de peixes*
Mirna Pinsky: *Sardenta*
Roger Mello: *Clarice; Enreduana*

2019 – Posse de Jair Messias Bolsonaro na presidência da
        República
Itamar Vieira Junior: *Torto arado*
Maria Valéria Rezende: *Carta à rainha louca*
Paulo Scott: *Marrom e amarelo*
Alexandre Rampazo: *Pinóquio: o livro das pequenas verdades*
Leonardo Chalub: *Palmares de Zumbi*
Marina Colasanti: *Um amigo para sempre*
Paula Fábrio: *No corredor dos cobogós*

2020 – Epidemia de Covid-19
Angélica Freitas: *Canções de atormentar*
Jeferson Tenório: *O avesso da pele*
Daniel Munduruku: *O olho bom do menino*

Referências bibliográficas

ABRAMO, Márcio. O livro no Brasil: alguns dados sobre sua história e evolução. *Revista de Cultura Vozes*, Petrópolis 65 (13), abr. 1971.

ABRAMOVICH, Fanny. *O estranho mundo que se mostra às crianças*. São Paulo: Summus, 1983.

ABREU, Casimiro de. Meus oito anos. In: *Casimiro de Abreu*: poesia. Seleção de Sousa da Silveira. Rio de Janeiro: Agir, 1961.

AGUIAR, Vera Teixeira de. A literatura infanto-juvenil no Rio Grande do Sul: das origens à realização. *Letras de Hoje*, Porto Alegre, Pontifícia Universidade Católica do Rio Grande do Sul, 12 (36), jun. 1979.

ALBUQUERQUE, José Joaquim de Campos da Costa de Medeiros e. *Hino da Proclamação da República*. Disponível em: <https://pt.wikipedia.org/wiki/Hino_da_Proclama%C3%A7%C3%A3o_da_Rep%C3%BAblica>.

ALMEIDA, Guilherme de. *O sonho de Marina*. 6.ed. São Paulo: Melhoramentos, s. d.

ALMEIDA, Ivan Engler de. *Histórias da mata virgem*. São Paulo: Brasil, s. d.
_____. *Na fazenda do Ipê-Amarelo*. São Paulo: Brasil, 1979.

ALMEIDA, Júlia Lopes de. *Histórias da nossa terra*. Rio de Janeiro: Francisco Alves, 1925.

ALTHUSSER, Louis. Aparelhos ideológicos de Estado. In: _____. *Posições II*. Rio de Janeiro: Graal, 1980.

ANDRADE, Carlos Drummond. *Boitempo. Poesia completa e prosa*. Rio de Janeiro: José Aguilar, 1973.

_____. *Obra completa*. 5.ed. Rio de Janeiro: Nova Aguilar, 1974.

_____. *Reunião*. 6.ed. Rio de Janeiro: José Olympio, 1974.

_____. *Poesia completa*. Rio de Janeiro: Nova Aguilar, 2002.

ANDRADE, Mário de. *Aspectos da literatura brasileira*. São Paulo: Martins, s. d.

_____. Mestres do passado. In: BRITO, Mário da Silva. *História do modernismo brasileiro*: antecedentes da Semana de Arte Moderna. 4.ed. Rio de Janeiro: Civilização Brasileira, 1974.

_____. *Poesias completas*. 5.ed. São Paulo: Martins, 1980. 2v.

ANDRADE, Oswald de. *Poesias reunidas*. São Paulo: Difusão Europeia do Livro, 1966.

_____. *Poesias reunidas*. Rio de Janeiro: Civilização Brasileira; Brasília: Instituto Nacional do Livro, 1972.

ARAÚJO, Henry Correia de. *Pivete*. Belo Horizonte: Comunicação, 1977.

ARAÚJO, Murilo. *A estrela azul*. São Paulo: Nacional, 1940.

ARIÈS, Philippe. *História social da criança e da família*. Rio de Janeiro: Zahar, 1978.

ARRIGUCI, Jr., Davi. *Achados e perdidos*. São Paulo: Pólis, 1979.

ARROYO, Leonardo. *Literatura infantil brasileira*. Ensaio de preliminares para a sua história e suas fontes. São Paulo: Melhoramentos, 1968.

ATHAYDE, Tristão de. Poesia infantil. In: _____. *Estudos*. 4ª série. Rio de Janeiro: Centro D. Vital, s. d.

_____. Literatura infantil. In: _____. *Estudos*. 1ª série. 2.ed. Rio de Janeiro: A Ordem, 1929.

_____. Livros para crianças. In: _____. *Estudos literários*. Rio de Janeiro: Aguilar, 1966.

AVERY, Gillian. *Nineteenth Century Children*. Heroes e heroins in English Children's Stories. 1790-1900. London: Hodder and Stoughton Limited, 1965.

AZEVEDO, Fernando de. A formação e a conquista do público infantil (A literatura infantil numa perspectiva sociológica). In: _____. *A educação e seus problemas*. 4.ed. São Paulo: Melhoramentos, 1958.

AZEVEDO, Fernando de. *A cultura brasileira*. 4.ed. Brasília: ed. Univ. Brasília, 1963.

BANDEIRA, Manuel. *Estrela da vida inteira*. Rio de Janeiro: José Olympio, 1996.

BARBOSA, Francisco de Assis. Monteiro Lobato e o direito de sonhar. In: LOBATO, José Bento Monteiro. *A menina do narizinho arrebitado*. Ed. Fascimilada. São Paulo: Metal Leve, 1982.

BARROS, Déa Portanova. Literatura infanto-juvenil: publicações gaúchas de autores não gaúchos. *Letras de Hoje*, Porto Alegre, Pontifícia Universidade Católica do Rio Grande do Sul, 12(36), jun. 1979.

BASBAUM, Leôncio. *História sincera da República* (das origens a 1889). São Paulo: Fulgor; Alfa-Ômega, 1968.

_____. *História sincera da República* (de 1889 a 1930). São Paulo: Alfa-Ômega, 1968.

BASTIDE, Roger. *Brasil, terra de contrastes*. 3.ed. São Paulo: Difusão Europeia do Livro, 1969.

BAUMGÄRTNER, Alfred Clemens (Hrsg.). LESEN – *Ein Handbuch*. Hamburg: Verlag für Buchmarkt-Forschung, 1974.

BEIGUELMAN, Paula. *A crise do escravismo e a grande imigração*. 2.ed. São Paulo: Brasiliense, 1981.

BELLO, José Maria. *História da República* (1889-1954). 4.ed. São Paulo: Nacional, 1959.

BENJAMIN, Walter. Reflexiones sobre niños, juguetes, libros infantiles, jovenes y educación. Buenos Ayres: Nueva Visión, 1974.

BERGER, Manfredo. *Educação e dependência*. 3.ed. Rio de Janeiro: Difel, 1980.

BERNSTORF, Ernest Gottlieb von. *Aspekte der erzählenden Jugendliteratur*. Baltmannsweiler: Burgbücherei Wilhelm Schneider, 1977.

BETTELHEIM, Bruno. *A psicanálise dos contos de fada*. Rio de Janeiro: Paz e Terra, 1978.

BIBLIOTECA NACIONAL. *Literatura infanto-juvenil brasileira*. Catálogo da exposição. Rio de Janeiro: 1979.

BIGNOTTO, Cilza Carla. *Figuras de autor, figuras de editor*. As práticas editoriais de Monteiro Lobato. São Paulo: Editora Unesp, 2018.

BILAC, Olavo. *Conferências e discursos.* s.l.: s.e., s.d.

_____. *Poesias infantis.* 17.ed. Rio de Janeiro: Francisco Alves, 1949.

BILAC, Olavo; BONFIM, Manuel. *Através do Brasil.* Rio de Janeiro: Francisco Alves, 1931.

BILAC, Olavo; COELHO NETO, A. *Contos pátrios.* Rio de Janeiro: Francisco Alves, 1930.

BOPP, Raul. *Cobra Norato e outros poemas.* Rio de Janeiro: São José, 1956.

BOSI, Alfredo. *História concisa da literatura brasileira.* 2.ed. São Paulo: Cultrix, 1977.

BRAHE, Tycho. *Histórias brasileiras.* Rio de Janeiro: Quaresma, 1955.

BRANDÃO, Claudia Leite. Programa Nacional Biblioteca da Escola: mudança, permanência e extinção. IV Seminário Internacional de Representações Sociais, Subjetividade e Educação – SIRSSE; VI Seminário Internacional sobre Profissionalização Docente (SIPD / Cátedra Unesco). Disponível em: <https://educere.bruc.com.br/arquivo/pdf2017/26530_14096.pdf.>.

BROCA, Brito. *A vida literária no Brasil* – 1900. 3.ed. Rio de Janeiro: José Olympio, 1975.

BRUNO, Haroldo. *O misterioso rapto de Flor-do-Sereno.* Rio de Janeiro: Salamandra, 1979.

BUARQUE, Chico. *Chapeuzinho Amarelo.* 2.ed. Rio de Janeiro: Berlendis & Vertecchia, 1980.

BUARQUE, Mary. *O bonequinho de massa.* São Paulo: Brasil, s. d.

CAMARGO, Luís. *Ilustração do livro infantil.* Belo Horizonte: Lê, 1995.

CAMÕES, Luís. *Sonetos.* Seleção de Eugênio de Andrade. Lisboa: Assírio & Alvim, 2000.

CAMPOS, Augusto de. *Balanço da bossa e outras bossas.* 3.ed. São Paulo: Perspectiva, 1978.

CANDIDO, Antonio. *Formação da literatura brasileira.* Momentos decisivos. 2.ed. revista. São Paulo: Martins, 1964. 2v.

_____. A literatura e a formação do homem. *Ciência e Cultura,* São Paulo, Sociedade Brasileira para o Progresso da Ciência, 24(9), set. 1972.

_____. *Literatura e sociedade.* Rio de Janeiro: Ouro sobre Azul, 2019.

Literatura infantil brasileira

CAPARELLI, Sérgio. *Televisão e capitalismo no Brasil.* Porto Alegre: L&PM, 1982.

CARADEC, François. *Histoire de la littérature enfantine en France.* Paris: Albin Michell, 1977.

CARONE, Edgar. *A república velha* (evolução política). 2.ed. São Paulo: Difusão Europeia do Livro, 1972.

_____. *A república velha* (instituições e classes sociais). São Paulo: Difusão Europeia do Livro, 1972.

CARPEAUX, Otto Maria. *Pequena bibliografia crítica da literatura brasileira.* 4.ed. Rio de Janeiro: Tecnoprint, 1968.

CARR, Stella. *O caso da estranha fotografia.* São Paulo: Pioneira, 1977.

Casimiro de Abreu: poesia. Seleção de Sousa da Silveira. Rio de Janeiro: Agir, 1961.

CAVALHEIRO, Edgar. *Monteiro Lobato.* Vida e obra. São Paulo: Nacional, 1955. 2v.

CÉSAR, Guilhermino. Um percursor de Lobato. *Correio do Povo*, Porto Alegre, 3 dez. 1977. Caderno de Sábado n. 495.

CHARLOT, Bernard. *A mistificação pedagógica.* Rio de Janeiro: Zahar, 1979.

CHAUI, Marilena. *Seminários.* São Paulo: Brasiliense, 1983.

COELHO, Nelly Novaes. *A literatura infantil.* História, Teoria, Análise. São Paulo: Quíron; Brasília: Instituto Nacional do Livro, 1981.

_____. *Dicionário crítico da literatura infantil e juvenil brasileira.* São Paulo: Quíron, 1983.

COLASANTI, Marina. *Uma ideia toda azul.* Rio de Janeiro: Nórdica, 1979.

COUTINHO, Afrânio (Org.). *A literatura no Brasil.* Rio de Janeiro: Sulamericana, 1969. 6v.

CUNHA, Célio da. *Educação e autoritarismo no Estado Novo.* São Paulo: Cortez; Autores Associados, 1981.

CUNHA, Fausto. *Situações da ficção brasileira.* Rio de Janeiro: Paz e Terra, 1970.

CUNHA, Maria Antonieta Antunes. *Poesia na escola.* São Paulo: Discubra, 1976.

_____. *Literatura infantil*: teoria e prática. São Paulo: Ática, 1983.

DARTON, F. J. Harvey. *Children's Books in England*. Five centuries of social life. Cambridge: Cambridge University Press, 1958.

DIETRICH, Mirna. Literatura infantil: histórico das principais editoras rio-grandenses. *Letras de Hoje*, Porto Alegre, Pontifícia Universidade Católica do Rio Grande do Sul, 12(36), jun. 1979.

DONZELOT, Jacques. *The Policing os Families*. New York: Pantheon Books, 1979.

ECO, Umberto; BONAZZI, Marisa. *Las verdades que mienten*. Buenos Aires: Tiempo Contemporâneo, 1974.

EDMUNDO, Luís. *O Rio de Janeiro de meu tempo*. Rio de Janeiro: Imprensa Nacional, 1938. 3v.

ELLIS, Alec. *A History of Children's Reading and Literature*. Oxford and London: Pergamon Press, 1969.

ESCARPIT, Robert (Org.). *Le littéraire et le social*. Paris: Flammarion, 1970.

ESTEVAN, Carlos. *A questão da cultura popular*. Rio de Janeiro: Tempo Brasileiro, 1963.

FAORO, Raimundo. *Os donos do poder*. Formação do patronato político brasileiro. 2.ed. Porto Alegre: Globo; São Paulo: Edusp, 1975. 2v.

FAUSTO, Bóris (Org.). *História geral da civilização brasileira*: o Brasil republicano (sociedade e instituições). São Paulo: Difel, 1970.

_____ (Org.). *História geral da civilização brasileira*: o Brasil republicano (estrutura de poder e economia). São Paulo: Difel, 1975.

_____. *A revolução de 30*. Historiografia e história. 8.ed. São Paulo: Brasiliense, 1982.

FEBVRE, Lucien; MARTIN, Henri-Jean. *L'apparition du livre*. Paris: Albin Michel, 1971.

FERNANDES, Florestan. *A revolução burguesa no Brasil*. Ensaio de interpretação sociológica. 2.ed. Rio de Janeiro: Zahar, 1976.

FILIPOUSKI, Ana Mariza. O sítio e o mundo. *Correio do Povo*, Porto Alegre, 3 dez. 1977. Caderno de Sábado n. 495.

FILIPOUSKI, Ana Mariza; NUNES, Luiz Arthur; BORDINI, Maria da Glória; ZILBERMAN, Regina. *Simões Lopes Neto*: a invenção, o mito e a mentira. 2.ed. Porto Alegre: Movimento, 2018.

Literatura infantil brasileira

FILIPOUSKI, Ana Mariza; ZILBERMAN, Regina. *Erico Verissimo e a literatura infantil*. Porto Alegre: EDUFRGS; Instituto Estadual do Livro, 1978.

FIORENTINO, Terezinha Aparecida del. *A produção e o consumo da prosa de ficção em São Paulo* (1900-1922). São Paulo: Hucitec, 1982.

_____. *Utopia e realidade*. O Brasil no começo do século XX. São Paulo: Cultrix, 1979.

FLEURY, Luiz Gonzaga de Camargo. *Histórias de índios*. São Paulo: Brasil, s. d.

FRACCAROLI, Lenira C. *Bibliografia de literatura infantil em língua portuguesa*. 2.ed. São Paulo: ed. Jornal dos Livros, 1955.

FREITAG, Bárbara. *Escola, Estado e Sociedade*. São Paulo: Cortez e Moraes, 1979.

FREITAS, Décio. *O escravismo brasileiro*. 2.ed. Porto Alegre: Mercado Aberto, 1982.

FUNDAÇÃO NACIONAL DO LIVRO INFANTIL E JUVENIL. *Bibliografia analítica da literatura infanto-juvenil brasileira*: 1965-1974. São Paulo: Melhoramentos; Brasília: INL, 1977.

GORSCHENEK, Margareta; RUCKTÄSCHEL, Annamaria (Hrsg). *Kinderund Jugendliteratur*. München: Wilhelm Fink Verlag, 1979.

GRAMSCI, Antonio. *Literatura e vida nacional*. 2.ed. Rio de Janeiro: Civilização Brasileira, 1978.

_____. *Os intelectuais e a organização da cultura*. 3.ed. Rio de Janeiro: Civilização Brasileira, 1979.

GRAZIOLI, Fabiano Tadeu (Org.). *Teatro infantil*: história, leitura e propostas. Curitiba: Positivo, 2015.

GREENLEAF, Barbara Kaye. *Children through the Ages*. A History of Childhood. New York: McGraw-Hill, 1978.

GULLAR, Ferreira. *Cultura posta em questão*. Rio de Janeiro: Civilização Brasileira, 1965.

_____.*Vanguarda e subdesenvolvimento*. Rio de Janeiro: Civilização Brasileira, 1969.

_____.*Toda Poesia*. Rio de Janeiro: Civilização Brasileira, 1980.

HALLEWELL, Laurence. *O livro no Brasil*. Sua história. Trad. Maria da Penha Villalobos, Lólio Lourenço de Oliveira e Geraldo Gerson de Souza. 2.ed. revista e ampliada. São Paulo: Editora da Universidade de São Paulo, 2005.

HASS, Gerhard, Hrsg. *Kinder-und Jugendliteratur*. Zur Typologie und Funktion einer literarischen Gattung. Stuttgart: Reklam, 1976.

HAUSER, Arnold. *Social History of Art*. London: Routledge & Kegan Paul, 1967. 4v.

HAYDEN, Rose Lee. *The Children's Literature of José Bento Monteiro Lobato*: A Pedagogy for Progress. Ann Arbor: Univ. Microfilm International, 1974.

HAZARD, Paul. *Les livres, les enfants et les hommes*. Paris: Hatier, 1967.

HOHLFELDT, Antônio. *Conto brasileiro contemporâneo*. Porto Alegre: Mercado Aberto, 1981.

HOLLANDA, Heloísa Buarque de. *26 poetas hoje*. Rio de Janeiro: Labor, 1976.

_____. *Impressões de viagem*: CPC, vanguarda e desbunde (1960-1970). São Paulo: Brasiliense, 1980.

HOLLANDA, Sérgio Buarque de. *Raízes do Brasil*. 6.ed. Rio de Janeiro: José Olympio, 1971.

_____. *Visão do paraíso*. São Paulo: Nacional, 1977.

JARDIM, Luis. *O boi aruá*. 12.ed. Rio de Janeiro: José Olympio, 1979.

JOLLES, André. *Formas simples*. Legenda, saga, mito, adivinha, ditado, caso, memorável, conto, chiste. Trad. Álvaro Cabral. São Paulo: Cultrix, 1976.

JÚLIA, Francisca; SILVA, Júlio da. *Alma infantil*. Rio de Janeiro: s.e., 1912.

KHEDE, Sônia Salomão (Org.). *Literatura infanto-juvenil*. Um gênero polêmico. Petrópolis: Vozes, 1983.

KLINBERG, Göte. *Kinder-und Jugendliteraturforschung*. Eine Einführung. Köln, Wien, Graz: Böhlaus Wissenschaftliche Bibliotheck, 1973.

KOSHIYAMA, Alice Mitiko. *Monteiro Lobato*: intelectual, empresário, editor. São Paulo: T. A. Queiroz, 1982.

LABARRE, Albert. *Histoire du livre*. Paris: PUF, 1979.

LAJOLO, Marisa. *Monteiro Lobato*. São Paulo: Abril Educação, 1981.

LAJOLO, Marisa. *Usos e abusos da literatura na escola*. Bilac e a literatura escolar na República Velha. Rio de Janeiro: Globo, 1982.

_____. *Ana Maria Machado*. São Paulo: Abril Educação, 1983.

_____ (Org.). *Monteiro Lobato livro a livro* (obra adulta). São Paulo: Editora Unesp, 2014.

LAJOLO, Marisa; CECCANTINI, João Luís (Org.). *Monteiro Lobato livro a livro*. São Paulo: Editora Unesp; Imprensa Oficial, 2008.

LAJOLO, Marisa; ZILBERMAN, Regina. *Um Brasil para crianças*. Para conhecer a literatura infantil brasileira: histórias, autores e textos. São Paulo: Global, 1986.

LAJOLO, Marisa; ZILBERMAN, Regina. A profissionalização do escritor no Brasil do século XIX. *Fragmentum* 45. Abr.-Jun.2015. DOI: <http://dx.doi.org/10.5902/20738>.

LAJOLO, Marisa; ZILBERMAN, Regina. *A formação da leitura no Brasil*. São Paulo: Editora Unesp, 2019.

LEÃO, Carneiro et al. *À margem da história do Brasil*. Rio de Janeiro: Anuário do Brasil, 1924.

LEITE, Dante Moreira. *O caráter nacional brasileiro*. História de uma ideologia. 2.ed. São Paulo: Pioneira, 1971.

LEITE, Lígia C. Moraes. *Invasão da catedral*: literatura e ensino e debate. Porto Alegre: Mercado Aberto, 1983.

Letras de Hoje, Porto Alegre, Pontifícia Universidade Católica do Rio Grande do Sul (49), set.1982.

LÉVI-STRAUSS, Claude. *O pensamento selvagem*. Trad. Maria Celeste da Costa e Souza e Almir de Oliveira Aguiar. São Paulo: Nacional; Edusp, 1970.

LISBOA, Henriqueta. *O menino poeta*. Belo Horizonte: Secretaria Estadual da Educação, 1975.

LISPECTOR, Clarice. *A mulher que matou os peixes*. 4.ed. Rio de Janeiro: José Olympio, 1974.

_____. *Felicidade clandestina*. Rio de Janeiro: Rocco, 1998.

LOBATO, Monteiro. *Narizinho Arrebitado*. Segundo livro de leitura para uso das escolas primárias. São Paulo: Monteiro Lobato & Cia., 1921.

_____. *A reforma da natureza*. 6.ed. São Paulo: Brasiliense, 1956.

LOBATO, Monteiro. *Hans Staden*. 6.ed. São Paulo: Brasiliense, 1956.

———. *Histórias de Tia Nastácia*. 6.ed. São Paulo: Brasiliense, 1956.

———. *O Picapau Amarelo*. 6.ed. São Paulo: Brasiliense, 1956.

———. *Prefácios e entrevistas*. São Paulo: Brasiliense, 1956.

———. *Reinações de Narizinho*. 6.ed. São Paulo: Brasiliense, 1956.

———. *Serões de Dona Benta*. 6.ed. São Paulo: Brasiliense, 1956.

———. *A barca de Gleyre*. 14.ed. São Paulo: Brasiliense, 1972.

———. *Emília no país da gramática*. 21.ed. São Paulo: Brasiliense, 1978.

———. *Reinações de Narizinho*. 31.ed. São Paulo: Brasiliense, 1980.

———. *O Sacy Perêrê: Resultado de um inquérito*. Rio de Janeiro: Gráfica JB, 1998, ed. facsimilar.

LOPES, Luis Roberto. *História do Brasil contemporâneo*. Porto Alegre: Mercado Aberto, 1980.

LOURENÇO FILHO, Manuel. Como aperfeiçoar a literatura infantil. *Boletim Informativo*, Rio de Janeiro, Fundação Nacional do Livro Infantil e Juvenil, s. d.

LUCAS, Beré. *As asas azuis da andorinha preta*. Belo Horizonte: Comunicação, 1978.

LUCAS, Fábio. *O caráter social da literatura brasileira*. 2.ed. São Paulo: Quíron, 1976.

LÜTHI, Max. *So leben Sie noch heute*. Betrachtungen zum Volksmärchen. Göttingen: Vandenhock und Ruprecht, 1976.

———. *Es war einmal...* Vom Wesen des Volksmärchen. Göttingen: Vandenhoeck und Ruprecht, 1977.

———. *Das europäische Volksmärchen*. Form und Wesen. München: Francke Verlag, 1978.

LUZ, Clemente. *Infância humilde de grandes homens*. Rio de Janeiro: Agir, 1963.

LYPP, Maria (Org.). *Literatur für Kinder*. Göttingen: Vandenhoek und Ruprecht, 1977.

———. Asymmetrische Kommunikation als Problem moderner Kinderliteratur. In: KAES, Anton; ZIMMERMANN, Bernhard (Orgs.). *Literatur für viele*. Göttingen: Vandenhoek und Ruprecht, 1975.

MACHADO, Ana Maria. *História meio ao contrário*. São Paulo: Ática, 1979.

Literatura infantil brasileira

MACHADO NETO, Antônio Luís. *A estrutura social da República das Letras*. São Paulo: Grijalbo; Edusp, 1973.

MARIGNY, Carlos de. *Lando das ruas*. São Paulo: Brasiliense, 1975.

MARINHO, João Carlos. *O gênio do crime*. Rio de Janeiro: Ouro, s. d.

_____. *O caneco de prata*. São Paulo: Obelisco, 1971.

MARINS, Francisco. *Volta à serra misteriosa*. São Paulo: Melhoramentos, 1956.

_____. *Nas terras do rei Café*. São Paulo: Melhoramentos, 1980.

MARTINS, Wilson. *História da inteligência brasileira*. São Paulo: Cultrix, 1977-1981. 6v.

MATTELART, André. *La cultura como empresa multi-nacional*. Buenos Ayres: Galerna, 1974.

MAZIERO, Maria das Dores Soares. *Arnaldo de Oliveira Barreto e a Biblioteca Infantil Melhoramentos (1915- 1925)*: histórias de ternura para mãos pequeninas. Campinas: Faculdade de Educação; Universidade Estadual de Campinas, 2015. (Tese de Doutorado).

MEIRELES, Cecília. *Rute e Alberto resolveram ser turistas*. Porto Alegre: Globo, 1938.

_____. *Problemas de literatura infantil*. 2.ed. São Paulo: Summus, 1979.

_____. *Poesia completa*. Rio de Janeiro: Nova Aguilar, 1994.

MENEZES, Adélia Bezerra de. *Desenho mágico*: poesia e política em Chico Buarque. São Paulo: Hucitec, 1982.

MENUCCI, Sud. *100 anos de instrução pública*. 1822-1922. 2.ed. São Paulo: Salles Oliveira; Rocha, 1932.

MERQUIOR, José Guilherme. *O fantasma romântico*. Petrópolis: Vozes, 1980.

MOACYR, Primitivo. *A instrução e o Império*. Subsídios para a história da educação no Brasil. São Paulo: Nacional, 1936.

_____. *A instrução e as Províncias*. (Subsídios para a história da educação no Brasil). 1835 – 1889. São Paulo: Nacional, 1939. 3v.

MONTEIRO, Jerônimo. *Bumba, o boneco que quis virar gente*. São Paulo: Brasil, s. d.

_____. *Corumi, o menino selvagem*. São Paulo: Brasiliense, 1956.

_____. *A cidade perdida*. São Paulo: Ibrasa, 1969.

MORAES, Rubens Borba de. *Livros e bibliotecas no Brasil colonial*. Rio de Janeiro: Livros Técnicos e Científicos; São Paulo: Secretaria da Cultura, Ciência e Tecnologia do Estado de São Paulo, 1979.

_____. A Impressão Régia do Rio de Janeiro: origens e produção. In: CAMARGO, Ana Maria de Almeida; MORAES, Rubens Borba de. *Bibliografia da Impressão Régia do Rio de Janeiro*. São Paulo: Edusp; Kosmos, 1993. 2v.

MORAES, Vinicius de. *A arca de Noé*. Rio de Janeiro: Sabiá, s. d.

MOREIRA, Baltazar de Godói. *A caminho d'Oeste*. São Paulo: Brasil, s. d.

_____. *Aventuras nos garimpos de Cuiabá*. São Paulo: Brasil, s. d.

MORTATTI, Maria do Rosário Longo; BERTOLETTI, Estela Natalina Mantovani; OLIVEIRA, Fernando Rodrigues de (Org.). *Clássicos brasileiros sobre literatura infantil* (1943-1986). Marília: Oficina Universitária; São Paulo: Cultura Acadêmica, 2020.

MOTA, Carlos Guilherme (Org.). *Brasil em perspectiva*. 9.ed. São Paulo: Difel, 1977.

MOTT, Odette de Barros. *Aventuras do escoteiro Bila*. São Paulo: Brasiliense, 1964.

_____. *Justino, o retirante*. São Paulo: Brasiliense, 1970.

_____. *A rosa dos ventos*. São Paulo: Brasiliense, 1972.

MURICY, Andrade. *Panorama do movimento simbolista brasileiro*. 2.ed. Brasília: Conselho Federal de Cultura; INL, 1973. 2v.

NAGLE, Jorge. *Educação e sociedade na Primeira República*. São Paulo: EPU; Edusp, 1974.

NEVES, Lúcia Maria Bastos Pereira das; VILLALTA, Luiz Carlos. A Impressão Régia e as novelas. In: ___. (Org.). *Quatro novelas em tempos de D. João*. Rio de Janeiro: Casa da Palavra, 2008.

Nosso Século. São Paulo: Abril Cultural, 1981. 6v.

NUNES, Cassiano. *A correspondência de Monteiro Lobato*. São Paulo: s. e., 1982.

_____. *Cartas de Monteiro Lobato a uma senhora amiga*. São Paulo: s. e., 1983.

_____. *Monteiro Lobato e Anísio Teixeira*: o sonho da educação no Brasil. São Paulo: s. e., 1986.

NUNES, Lygia Bojunga. *A bolsa amarela*. 2.ed. Rio de Janeiro: Agir, 1976.

OLIVEIRA, Rui de. *Pelos Jardins Boboli*. Reflexões sobre a arte de ilustrar livros para crianças e jovens. Rio de Janeiro: Nova Fronteira, 2008.

PESSOA, Fernando. *Odes de Ricardo Reis*. Lisboa: Ática, 1946.

_____. *Poesia completa*. Rio de Janeiro: Aguilar, 1969.

PEUKERT, Kurt Werner. Zur Anthropologie des Kinderbuches. In: HASS, Gerhard (Org.). *Kinder-und Jugendliteratur*. Zur Typologie und Funktion einer literarischen Gattung. Stuttgart: Reklam, 1976.

POSTER, Mark. *Teoria crítica da família*. Rio de Janeiro: Zahar, 1979.

PROENÇA FILHO, Domício (Org.). *O livro do seminário*. São Paulo: L.R. Editores, 1983.

PROPP, Wladimir. *Édipo à luz do folclore*. Lisboa: Vega, s. d.

_____. *Las raices históricas del cuento*. Madrid: Fundamentos, 1974.

_____. *Morphologie du conte*. Paris: Seuil, 1970.

RAMOS, Graciliano. *Alexandre e outros heróis*. São Paulo: Martins, 1962.

_____. *A terra dos meninos pelados*. 5.ed. Rio de Janeiro: Record, 1982.

REYNOLDS, Kimberley. *Radical Children's Literature*. Future Visions and Aesthetic Transformations in Juvenile Fiction. New York: Palgrave Macmillan, 2010.

RIBEIRO, Darcy. *Uirá sai à procura de Deus*. Ensaios de etnologia e indigenismo. 2.ed. Rio de Janeiro: Paz e Terra, 1976.

RIBEIRO, Maria Luiza Santos. *História da educação brasileira*. A organização escolar. 2.ed. São Paulo: Cortez e Moraes, 1979.

RICARDO, Cassiano. *Martim-Cererê*. Rio de Janeiro: José Olympio, 1974.

RICHTER, Dieter; MERKEL, Johannes. *Märchen, Phantasie und soziales Lernen*. Berlin: Basis Verlag, 1974.

RIO, João do. *O momento literário*. Rio de Janeiro: Garnier, s. d.

ROCHA, Ruth. *O reizinho mandão*. 4.ed. São Paulo: Pioneira, 1984.

RODRIGUES, José Albertino. Reforma educacional e desenvolvimento social no Brasil contemporâneo. *Ciência e Cultura*, São Paulo, Sociedade Brasileira para o Progresso da Ciência, 33(11), nov. 1982.

RODRIGUES, Neidson. *Estado, educação e desenvolvimento econômico*. São Paulo: Cortez; Autores Associados, 1982.

RÖHRICH, Lutz. *Märchen und Wirklichkeit*. Wiesbaden: Franz Steiner Verlag, 1974.

ROMANELLI, Otaíza. *História da educação no Brasil*. 3.ed. Petrópolis: Vozes, 1982.

ROMERO, Silvio. *Estudos de literatura contemporânea*. Páginas de crítica. Rio de Janeiro: Laemmert, 1885.

ROSEMBERG, Fúlvia. *Análise dos modelos culturais na literatura infanto--juvenil brasileira*. São Paulo: Fundação Carlos Chagas, 1979.

RUSSOMANO, Moema. Cecília Meireles e o mundo poético infantil. *Letras de Hoje*, Porto Alegre, Pontifícia Universidade Católica do Rio Grande do Sul, 12 (36), jun.1979.

SALEM, Nazira. *História da literatura infantil*. 2.ed. São Paulo: Mestre Jou, 1970.

SAND, Elos. *O macaquinho desobediente*. São Paulo: Melhoramentos, 1980.

SANDRONI, Laura Constância. A literatura infantil no Brasil de 1900 a 1910. In: COSTA, Luiz Antônio Severo de et al. *Brasil 1900-1910*. Rio de Janeiro: Biblioteca Nacional, 1980.

SANDRONI, Laura Constância. Literatura infantil atual. In: *Encontro com a literatura brasileira*. São Paulo: SCCTESP; SMC; CBL, 1977.

_____. Retrospectiva da literatura infantil brasileira. *Cadernos da PUC--RJ* (33), 1980.

SANT'ANNA, Affonso Romano de. *Música popular e moderna poesia brasileira*. 2.ed. Petrópolis: Vozes, 1978.

SANTIAGO, Silviano. *Em liberdade*. Rio de Janeiro: Paz e Terra, 1981.

SANTOS, Joel Rufino dos. *O curumim que virou gigante*. São Paulo: Ática, 1980.

SCHORSCH, Anita. *Images of Childhood*. An Illustrated Social History. New York: A Main Street Press Book, 1979.

SCHWARZ, Roberto. *O pai de família e outros estudos*. Rio de Janeiro: Paz e Terra, 1978.

SERRA, Elizabeth (Org.). *A arte de ilustrar livros para crianças e jovens no Brasil*. Rio de Janeiro: Fundação Nacional do Livro Infantil e Juvenil, 2013.

SEVCENKO, Nicolau. O fardo do homem culto: literatura e analfabetismo no prelúdio republicano. *Almanaque*, São Paulo, Brasiliense, (14), s. d.

_____. *A literatura como missão*. Tensões sociais e criação cultural na Primeira República. São Paulo: Brasiliense, 1983.

SHORTER, Edward. *The Making of the Modern Family*. Glasgow: Fontana-Collins, 1979.

SILVA, Vera Maria Tietzmann. *Ler imagens, um aprendizado*. Goiânia: Cânone, 2020.

SKIDMORE, Thomas. *Brasil: de Getúlio a Castelo* (1930-1964). 6.ed. Rio de Janeiro: Paz e Terra, 1979.

SODRÉ, Muniz. *O monopólio da fala*. Função e linguagem da televisão no Brasil. 2.ed. Petrópolis: Vozes, 1977.

SODRÉ, Nelson Werneck. *História militar do Brasil*. Rio de Janeiro: Civilização Brasileira, 1965.

_____. *História da burguesia brasileira*. 3.ed. Rio de Janeiro: Civilização Brasileira, 1976.

_____. *História da imprensa no Brasil*. 2.ed. Rio de Janeiro: Graal, 1977.

SORIANO, Marc. *Guide de littérature pour la jeunesse*. Paris: Flammarion, 1975.

_____. *Los cuentos de Perrault*. Erudición y tradiciones populares. Buenos Ayres: Siglo XXI, 1975.

SOSA, Jesualdo. *A literatura infantil* (Ensaio sobre a ética, a estética e a psicopedagogia da literatura infantil). São Paulo: Edusp; Cultrix, 1978.

SOUZA, Ruth Vilela Alves de. *Presença dos autores alemães nos livros infantis brasileiros*. Rio de Janeiro: Fundação Nacional do Livro Infantil e Juvenil, 1979.

SQUEFF, Ênio; WISNIK, José Miguel. *O nacional e o popular na cultura brasileira*. Música. 2.ed. São Paulo: Brasiliense, 1983.

STEINBERG, S. H. *Five Hundred Years of Printing*. Londres: Penguin, 1979.

STONE, Lawrence. *Schooling and Capitalism*. Studies in the History of Education. Baltimore and London: The Johns Hopkins University Press, 1978.

STONE, Lawrence. *The Family, Sex and Marriage in England 1550 – 1800*. London: Pelican, 1979.

TEIXEIRA, Anísio. A educação escolar no Brasil. In: PEREIRA, Luiz; FORACHI, Marialice M. *Educação e sociedade*. 10.ed. São Paulo: Nacional, 1979.

TELES, Gilberto Mendonça. *Vanguarda europeia e modernismo brasileiro*. 4.ed. Petrópolis: Vozes, 1977.

TOWSEND, John Rowe. *Written for Children*. London: Penguin, 1977.

TOZZI, Juliana Bernardes. *Livro infantil no Brasil* (2007-2008): marcas em circulação, catálogos de divulgação e infâncias anunciadas. Campinas: Faculdade de Educação, Unicamp, 2011 (dissertação de mestrado).

Traço e prosa: entrevistas com ilustradores de livros infantojuvenis por Odilon Moraes, Rosa Hanning e Maurício Paraguassu. São Paulo: Cosac Naify, 2012.

TRIGON, Jeanne. *Histoire de la littérature enfantine, de ma mère l'Oye au roi Barbare*. Paris: Hachette, 1950.

VASCONCELLOS, Zinda. O universo ideológico da obra infantil de Monteiro Lobato. *Caderno da PUC/RJ*, (35), 1982.

VERÍSSIMO, José. *A educação nacional*. 2.ed. Rio de Janeiro: Francisco Alves, 1906.

VERNE, E. Literacy and Industrialization – The Dispossession of Speech. In: BATAILLE, Léon, ed. *A Turning Point for Literacy*. Oxford: Pergamon Press, 1975.

VERON, Eliseo. *Linguage y comunicación social*. Buenos Ayres: Nueva Visión, 1976.

VILLAS BOAS, Orlando; VILLAS BOAS, Cláudio. *Xingu*: os índios, seus mitos. 2.ed. São Paulo: Edibolso, 1975.

WEFFORT, Francisco C. Nordestinos em São Paulo: notas para um estudo sobre cultura nacional e cultura popular. In: VALLE, Edênio; QUEIRÓS, José J. (Org.). *A cultura do povo*. São Paulo: Cortez e Moraes; Educ, 1979.

WILLIAMS, Raymond. *The Long Revolution*. London: Pelican, 1980.

YOLANDA, Regina. *O livro infantil e juvenil brasileiro*. Bibliografia de Ilustradores. Brasília: INL; São Paulo: Melhoramentos, 1976.

YUNES, Eliane. A maioridade da literatura infantil brasileira. *Tempo Brasileiro*, Rio de Janeiro, (63), out./dez. 1980.

_____. Os caminhos da literatura infanto-juvenil brasileira. In: FUNDAÇÃO NACIONAL DO LIVRO INFANTIL E JUVENIL. *Anais*, I Encontro de Professores de Literatura Infantil e Juvenil. Rio de Janeiro: FNLIJ, 1980.

_____. *Presença de Monteiro Lobato*. Rio de Janeiro: Divulgação e Pesquisa, 1982.

ZILBERMAN, Regina. *A literatura infantil na escola*. São Paulo: Global, 1981.

_____ (Org.). *A produção cultural para a criança*. Porto Alegre: Mercado Aberto, 1982.

_____ (Org.). *Atualidade de Monteiro Lobato*: uma revisão crítica. Porto Alegre: Mercado Aberto, 1983.

_____. *Como e por que ler a literatura infantil brasileira*. Rio de Janeiro: Objetiva, 2005.

_____. *Estética da recepção e história da literatura*. 3.ed. Porto Alegre: Editora UniRitter, 2015.

ZILBERMAN, Regina; MAGALHÃES, Lígia Cademartori. *Literatura infantil*: autoritarismo e emancipação. São Paulo: Ática, 1982.

ZÍLIO, Carlos; LAFETA, João Luís; LEITE, Lígia Chiappini Moraes. *O nacional e o popular na cultura brasileira*. Artes plásticas e literatura. São Paulo: Brasiliense, 1982.

SOBRE O LIVRO

Formato: 13,7 x 21 cm
Mancha: 23 x 44 paicas
Tipologia: Venetian 301 12,5/16
Papel: Off-white 80 g/m² (miolo)
Cartão Supremo 250 g/m² (capa)

1ª edição Editora Unesp: 2022

EQUIPE DE REALIZAÇÃO

Edição de texto
Marcelo Porto (Copidesque)
Carmen T. S. Costa (Revisão)

Capa
Negrito Editorial

Editoração eletrônica
Eduardo Seiji Seki

Assistência editorial
Alberto Bononi
Gabriel Joppert

Impressão e Acabamento
assahi
gráfica e editora ltda.